国家社科基金
后期资助项目
GUOJIA SHEKE JIJIN HOUQI ZIZHU XIANGMU

U0612786

西周国家的媒介实践
与治理秩序构建研究

徐燕斌　著

SPM 南方传媒　广东人民出版社

·广州·

图书在版编目（CIP）数据

西周国家的媒介实践与治理秩序构建研究／徐燕斌

著. -- 广州：广东人民出版社，2025. 6. -- ISBN 978-

7-218-17847-9

Ⅰ．K224.07

中国国家版本馆 CIP 数据核字第 2024MB9176 号

XIZHOU GUOJIA DE MEIJIE SHIJIAN YU ZHILI ZHIXU GOUJIAN YANJIU

西周国家的媒介实践与治理秩序构建研究

徐燕斌　著

出 版 人：肖风华

责任编辑：李沙沙
装帧设计：瀚文工作室
责任技编：吴彦斌

出版发行：广东人民出版社
地　　址：广州市越秀区大沙头四马路 10 号（邮政编码：510199）
电　　话：（020）85716809（总编室）
传　　真：（020）83289585
网　　址：https://www.gdpph.com
印　　刷：河北虎彩印刷有限公司
开　　本：787mm×1092mm　1/16
印　　张：14.25　**字　　数**：250 千
版　　次：2025 年 6 月第 1 版
印　　次：2025 年 6 月第 1 次印刷
定　　价：59.80 元

如发现印装质量问题，影响阅读，请与出版社（020-85716849）联系调换。

国家社科基金后期资助项目
出版说明

后期资助项目是国家社科基金设立的一类重要项目，旨在鼓励广大社科研究者潜心治学，支持基础研究多出优秀成果。它是经过严格评审，从接近完成的科研成果中遴选立项的。为扩大后期资助项目的影响，更好地推动学术发展，促进成果转化，全国哲学社会科学工作办公室按照"统一设计、统一标识、统一版式、形成系列"的总体要求，组织出版国家社科基金后期资助项目成果。

全国哲学社会科学工作办公室

目 录

绪　论

一、问题的提出

思想如何变成一种物质性力量，并最终作用于社会秩序与结构领域，成为政治变革与社会变迁的决定性因素之一？这中间需要媒介的转化。

那么何为媒介？这当然不是一个简单的问题。它涉及传播学研究的核心命题，不同的学派与学者都曾对之进行过定义。本书对媒介的界定将试图超越功能主义的视角，将媒介视作"意识世界"到"物质世界"之间的中介，它是一个实践而非文本或生产过程，作为"一系列开放实践"总和的多样性，它不仅表现为具体的物质载体，也不是一种简单的信息传播和流通手段，确切地说，媒介本身是一个能动的装置系统，是一种文化技术和社会体制的集合运作。① 因此，媒介具有双重属性：一方面，它是技术配置（记录符号的表面，如文字或视听符号的呈现方式，解码程序的各种接受方式，扩散手段的基础设施和实物）的使用和运用；另一方面，媒介也是有机配置（语言、组织、仪式）的创建和匹配。正是基于对媒介的这种理解，我们将媒介置于"行为与知识的社会学"语境中，重点关注媒介行为与活动呈现出的"文化共享"以及社会价值。② 相较于传统研究强调社会对媒介的塑造作用，本书更关注人们在具体媒介使用环境中的社会情境，以凸显媒介对其存在的社会情境的影响机制。媒介实践视角正是将社会秩序作为媒介实践的对象，并将之纳入对人类媒介活动及社会意义的考察中来。本书认为，社会因素与媒介实践之间并非单向的对应关系，媒介实践由社会的政治、经济与技术条件所影响，其本身又会反作用于政治、经济、社会因素，并对社会秩序的构建产生重要影响。本书的研究从媒介作为中介、关系以及实践视角出发，在媒介与社会的互构过程中对权力与社会、意识形态与实体秩序关系进行中介化考察，在这一背景下，将

---

① 李森：《理解空间：媒介理论视野下的传播与空间》，《新闻知识》2018 年第 1 期。

② 陈卫星：《传播与媒介域：另一种历史阐释》，《全球传媒学刊》2015 年第 3 期。

各类形式的媒介形态纳入媒介的研究范畴，综合考察这些媒介如何在日常实践中不断演进变迁，成为持续与人连接、建立关系的中介化过程，并最终如何作用于社会。

就西周的历史来看，国家作为主体的传播实践的路径其实是意识形态的实体化过程，即将一种抽象的思想或价值观念变成控制社会的物质性力量。这个过程中，媒介发挥着重要的作用。本书并非孤立地研究西周的主要媒介——青铜器，而是更多地将媒介视为一种包括媒介机构、国家礼仪在内的集合体系。因此，借用德布雷（Régis Debray）的观点，本书的媒介实际是"组织的材料"（青铜器）和"物质性的组织"（媒介组织与国家的传播制度）的结合体。两者的整合与互动构成了西周媒介实践的基本形态。实际上，将王权由一种观念形态变成支配社会的现实力量，并非简单依靠青铜器等媒介就能实现，而是组织性媒介、仪式性媒介共同作用的结果。

本书的研究目的在于揭示西周时期的媒介实践及其制度配置如何作用于当时社会秩序的确立与维系。就西周历史来看，天命与道德是西周媒介实践的逻辑起点，但其并不依赖于它以真理的形式显示其实际存在，而是通过符号资源和媒介仪式活动在受众心中构建起一种它存在并独属于周室的共同认知。因此，西周的国家传播与媒介实践都是直接服务于这一目的的，并最终将意识形态变成一种物质性的人身支配力量与社会治理秩序构建的基石。

二、学术史的回顾

（一）先秦传播史研究

传播史的研究已吸引越来越多原属不同领域学者的加入，从不同视角拓展、深化了传播史研究的固有疆域。相较而言，对于先秦传播史的研究则显得相对"冷清"。

从已有的成果来看，国外学者的兴趣主要集中在利用出土资料对早期中国《诗经》《尚书》等经典文献的口头传播与文本传播问题进行探讨。如鲍则岳（William G. Boltz）对《诗经》及中国早期经典文献的写本传承问题进行过专门探讨；① 柯马丁（Martin Kern）则通过对出土文献中的

① William G. Boltz, "Manuscripts with Transmitted Counterparts", in *New Sources of Early Chinese History: An Introduction to the Reading of Inscriptions and Manuscripts*, ed. Edward L. Shaughnessy, Berkeley: The Society for the Study of Early China and the Institute of Asian Studies, University of California, Berkeley, 1997, pp. 253~283.

《诗经》引文的研究来探讨先秦中国写本文献产生模式问题，并认为早期《诗经》文本的流传主要依赖口头传播形式；① 何莫邪（Christoph Harbsmeier）与柯马丁观点相近，他运用近年来的出土文献说明《诗经》的早期传播主要是口头形式，并认为在先秦时期文字识读的状况也决定了口头传播形式的主导地位；② 夏含夷（Edward L. Shaughnessy）也将研究建立在出土文献的基础上，但他则特别凸显了文字传播在经典传承中的地位，认为早期经典文献的传播同时存在口头传播与文字传播的方式，但从郭店和上博简来看显然文本传播明显发挥更重要的作用。③ 国内先秦传播史研究则呈现两种面向，一种是侧重于具体媒介的研究。如赵云泽、董翊宸对中国文明早期甲骨文向金文转变的媒介意义进行了探讨，认为这不是简单的文字介质转变，而是伴随着巫史理性化过程的一次媒介革命，标志着从宗教信仰、权力结构到文字传播内容的全面颠覆性的变革。④ 赵云泽等人还从传播功能的视角考察了先秦时期的社会传播活动，认为初期的社会传播活动主要承担着"辅佑政事"与"延揽民意"的功能。⑤ 潘祥辉对殷周青铜器的书写媒介功能进行考述，发掘其在上古的文化与国家传播中的作用，认为青铜器作为一种倚重于时间的媒介，形成了一个"媒介域"：它既影响了中华礼乐文明的形成，更促进了中华文明的传承。⑥ 在另一篇论文中，潘祥辉从上古圣人的媒介学特征入手，对中国的圣人传统进行传播学考察，认为圣人之原型即拥有超凡传播能力，能够沟通天地人神、偏倚耳听口传的"传播之王"，具有独一无二的媒介学特征。⑦ 谢清果、张丹

① 〔美〕柯马丁：《方法论反思：早期中国文本异文之分析和写本文献之产生模式》，陈致主编：《当代西方汉学研究集萃：上古史卷》，上海古籍出版社，2012 年，第 349~385 页。

② Christoph Harbsmeier, *Science and Civilisation in China, vol. 7, Part I: Language and Logic*, Cambridge University Press, 1998, pp. 41~42.

③ Edward L. Shaughnessy, "Unearthed Documents and the Question of the Oral Versus Written Nature of the Classic of Poetry", *Harvard Journal of Asiatic Studies* 75. 2(Dec. , 2015), p. 333；〔美〕夏含夷撰，孙夏夏译：《出土文献与〈诗经〉口头和书写性质问题的争议》，《文史哲》2020 年第 2 期。

④ 赵云泽、董翊宸：《中国上古时期的媒介革命："巫史理性化"与文字功能的转变及其影响》，《新闻与传播研究》2019 年第 7 期。

⑤ 赵云泽等：《辅佑政事与延揽民意：先秦时期社会传播活动的功能考察》，《国际新闻界》2016 年第 6 期。

⑥ 潘祥辉：《传播史上的青铜时代：殷周青铜器的文化与政治传播功能考》，《新闻与传播研究》2015 年第 2 期。

⑦ 潘祥辉：《传播之王：中国圣人的一项传播考古学研究》，《国际新闻界》2016 年第 9 期。

对中国古乐的媒介功能进行了考察，认为中国古乐作为一种礼制秩序形塑的媒介和礼文化生成的实在力量，承载着人神之间信息传递等媒介性功能。① 此外先秦时期的传播形式也受到了学界的广泛关注。在先秦时期口语传播的研究层面，中国台湾学者吴东权对先秦时期的士人传播进行了细致的研究；② 宁登国、赵立伟对先秦史官和士师群体在口头传播中的作用进行了阐述；③ 潘祥辉对中国上古时期的"瞽矇传诵"的口头传播传统进行了探讨，阐明了"盲媒"在上古传播体系中的职责与功能；④ 叶庆兵对先秦时期史官在上古神话口头传播中的作用进行了探讨；⑤ 闻娱、张翅对先秦时期的民众舆论传播、士人游说与兴学、民众的清谈与歌唱等口头传播活动进行了系统的梳理，认为口语传播是先秦时期传播活动的主角。⑥ 另在文字传播的研究层面，钱存训对文字的书写载体进行了系统研究，勾勒出中国古代书面媒介演进的基本脉络。⑦ 在不少通史性著作中也涉及先秦传播史的探讨⑧，此类著作中涉及先秦传播的内容一般以线条式描述为主，在全书中所占比重较低，在内容上也稍显简略。

先秦传播史研究的另一种面向是从思想文化的视角来探讨先秦的传播活动。其中先秦时代的传播活动及其对文化与政治的影响受到较多的关注。如张玉法将先秦传播活动分为朝聘会盟、行人、游士、游学等六种，

---

① 谢清果、张丹：《礼之起源——中国古乐的媒介功能观新探》，《郑州大学学报（哲学社会科学版）》2019 年第 52 卷第 3 期。

② 吴东权：《先秦的口语传播》，台北"行政院"文化建设委员会，1991 年。

③ 宁登国、赵立伟：《先秦口头传播与"事语"类史料的形成》，《甘肃社会科学》2008 年第 4 期。

④ 潘祥辉：《瞽矇传诵：先秦"盲媒"的传播考古学研究》，《西北师大学报（社会科学版）》2019 年第 56 卷第 2 期。

⑤ 叶庆兵：《先秦史官与上古神话的口头传播》，《史志学刊》2020 年第 1 期。

⑥ 闻娱、张翅：《先秦时期传播活动略论》，《南京农业大学学报（社会科学版）》2002 年第 1 期；张翅、闻娱：《春秋战国传播活动初探》，《安徽教育学院学报》2002 年第 2 期。

⑦ 钱存训：《书于竹帛》，上海书店出版社，2006 年。

⑧ 朱传誉：《先秦唐宋明清事业论集》，台湾商务印书馆股份有限公司，1988 年；程之行：《新闻传播史》，台湾"中央图书馆"，1995 年；周月亮：《中国古代文化传播史》，北京广播学院出版社，2000 年；杨师群：《中国新闻传播史》，北京大学出版社，2007 年；吴廷俊：《中国新闻史新修》，复旦大学出版社，2008 年；方汉奇主编：《中国新闻传播史》，中国人民大学出版社，2009 年；白文刚：《中国古代政治传播研究》，中国社会科学出版社，2014 年；赵云泽、孙萍主编：《中国新闻传播史》，中国人民大学出版社，2012 年。

系统阐发了先秦时代的传播活动与文化、政治的关系；① 陈朝云对先秦中原文化传播特征与扩张趋势进行了探讨；② 巫称喜对商代传播制度、传播模式与商代传播关系问题进行了专门研究，对殷商传播史研究做了有益的探索。③ 在先秦时期的传播活动与传播思想领域也涌现出不少优秀论著。如关绍箕对自先秦至清百余位代表人物的传播思想进行了系统梳理，对中国新闻传播思想史作出了重要贡献；④ 仝冠军与贾兵结合西方传播学理论对先秦孔孟荀老庄等诸子传播思想进行了专门研究；⑤ 陈谦与杨永军两位学者则分别从现代传播学视角对先秦时期的文化传播与政治传播思想进行了专门研究；⑥ 谢清果和张丹以三代时的青铜器为研究对象，以此审视青铜器之"象"的生产机制、传播机制与象征性符号背后的文化内涵，并试图搭建一个青铜器之"象"观"文化"符号的整体性思考框架；⑦ 谢清果、王婕对庄子和彼得斯面对"交流失败"的解决之道进行比较分析，认为二者在解决"交流失败"的方式认知上存在暗合。⑧ 此外，先秦诸家学派的传播思想也是传播学界研究的重点。如有学者对先秦儒家的传播方式与实现路径⑨、道家老子的传播思想⑩进行了专题研究。对于先秦诸家传播思想的比较也是先秦传播思想的重点领域。如夏晓鸣对先秦儒道传播思想进行了对比研究⑪，何庆良对儒、墨、道、法、纵横五家的传播实践与

① 张玉法：《先秦的传播活动及其影响》，台湾商务印书馆股份有限公司，1993 年。

② 陈朝云：《先秦中原文化传播态势及动因探究》，《江海学刊》2009 年第 3 期；陈朝云：《先秦中原文化传播模式探究》，《求是学刊》2009 年第 36 卷第 5 期。

③ 巫称喜：《殷商文化传播史稿》，暨南大学出版社，2015 年。

④ 关绍箕：《中国传播思想史》，台北正中书局，2000 年。

⑤ 仝冠军：《先秦诸子传播思想研究》，中国书籍出版社，2014 年；贾兵：《先秦诸子政治传播观念研究》，上海大学 2011 年博士学位论文。

⑥ 陈谦：《中国古代政治传播思想研究》，中国社会科学出版社，2009 年；陈谦：《中国古代王朝政治传播制度研究》，中国社会科学出版社，2016 年；杨永军：《先秦文化传播研究》，山东大学 2005 年博士学位论文。

⑦ 谢清果、张丹：《观象制器：夏商周时期青铜器图像的文化符号表征》，《符号与传媒》2018 年秋季号。

⑧ 谢清果、王婕：《〈庄子〉对"交流失败"的求解——从与彼得斯〈对空言说〉比较的视角》，《新闻爱好者》2020 年第 6 期。

⑨ 廖声武：《论先秦时期儒家的传播思想》，《新闻与传播研究》2000 年第 3 期；樊葵：《先秦儒学传播控制思想刍论》，《南昌大学学报（人文社会科学版）》2004 年第 3 期；左康华：《儒学传播实现路径研究》，华南理工大学 2011 年硕士学位论文。

⑩ 谢清果：《一、老子传播思想研究》，《中华文化与传播研究》2018 年第 2 期。

⑪ 夏晓鸣：《儒道传播思想之比较》，《社会科学动态》2000 年第 11 期。

传播功能进行了类型化研究①，这些研究为我们了解先秦传播活动提供了思想史的视角，拓展了传播学研究的深度与广度。

（二）先秦媒介史与社会秩序研究

在古代传播史研究中，从媒介的视角切入先秦社会秩序的论著较为稀见。现有成果中较为重要的有魏建国通过考察先秦口语文化政法秩序向文字文化政法秩序的媒介形态变迁，以此阐明媒介对于政法秩序构建的价值；② 赵云泽、董翊宸通过对殷周之际媒介的演变来揭示这一时期包括宗教信仰、权力结构、社会文化在内的颠覆性变革的发生；③ 在另一篇论文中，赵云泽等人在对先秦时期的社会传播活动考察后认为，当时的社会传播活动对社会的公共信息进行着有组织、有规模的及时、公开传播，在一定程度上揭示了传播的社会治理功能。④ 整体来看，先秦媒介史与社会治理研究还处于拓荒阶段，需要有更多的学者投入其中，从中国文明的源头厘清中国传播史的演进脉络。

（三）研究评述

整体而言，本课题研究中的某些相关问题已经有了一批高水平的论著，并分别从不同视角探讨了先秦传播的某些具体问题，其中真知灼见也不在少数，但整体数量较少，现有研究或仍有继续深化的必要，具体而言，已有的研究存在下述问题：

第一，对出土资料，尤其是新近公布的金文文献的使用略有不足。出土文献资料在很大程度上改变甚至颠覆了我们对先秦某些重大史实的固有认知，尽管已有成果中不乏使用出土文献的优秀之作，但总的来说，对最新出土资料的关注仍显不足，这种状况在一定程度上妨碍了先秦传播史的深入与拓展。

第二，在已有的先秦传播史的研究中，对作为先秦时期重要媒介现象的礼制缺乏应有的关注，尽管已有学者关注到这一领域并做出了有价值的探索，但整体而言，礼制仍较少被纳入先秦传播史的研究对象中。此外，对于周秦之际的媒介实践与社会秩序之间的关联的研究还有进一步深化的

---

① 何庆良：《先秦诸子对传播功能的认识与应用》，《新闻与传播研究》1995 年第 1 期。
② 魏建国：《中国古代"文字文化形态"政法秩序建构的历程与意义——媒介变迁视角》，《法学评论》2019 年第 5 期。
③ 赵云泽、董翊宸：《中国上古时期的媒介革命："巫史理性化"与文字功能的转变及其影响》，《新闻与传播研究》2019 年第 7 期.
④ 赵云泽等：《辅佑政事与延揽民意：先秦时期社会传播活动的功能考察》，《国际新闻界》2016 年第 6 期。

必要。

第三，以往传播学界对于先秦媒介史的研究达到很高的水准，但部分成果或在一定程度上存在"论过于史"的倾向，即理论阐释脱离文献构建的历史语境。当然，理论的升华对于传播史的研究是必要的，但缺乏严谨历史考据的理论阐发似有裁切史料附会研究者"前见"之嫌。如何把握历史文献的文本意涵，又兼顾传播学理论高度的意义阐释，这仍是当前传播史研究的难点。

基于此，本课题的研究除了着重探讨金文资料中西周王朝通过媒介实践构建社会秩序的基本命题之外，还将西周的礼制纳入媒介的研究范畴，并对已经面世的金文传播资料进行系统的搜集、整理与汇编，为今后的先秦传播史研究奠定资料基础，以期推动相关研究领域的不断深化。

三、研究方法与研究价值

（一）研究方法

1. 传播学的媒介理论，特别是德布雷与伊尼斯（Harold Adams Innis）的媒介理论

本书对媒介的界定采用德布雷的观点，将其视作"意识世界"到"物质世界"之间的中介，将媒介组织与礼仪制度纳入西周媒介的研究范畴；在考察西周的传播形式时则采用伊尼斯的媒介偏向理论，从而揭示媒介偏向性对于西周王朝秩序构建的影响。

2. 考古类型学的研究方法

本书在研究西周青铜器物的文化特征时主要采用考古类型学的研究方法来进行具体文化因素分析，确定其与西周王畿青铜器的文化特征对比，进而揭示西周青铜文化的传播趋势与效能。

3. 科技考古的方法

参考科技史学界对于西周青铜器铅同位素研究的最新成果，考察西周王畿地区与诸国青铜器青铜原料来源及青铜生产、流通状况，揭示西周国家通过控制传播资源进而控制传播信息输出的事实。

（二）研究价值

1. 学术价值

（1）发掘传播学研究的本土资源。通过研究中国传播的历史与传统，整理中国固有的传播学史料，实证研究中国传播的传统精神特质，使之成为当代中国传播学研究的源头活水，这也是中国传播学者对世界传播学研究作出可能贡献的重要途径。

（2）深入理解传播学研究的中国语境。西周是中国文化的重要源头，处于中国社会重大转型的前夜，从金文资料的视角切入西周的媒介传播与社会秩序构建问题，对于廓清中国传播史的本源，充分研究根植于中国土壤之中的媒介理论与实践有着重要意义。

2. 现实价值

（1）当今世界正经历"百年未有之大变局"，通过重新审视处于轴心时代文明突破前夜的西周媒介实践与治理经验，对于我们开拓社会治理的中国道路，促成民族内生精神的发掘与创造性转化，为完善全球治理贡献中国智慧，有着重要的意义。

（2）西周在信息技术落后的条件下，周王朝运用多种媒介进行传播实践，并综合运用文字传播与口头传播的优长之处，及时实现上情下达，在信息的传播方面积累一系列成功的经验。这些经验对当代中国的政治传播、普法教育、网络管理有积极的借鉴意义。

（3）在西周的媒介实践中，对于近畿、东土与南土区域，统治者依据控制力的强弱不同而采取差异化的治理策略，既维护了周王朝的政治权威，又表现出了对其他邦国、部族制度、习俗的尊重，充分反映了西周治理中因地制宜、综合而治的特征，这对当下中国的治理实践也有较高的参考价值。

四、基本概念的界定

（一）媒介实践

本书对媒介的界定采用德布雷的观点，将其视作"意识世界"到"物质世界"之间的中介，认为媒介是"象征传递和流通的手段的集合"[①]，将媒介组织与礼仪制度纳入西周媒介的研究范畴，从而确定西周媒介格局的存在方式或存在状态。在此基础上，本书的媒介实践指的是西周国家运用媒介工具改造社会、服务社会治理秩序的行为。

（二）礼仪与礼制

礼制是西周国家政治体系的重要组成部分，礼仪是礼制的空间表现形式，前者是具有稳定性、历时性的制度规范，其效力具有长效性与强制性；后者则是特定时空下身体与符号的表达行为，更侧重于瞬时性的场景呈现，二者从属性上当然有所区别。但礼仪与礼制本质上属于表里相依、

---

① 〔法〕雷吉斯·德布雷：《普通媒介学教程》，陈卫星、王杨译，清华大学出版社，2014年，第4页。

相辅相成的关系，我们探讨仪式媒介的功能离不开对附着其上的礼制的探讨，因此本书在探讨西周仪式媒介实践对于治理秩序构建影响时多结合礼制进行综合考察。

（三）社会治理与治理秩序

社会控制与社会治理都是当前人文社科研究的热门话语，政治学、社会学、管理学从自身的学科视角出发对其内涵有不同的界定。简言之，社会控制是"由特定的社会性组织实施的、有意识的、有目的的社会制度统治系统"①；社会治理指的是"特定的治理主体对于社会实施的管理"，社会治理实际是指"治理社会"。② 社会控制与社会治理都是较为晚近的学术概念，严格来说，二者在理论渊源与内涵上都是有所区别的，在我们看来，"控制"相对于"治理"，似乎显得更加中性、去价值化，社会控制更倾向于是一种社会状态，而非价值判断。③ 但不论是社会控制还是社会治理，秩序都是二者共同关注的基本要素，也就是在这一意义上，本书的社会控制或社会治理指的是作为主体的国家出于秩序（思想秩序与现实秩序）的需求利用强制性或引导性方式对作为客体的社会成员进行的社会操控活动。本书的治理秩序既包括体现为外在物质形态的政治秩序，也包括与之契合的、无形的思想秩序与观念秩序。

此外需要说明的是，本书在分析西周媒介实践与权力秩序的关系问题时使用了诸如"国家""意识形态"等当代政治学的经典概念，但这并不意味着我们认为这些概念在古今之间的内涵与外延上完全一致。④ 实际上，按照现代学科分类，几乎所有涉及具体学科史范畴的研究，都绕不开某个抽象理论模型在跨文化研究中的外部有效性问题，这实际是西式理论在中国语境中的合法性困境。一方面，越来越多的西式研究范式应用到传统中国的研究以后，使得传统中国问题越来越丧失了主体性，甚至有沦为

---

① 鲁云鹏、李维安：《基于社会控制理论视角下的我国社会组织治理转型的路径与特征分析》，《管理评论》2019 年第 31 卷第 4 期。

② 王浦劬：《国家治理、政府治理和社会治理的含义及其相互关系》，《国家行政学院学报》2014 年第 3 期。

③ 俞可平说："有一些学者说，'国家治理'这个概念自古有之，这是不对的。自古有的是术语、词汇，不是概念，更不是理念。概念、理念和术语、词汇是不同的。"参见俞可平：《国家治理现代化的若干问题（上）》，《福建日报》2014 年 6 月 8 日。

④ 就国家的概念来看，按照历史阶段划分为王朝国家与民族国家。前者是"清朝及其之前的中国历代王朝"，后者是随着资本主义在全球扩展而形成的现代国家形态，它"出现于西欧的那种摆脱中世纪和教权控制过程中所诞生的现代主权国家"。参见李大龙：《中国疆域诠释视角：从王朝国家到主权国家》，《中国社会科学》2020 年第 7 期。

西方流行理论注脚的风险；另一方面，近代以前的中国并未给当今的研究提供足够多的学术资源，能够包容我们今天越来越细分化的人文社科研究，以至于我们不得不用当代的学科理论与概念体系去裁剪、切割传统中国建立在经史子集基础上的、圆融一体的知识体系。因此，我们只能通过不断挪用近代的学术概念来研究中国历史上的媒介实践，以期推进中国传播史学的研究。

五、本书主要内容

本书以金文资料为中心，辅以简牍资料与传世文献，在对西周文献中涉及传播的资料进行全面的搜集、整理与辑录的基础上，系统考察西周王朝通过媒介实践构建治理秩序的史实，从而对西周时期的传播与治理关系进行整体性勾勒，以期廓清中国传播史的源头，阐明传播学研究的中国语境，并为中国当代社会治理提供本土资源。除绪论与结论外，本书分为六大部分：

第一部分主要解决西周媒介实践与治理逻辑问题。从历史上的媒介实践来看，古代的政治传播活动的实质是将国家意识形态分解为各类政令信息在治下区域逐级下达，在实现国家不同层级机构政治沟通的同时，又有效地传递统治合法性的理念。这也是西周国家媒介实践的最终目标。它体现在两方面：一方面，在中国的传统政治中，存在一个对于天的普遍信仰，这也使得天很早便进入政治领域与王权结合，并进而成为中国政治权威的来源，从而形成权力支配关系的合法性力量。相应地，在西周的政治传播中凸显文、武王受命而有天下的理念已经贯穿于西周的媒介实践之中，成为西周政治传播的主流话语。另一方面，自周人以小邦周取代大邦殷后，为解释这种天命的转移，周统治者在政治传播中多强调周人的特异之处在于周王之德，正是文王以不凡德性上契天命而合法拥有政权。因此，周人关于政权合法性的国家传播中德性便占据了重要位置，"天降懿德""以德配天"之类的话语成为西周政治传播的固定模式。正是因为西周的政治合法性在于天与德，因此，西周通过各类媒介所要塑造的是一个集天命、道德与事功于一体的理想王朝形象，这是西周王朝构建社会治理秩序的合法性基础，也是进行媒介实践的逻辑原点。借助于周人对媒介组织与各种传播手段的垄断运用，周王便集合了宗教与政治两种权威，其不仅是西周天下法理上的主权者，同时也成为天在人间的合法代理人。它通过传播强化人们对于天命的信仰来巩固其人间政治秩序，使民众基于天命的信仰而服从其现实的权力支配。

第二部分主要探讨的是西周媒介实践的制度配置与道路交通情况，从而揭示西周媒介实践的物质基础。国家的媒介实践必须建立在一定的制度架构与物理交通的基础之上。就西周国家媒介实践的制度配置来看，西周的内服与外服共同构建成为西周的政治治理框架，也形成了西周国家传播与媒介实践的物理空间。其中内服是周王直接控制的行政区域，从裘卫盉、师永盉、肃卣等铭文记载来看，西周从中央到近畿封国建立了由三有司、师氏、史官架构的媒介组织，其路径为当政令自周王下达后，经由卿事寮到达王朝三有司，再经由王朝内史、师氏传达至地方的司、史、师层级，最后地方内史须至王都向王朝三有司复命。通过这套媒介传播系统，西周王朝实现政令在内服区域的传播与秩序控制。西周在外服区域推行的是侯服、宾服、要服等诸国地方统治的间接治理模式，从西周中期的史密簋、引簋，到西周晚期的晋侯苏钟的铭文记载来看，西周至少在厉王时期仍能对外服诸侯国实现其政令的有效传播。由此，本书认为，西周王朝中央实行的司、师、史系统具有很高的传播效能，通过这一套在中央与地方建立的政令传播体系，西周国家得以形成对内服及部分外服区域的有效控制。从西周国家的物理交通来看，西周时期的道路交通已经发展到了一定水平，从西周三大王都（成周、宗周与岐周）地区均有道路通往各主要诸侯国，甚至在王畿与南方诸邦、陇东地区之间也有道路连接。这为西周的媒介实践奠定了物质基础，虽然西周对天下诸国的控制不可能达到后世中央集权式王朝的程度，但西周初期建立的内外服辅以分封制度，仍在一定程度上实现了西周对于治理秩序的需求。

第三部分借助科技考古研究领域的相关前沿成果，并结合传世文献资料，对西周国家通过对青铜资源的独占与控制进而控制传播信息输出、构建社会秩序问题进行深入的考察，试图揭示西周媒介垄断政策对西周秩序的影响。作为体现祀与戎的最重要的物质化载体，青铜原料的管理与流通是西周国家的重大治理问题。通过参考科技考古学界的研究成果，根据对洛阳北窑、随州叶家山、北京琉璃河燕国墓地、山西晋侯墓地出土青铜器的铸造技术、合金成分及铅同位素比值分析结果发现，西周将作为核心资源的青铜矿料的开采、冶炼到青铜器的制作、生产的各个环节都置于国家的严格控制之下，而且西周铜器作坊生产的青铜器也多由王室分配给各诸侯国。就传播学视角而言，西周的青铜器不仅是一种稀缺商品，而且还是当时最重要的媒介资源，它同样也存在被占有、使用与操控的可能性，西周控制青铜器的冶炼与原料配置，实际就是对作为国家传播重要媒介的青铜器的独占，其方式用单一的来源控制供应来达到媒介传播内容的垄断。

从这个意义上来说，西周王朝对青铜器的掌控实质是通过对媒介资源的垄断以实现对媒介权力的独占，使信息传播的内容符合国家的礼法与意识形态秩序的要求，从而达到支配人们思想观念的目的。

第四部分主要探讨西周王朝如何运用青铜器这一物质媒介来实现周文化传播及对四方诸国本土文化的整合与重塑，从而服务于内外服区域秩序构建目标。通过对西周早期中央王朝与各封国出土铜器的对比研究发现，洛邑不仅与燕、晋、齐、鲁等诸侯国青铜器在纹饰、形制等方面存在较高程度的趋同性，甚至在远离王畿的江汉流域与少数民族部族聚居的陇东地区出土的青铜器也体现出了类似的特征。而且，西周王畿地区与周边主要诸侯国青铜器风格的演进历程也保持了明显的同步性，显然这并不简单是各诸侯国青铜器文化的自然发展，而是西周王朝在掌控青铜器的生产、制造各环节之后主动推动的结果。这种文化扩张局面一直持续到西周中后期。可以说，周王朝的青铜器文化就是以燕、晋国这些区域性的青铜器铸造中心为节点，逐次往天下四方传播周人的价值理念与意识形态，强化西周国家在政治传播中的文化输出功能。具体而言，西周青铜文化传播是由周王室、诸侯国、采邑和士族等若干层级组成。其中周王室主要由两大王畿（宗周与成周）构成，也就是西周内服地区的青铜文化传播系统，是西周国家媒介实践的中枢部分，包括畿内诸侯、贵族采邑与一般士族；这一体系的外围部分是由外服诸侯、贵族采邑与士族构成，这是西周文化传播在外服区域的基本架构，他们在接受西周王朝的青铜铸造技术之后形成区域青铜中心，负责将西周的青铜文化逐次向四方扩展，共同构建西周天下的青铜文化系统。在西周的不同青铜文化传播层级中，其主要来自西周王朝青铜文化自内而外的推动，内外服区域之间、邦国内部与邦国之间也存在较为密切的青铜文化的交流。由是西周天下形成一个以西周内服区域为中心、自内而外不断向四方扩展的青铜文化传播网络。因此，西周媒介实践的路径实际是意识形态的实体化过程，借助于青铜器，统治者将一种抽象的思想或价值观念变成控制社会的物质性力量，从而促成治理秩序的达成。

第五部分主要探讨西周国家的仪式媒介实践在西周治理秩序构建过程中的作用。西周之"礼"是一个涵摄性极强的综合系统，它既是一套权力架构形式（如周礼），本身又承担着国家意识形态的功能（如"亲亲""尊尊"的等级观念与合法性的构建），同时还是一套完备的仪式体系（册命等仪式）。通过对西周传播实践的考察发现，西周的礼仪是一种通过象征符号来构建共识的传播行为，此时传播不只是指空间上讯息的拓展，也是指在时间上对社会的维系，统治者通过共同信仰的创造、表征与庆典，将特定的政治理念转化为在社会结构中的操作能力，并成为社会向某一个方向行进中的积极的动力。从册命、朝聘与盟誓仪式来看，通过册命仪式的媒介，周王天下共主的身份得到反复的传播与确认，使得周王—诸侯—卿大夫的权力架构转化为具有共同价值认同的政治共同体，使得权力的等级与从属原则从制度形态进入到观念层面；在朝聘仪式中，天子以君道临于内朝的仪式实践，充分体现朝聘仪式"制诸侯、帅长幼、训上下"的邦国秩序构建功能，突出了君主在君臣关系中的主导地位；盟誓仪式不仅凸显了王权的独尊地位与权力等级次序，而且在周王与诸侯贵族间形成了一种建立在权力委托—代理基础之上的政治契约关系，促进西周不同血缘的部族之间的沟通与合作。另一方面，西周的礼仪还被用于共同体意识的表达与维系，通过仪式对身体行为的规训，将个体的思想意识整合进西周国家的意识形态整体架构中，使权力的外在支配转化为内心认同，无疑进一步强化了周王天下共主、诸侯权力源于周王的价值观念。因此，西周的仪式作为一种权力表达的媒介，是基于中国政治传统而对包括仪式的时空因素、身体行为等具有权力象征意义的符号体系的程序化表述。西周国家正是通过对册命、朝聘、盟誓等仪式化媒介实践建立其对仪式参与方的政治行为、价值观念的影响与支配地位，从而构建与西周国家政治权力秩序一致的思想秩序，将"溥天之下，莫非王土；率土之滨，莫非王臣"的理念变成社会现实。

　　第六部分主要是对西周的口头传播与文字传播传统及其在秩序构建中的功能进行探讨。通过对西周口头传播与文字传播传统的考察可以看到，西周政令的传播文字与口头形式并重，二者往往彼此关联，相互融合，共存于某个具体传播场景之中。根据伊尼斯的媒介偏向理论，不同的媒介具有不同的传播偏向，或偏重时间，或偏重空间。前者强调垄断与权威，其特征是笨重耐久，更适合在时间中做纵向传播；后者具有便捷化、世俗化的特点，可以在广阔的空间快捷传递，有利于权力的跨区域支配与社会控制。二者都是社会秩序构建的基本手段，对于社会秩序的维系至关重要。就西周王朝而言，其治理秩序的构建既需要国家权力跨越区域的限制，向天下四方彰显国家权力的强势存在，也需要强化统治阶层的价值观念认同，在时间的纵向维度建立现实权力与先王政治合法性资源之间的关联。西周的这种政治诉求使得其在一段时期内国家传播行为体现出既重视空间偏向型媒介，又不轻视时间偏向型媒介的作用。但随着西周晚期周邦权力的衰退及诸侯国权力的崛起，权力在空间的扩张需求急剧增强，到平王东迁礼崩乐坏，媒介实践的天平又开始向空间偏向型媒介倾斜。周秦之际社会形态变化与权力更迭也反映在当时的媒介变迁中。中国自三代以来以青铜器为中心的时间偏向型媒介逐渐让位于简牍等空间偏向型媒介，青铜器逐渐从媒介进入到艺术与审美的领域，中国媒介传播的主流自时间偏向往空间偏向转型。伊尼斯曾在《传播的偏向》中说："一种媒介在长期使用后，可能决定它传播知识的特征……一种新媒介的长处，将导致一种新文明的产生。"① 春秋战国时期的媒介变革并未导致新文明的产生，但它却迎来了一个中国政治模式的重大转型，西周时期的封邦建国体制逐渐被中央集权制所取代，从此以后一种以中央集权为特征的统治形态成为中国王朝政治的主流。

综上，西周国家以青铜器与礼仪为核心的媒介实践，在受众意识构建起来一种它存在并独属于周室的共同认知。因此，西周的国家传播与媒介实践都是直接服务于这一目的，并最终将意识形态变成一种物质性的人身支配力量与社会治理秩序的基石。

---

① 〔加〕哈罗德·伊尼斯：《传播的偏向》，何道宽译，中国人民大学出版社，2003年，第28页。

第一章　天祚明德：西周的
媒介实践与治理逻辑

古代的政治传播活动的实质是通过各类媒介将国家意识形态分解为各类政令信息在治下区域逐级下达，在实现国家不同层级机构政治沟通的同时，又有效地传递统治合法性的理念。① 从现有金文材料来看，西周通过各类媒介所要塑造的是一个集天命、道德与事功于一体的理想王朝形象，这是西周王朝构建社会治理秩序的合法性基础，也是进行媒介实践的逻辑原点。

第一节　天命在兹：西周媒介实践的超越之维

一、释天

在中国文化中，天有着十分独特的意义，"不仅具有高深莫测、不可侵犯的神圣之意，还蕴含着万物相通、法天行道的人文气息"②。冯友兰曾把天归纳为五种，即物质之天（天空）、主宰之天（天神）、命运之天（天命）、自然之天（天性）和义理之天（天理）。③ 陈顾远认为天有两层意义：其一种"系就天象占验言"，后逐渐演化为有人格化特征的至上神，

---

① 政治沟通和政治传播是两个相互关联的概念，其英文都可译为"political communication"，但在中文语境中有一定的区别。政治沟通是指占有政治资源的政治实体通过一定的渠道输送、获得、处理政治信息，以达到政治协调的过程。政治传播是指有关政治的消息、思想和态度在社会中的流动和传播。政治沟通更强调信息交流和反馈，而政治传播更强调信息影响和效果。

② 刘瑞筝：《左传礼意研究》，台湾师范大学 1997 年博士学位论文，第 13 页。

③ 冯友兰：《中国哲学史》（上册），华东师范大学出版社，2000 年，第 35 页。

"含有自然法之意味在";另一种指"天理"①,即由天所抽象提炼出的道德原则。冯、陈两位先生都从静态方面不同程度揭示了天的意蕴,然而,天的观念并非一成不变,它同时也是一个动态的概念,本身亦随着宗教信仰、经学争议、天文学知识的发展而不断发展演化。从祭祀角度来说,天的意蕴究竟为何,一直颇多争论。因为天是统治权力合法性的终极基础,因而,关于天的知识不仅仅是单纯的学理问题,还要受到权力关系的影响。

天在中国成为普遍信仰的至上神具有久远的传统,可追溯到阶级国家出现之前,其最初以自然神的形态受到原始族群的崇拜。到部落联盟时代,天逐渐成为各个区域部落共同尊崇的至上神。② 在国家出现之后,作为中国传统政治的重要概念,天开始与政治结合,成为王朝构建合法性的基础。从字的字形演进来看,天在甲骨文中写作"天",字形与人体形态颇为类似,状如人体以直立张开四肢,而天字字形中又特别凸显头部形状。从经验层面来看,天居于六合之最高处,其在造字之初就已包含"至上"的含义。③ 而在甲骨卜辞中,天也多在"人之颠顶"的意义上使用,东汉许慎的《说文解字》据此乃说:"天,颠也。"《太平御览》释义为:"天之为言颠也,居高理下,为人经也。……故立字'一大'为天。"此为天的最初意义。可见,至高无上的天,就是由这样的生活经验而引申出的意义。从历史实际来看,天作为神灵而被崇拜,也与初民的生活经验相关。古人观察自然现象,把日月雷电以及风雨山河当作神灵来祭拜,天既是最高,故当为神灵所居的世界。既然认为天在人上,为人经纬,自然难免对天有所祈祷和供奉。④ 由此,人们开始畏神事神,天开始进入人间的生活。

在人们对天的祭祀崇拜中,天的内涵也处于不断的演化之中,如周代将天分为昊天、旻天、上天、苍天,各对应不同的特征。其中昊天为"元气广大",旻天则"仁覆闵下",上天为"自上降监",苍天乃"据远视之苍苍然"。⑤ 可见,此时的天已从自然神(昊天和苍天)中衍生出人格神

---

① 陈顾远:《天道观念与中国固有法系之关系——关于中国法系回顾之三》,《中国法学杂志》1937年第9期,第21~22页。

② 张鹤泉:《周代郊天之祭初探》,《史学集刊》1990年第1期。

③ 萧延中:《汉语语境中政治"正当性"的三重要素》,《政治思想史》2019年第4期。

④ 蔡枢衡:《中国刑法史》,中国法制出版社,2005年,第39页。

⑤ "元气广大则称昊天,仁覆闵下则称旻天,自上降监则称上天,据远视之苍苍然则称苍天。"毛传释《诗经·王风·黍离》中"悠悠苍天"条。

（旻天和上天）的特征，这时的天已成为兼具人格神与自然神的复合体。随着西周政治、文化的进一步演进，周人开始继承殷商时期对天的称谓，天被称为上帝或帝①，其人格神的色彩愈趋浓厚，而自然神的特质则相应地呈现消隐之势。这在先秦文献中多有反映。如《诗经·大雅·皇矣》："皇矣上帝，临下有赫。监观四方，求民之莫。"《诗经·大雅·荡》："荡荡上帝，下民之辟。疾威上帝，其命多辟。"《尚书·大诰》亦有"爽邦由哲，亦惟十人，迪知上帝命"之语。从周人将上帝与天等而称之来看，天的人格神的特征在周代得到了强化，天的宗教内涵的变化也反映到国家秩序的构建之中。帝作为宇宙最高主宰的天与人世间的统治者共享同一名号，神灵世界的秩序与政治秩序开始关联，天从此不再只是"四时行焉，百物生焉"的自然秩序的体现，而是具有了诛暴伐恶、降德辅贤的德性禀赋，成为人间政治合法性的终极来源。

二、天命与政治

将人间权力的支配与天相贯通，是中国政治的传统。如前文所述，天最初的含义是人们根据生活经验而引申出来的，其在出现之初就已隐含了"至上"的意义。天所蕴含的这种"至上"含义及主宰的权威与帝王的独尊地位找到了契合点，《尔雅·释诂》云："天，君也。"直接将天与君等同。自中国进入阶级社会以后，天的概念便与中国的王权政治紧密地结合在一起，这已是学术界公认的事实。② 天对人间秩序的安排被称为天命，从殷墟卜辞与西周铭文来看，上帝彰显意志的方式被称为令或命，二者可同训，被认为是天意在人间的体现。③ 人间的政治秩序被认为是天命的具

---

① 把至上神称为上帝，最早可以追溯到殷商时期。参见张鹤泉：《周代郊天之祭初探》，《史学集刊》1990 年第 1 期。对于此问题，史学界仍有争议，郭沫若在《先秦天道观之进展》中认为，天虽然最早可追溯至殷商时期，"但卜辞称至上神为帝，却决不称之为天"。陈梦家则认为直到西周时代才有了天的观念，代替了殷人的上帝，"但上帝与帝在西周金文和周书、周诗中仍然出现"。"殷代的帝是上帝，和上下的'上'不同。卜辞的'天'没有作'上天'之义的。天之观念是周人提出来的。"参见郭沫若：《郭沫若全集（历史编）》第一卷，人民出版社，1982 年，第 321 页；陈梦家：《殷虚卜辞综述》，中华书局，1988 年，第 562 页。

② 吴经熊认为："一切政治权力之来源有三：天命、人民之善意与统治者之德行。天命不用说乃是真正之基石。"参见吴经熊：《中国法律与政治哲学》，牟宗三、梅贻宝：《中国文化论文集》（四），台北幼狮文化事业公司，1982 年，第 413 页。

③ 傅斯年认为西周至春秋，命令二字虽字作两体，实为一字，用法亦无分别。令命之本义为发号施令之动词，而所发之号、所出之令（或命）亦为令（命）。

体体现。在不同的历史时期，天命的表现形态有所不同。在殷商时期，天命被称为上帝或帝，它代表着一种永恒不变的秩序。在殷人眼中，天乃是一个最高的存在者，它是整个宇宙的主宰，殷商时代的天命被认为是自然秩序在人间的体现，也是国家政治合法性的基础。因此，商汤伐夏时谓"商罪贯盈，天命诛之""予畏上帝，不敢不征"，都是强调其征讨行为的正当性，其中也包含了最早的替天行道、奉天讨贼的观念。① 这种观念贯穿于整个中国古代的王朝政治之中，成为支撑中国传统王权合法性的超验基础。这种政治合法性的建构实际是将人间政治的权威来源与宗教的权威相结合，它借助于人们对于天命的信仰来强化其人间政治秩序，使民众基于天命的信仰而服从其现实的权力支配。② 殷商时期的政治统治，就是建立在这种浓厚的宗教神权的氛围中，"殷人尊神，率民以事神，先鬼而后礼"（《礼记·表记》），那时天命的观念在鬼神思想的笼罩之下，充满了宗教般的神秘感。

西周之后，王朝的更替在一定程度上动摇了统治者奉天承运、君权天授的理论，天的神秘性开始有所消退。虽然天仍是至高无上的神，但这时候的天已与殷人主宰一切的天有所不同，"天的主宰性也逐渐地向对人的决定论性的方向倾斜"③，天开始具有伦理的属性，这象征着中国人文精神的兴起。但需要说明的是，虽然西周以后人作为主体的道德自觉性逐渐凸显，天命的宗教神秘色彩有所淡化，但并未消失。如西周中期的遂公盨认为夏禹能获得政权乃是"天令（命）"的原因。《史记·周本纪》载，武王受命第九年在毕地先祭祀文王，后往东方去检阅部队，到达盟津。武王自称太子发，宣称是奉文王之命前去讨伐。当时 800 多个诸侯会集到盟津认为该当伐纣，而武王却谓"女未知天命，未可也"，于是班师回朝。这个事例说明，虽然周人的天命观已然具有伦理的内涵，但将政治合法性的终极来源系之于天的做法与殷人却一脉相承，君权天授依然是西周政治意识形态的核心。

通过上文对天及天命与权力的关联分析可见，殷周时期的中国存在一个对于天的普遍信仰，这也使得天很早便进入政治领域与王权结合，并进

---

① 金景芳认为《尚书·汤誓》写定成篇的时间可能在西周，这与傅斯年的观点相互印证。参见金景芳：《汤誓新解》，《史学集刊》1996 年第 1 期。

② 参见陈赟：《自发的秩序与无为的政治——中国古代思想世界中的天命意识与政治的正当性》，《人文杂志》2002 年第 6 期。

③ 〔日〕池田末利：《天道与天命：理神论的发生》，王中江主编：《中国观念史》，中州古籍出版，2006 年，第 239 页。

而成为中国政治权威的来源，从而形成权力支配关系的合法性力量。①

三、西周媒介实践中的天命观

天是西周所有政治命题的起点与西周国家的合法性基础，构成了西周政治中的意识形态核心，因此西周统治者利用各种传播形式强调西周王朝的统治乃天命所归，顺天应人，这种观念成为西周国家传播活动的逻辑出发点。如《诗经》中有大量反映周人获得天命的诗篇，传播周人上契天命的理念。如《诗经·周颂·维天之命》："维天之命，于穆不已。"《诗经·大雅·皇矣》："皇矣上帝，临下有赫，监观四方。"周人提到殷周革命，大多称之为文王、武王的受命。如《诗经·大雅·大明》形容文王功勋卓著，故能"有命自天，命此文王"。众所周知，《诗经》为西周朝廷遣人自民间采集而来，那么西周国人观念中周人保有天命的意识从何而生？囿于目前已有的资料我们无法得到直接的解答，但结合西周金文中周王与贵族大量关于天命归周的描述，西周民众中关于王朝天命所归的思想源于西周国家传播的结果，应该是比较可能的推论。下面对西周金文中关于周人膺受天命的铭文进行专门分析，考察周人如何通过传播构建起西周王朝王权天授的合法性意识。

先简单梳理西周金文中对于西周创立者文武王受命的记述：

①朕不（丕）显且（祖）玟（文）武，膺受大命。（乖伯簋，《集成》4331，西周中期）

②不（丕）显文武，雁（膺）受天令。（师訇簋，《集成》4342，西周晚期）

③不（丕）显文武，受令（命）。（訇簋，《集成》4321，西周晚期）

这里的所谓受命，意为被上天眷顾享有天命与政权，其背后的逻辑是因为周人有天命，故能统治四方，合法性地占有天下的土地与人民。因此，我们可以看到很多西周铭文中将受命与四方结合的例子。如：

①不（丕）显玟（文）王，受天有（佑）大令，在珷（武）王嗣玟（文）乍（作）邦，閉（辟）辱（厥）匿（慝），匍（敷）有四方，

---

① 中国古代天文学与王权政治的密切联系造就了一种根深蒂固的观念，这便是君权神授的朴素知识。参见冯时：《中国古代的天文与人文》，中国社会科学出版社，2006年，第62页。

呲（畯）正氒（厥）民。（大盂鼎，《集成》2837，西周早期）

②不（丕）显文武，雁（膺）受大令（命），匍有四方。（师克盨，《集成》4467，西周晚期）

类似的表述还见于清华简中。据清华简《祭公》篇：

王曰："呜呼，公，朕之皇祖周文王、烈祖武王，宅下国，作陈周邦。惟时皇上帝度其心，享其明德，付畀四方，用膺受天之命，敷闻在下。我亦惟有若祖周公暨祖召公，兹迪袭学于文武之曼德，克夹绍成康，用毕成大商。我亦惟有若祖祭公，修和周邦，保乂王家。"

可见在西周的政治传播中凸显文武王受命而有天下的理念已经贯穿于西周的媒介实践之中，成为西周政治传播的主流话语。

周人始君因上膺大命，故而保有四方，具有权力来源的合法性。那么，嗣位之君的合法性从何而来？为解决这个问题，周人在传播中还突出天命自降于文武王之后，其本身还具有可继承性的特征。如《尚书·召诰》宣扬成王"嗣受厥命"，意为成王自文王继承而得天命，享有政权。西周晚期的逨盘铭文中也有类似的表述："雩朕皇高且（祖）公吊（叔），克逨匹成王，成受大令（命），方狄不享，用奠四或（国）万邦。"铭文中逨追述先祖辅佐成王接受大命、平定四方的荣光。这些都说明了天命是可以为受命者家族后世子孙所继承，从而整个王室家族后裔也与始君一样具有合法性。

因为周王承受天命，表现出其具有类似于卡里斯玛式①的独特秉性，故而周王的身份已超越世俗的统治者的范畴，具有某种宗教职能。如《尚书·召诰》言周王"自时配皇天，毖祀于上下"，《尚书·多士》"丕灵承帝事"，《诗经·大雅·下武》亦谓"王配于京，世德作求。永言配命，成王之孚"，这些都是关于周王独享祀天特权的记述。类似的文字描写在西周金文中也颇为不少。如西周晚期的𤼈钟"我佳（唯）司（嗣）配皇

① 卡里斯玛（charisma）原意为"神圣的天赋"，来自早期基督教，初时指得到神帮助的超常人物，引申为具有非凡魅力和能力的领袖。这种领袖所建立的组织，其凝聚力来自领袖个人所具有的非凡魅力、卓越能力及其所传播的信念。马克斯·韦伯（Max Weber）在对权威进行分类时将其称为卡里斯玛式权威。参见〔德〕马克斯·韦伯：《支配社会学》，康乐、简惠美译，广西师范大学出版社，2010年，第271~274页。

天"（《集成》260），**鼓簋**"余亡康昼夜，圣（经）雍先王，用配皇天"（《集成》4317），逨盘"夹诏文王、武王达殷，膺受天鲁令（命），匍有四方，并宅𠂤（厥）堇（勤）疆土，用配上帝"。南宫乎钟也有"天子其万年釁（眉）寿，畯（畯）永保四方，配皇天"（《集成》181）的铭文。这些铭文尽管表述不一，但都凸显周王通过配天而具有的宗教属性，由此也使得周王的身份具备了某种宗教的意涵，使其在祭祀中便具有了独一无二的地位，可以在各种祭祀礼仪中作为主祭配天。

由是，周王垄断了对于当时最具有说服力的合法性资源——天的祭祀的权力。因此，周王可以将个人意志转变为恭行天命、替天行道。如《尚书·牧誓》："今予发，惟恭行天之罚。"《尚书·多士》中周王对殷多士说："昔朕来自奄，予大降尔四国民命，我乃明致天罚。"又说："尔不啻不有尔土，予亦致天之罚于尔躬。"于是，借助于周人对媒介组织与各种传播手段的垄断运用，周王便集合了宗教与政治两种权威，其不仅是西周天下法理上的主权者，同时也成为天在人间的合法代理人。

周人在传播的理念中不仅要凸显在位周王享有至高的宗教地位，同时还要强调即便在彼岸世界周王地位同样尊崇无二。在周人的意识中，其先祖死后都要飞升到天上的神灵世界，这体现在金文中大量的"严在上"的辞句，如西周晚期的虢叔旅钟铭文谓："用乍（作）朕（朕）皇考叀吊（叔）大蕾（林）龢钟，皇考严才（在）上、异才（在）下。"（《集成》244）该器为虢叔旅追述父亲惠叔辅佐周王的光荣功绩而作。文中的"严才（在）上、异才（在）下"意为已故父亲的在天之灵庇佑后世人间的子孙后代。类似的金文还见于番生簋盖（《集成》4326），其铭文云："不（丕）显皇且（祖）考，穆穆克慎𠂤（厥）德，严才（在）上，广启𠂤（厥）孙子于下，勴于大服。"该铭文记述番生誓言效法先祖勤于王事、匡扶王室。其文中"严才（在）上，广启𠂤（厥）孙子于下"与虢叔旅钟铭文类似，都有祈求天上祖灵庇护之意。金文中相关记载还有：

①且（祖）考龢钟，鎗鎗鎗鎗，鎗鎗鎗鎗，用邵各喜侃前文人，用旂（祈）匀康娱屯（纯）右（佑），韓（绰）绾通录（禄），皇且（祖）考其严才（在）上，龢龢彙彙，降余大鲁福亡。（梁其钟，《集成》188）

②☐乍（作）朕（朕）皇考吊（叔）氏宝蕾（林）钟，用喜侃皇考，皇考其厰（严）才（在）〈上〉，龢龢彙彙，降余鲁多福亡（无）强（疆）。（士父钟，《集成》148）

③肆妥乍（作）龢父大釐（林）钟，用追考〈孝〉侃前文人，前文人其严才（在）上，龗龗彙彙，降余厚多福无强（疆）。（邢人妥钟，《集成》110）

眉县杨家村出土的青铜器铭文中更是有大量"严在上"的记录，兹列举如下：

①用乍（作）朕皇考龚吊（叔）龢钟，鎗鎗恩恩，椎椎鑮鑮，用追孝，卲各喜侃前文人，前文人严在上，龗龗彙彙，降余多福。（逨钟，器号 NA0772，西周晚期）
②其严在上，趖（翼）在下，穆穆秉明德，丰丰彙彙，降余康龢屯又（佑），通录永令（命），釁（眉）寿绰绾，畯臣天子。（四十二年逨鼎，器号 NA0745，西周晚期）
③用作朕皇且（祖）考宝障（尊）般（盘），用追享孝于前文人。前文人严在上，廙（翼）在下，丰丰彙彙，降逨鲁多福。（逨盘，西周晚期）

周王与其他贵族一样去世后也会升天，这在传世文献中多有记录。如《诗经·大雅·文王》先说："文王在上，于昭于天。"又说："文王陟降，在帝左右。"金文中也有类似的描述。如天亡簋铭文曰："文王在上。"㲉钟铭文曰："先王其严才（在）上。"不同的是，因为周王乃天命所降，有"配天"之权能，因此死后还享有"在帝左右"的特权。据敔狄钟铭文"先王其严才（在）帝左右"的记载，说明周王去世后由于他与天之间的特殊关系而得以在彼岸世界享受"在帝左右"的待遇，这是一般贵族的先祖所不能僭越的特权。① 那么周代贵族去世后在天上神灵世界的位置如何？这在传世文献中可见一斑。如《左传·昭公七年》载周王派遣使者于卫襄公死后追命，其命文为："叔父陟恪，在我先王之左右，以佐事上帝。"这里"陟恪"意为升天，表明襄公死后有升天之权，这与西周大量金文中"严在上"的记录一致，需要注意的是该文中透露出周代贵族在天上的位次位于"先王之左右"，文中的"佐事上帝"实际也就是辅佐周王以事上帝。因此，我们可以看到周人观念中神灵世界的秩序是由天—王—

---

① 晁福林：《从史墙盘铭文看周人的治国理念》，《中国社会科学》2021 年第 1 期。

诸侯、贵族的秩序逐级排布的，与人间的政治秩序具有一致性。

周人对神灵世界秩序的观念传播目的在于服务现实世界的政治秩序。因为周王受命于天，可以克享天命，这种独特的宗教地位决定了周王可以合法地成为西周天下土地与人民的主权者。然后周王可以将土地与人民以分封、册命的形式分封给诸侯与贵族阶层，从而形成一个权力层层分割、权威等差分明的西周国家治理秩序。

第二节　惟王懿德：西周媒介实践的德性基础

西周媒介实践的最终目的是宣扬王朝统治的合法性，并最终促进社会治理格局的形成，这是西周统治者进行传播活动的意识形态基础。而西周王朝的统治合法性，除了前文所阐述的天命之外，德构成了其另一重要维度。天命前文已有论述，本部分主要探讨西周媒介实践中德的因素。

一、释德

德，《说文解字》谓："升也。"段玉裁注："升当作登……德训登者，《公羊传》：'公曷为远而观鱼？登来之也。'何曰：'登读言得，得来之者，齐人语。齐人名求得为得来，作登来者，其言大而急，由口授也。'……得即德也。"《释名·释言语》："德，得也。得事宜也。"宋人朱熹亦谓："德者，得也。"前贤对德的释读在金文中亦能找到。据晁福林研究，德的观念在商代业已出现，甲骨文德作从行从横目之形，其意指张望路途而有所得。从殷商卜辞看，殷人的德亦多为得之意，在殷人看来，有所得来源于神意，是神意指点迷津而获得。[①] 因此，西周的德不仅是普通意义上的伦理之德，它有着更为丰富的内涵。《说文解字》谓德乃"外得于人，内得于己也"，从内外二分的角度对德进行归类，颇具启发意义。分析文献材料可以发现，西周的德有两种类型。一种是外在之德，这种德具有客观属性，非内在修为可得，可称之为天德；另一种为内在之德，它蕴含于特定个体之品行事功，与伦理相关，可相应地称之为人德。《说文

---

① 晁福林：《先秦时期"德"观念的起源及其发展》，《中国社会科学》2005 年第 4 期。需要指出的是，也有学者认为"训德为得，犹如训德为升、为登，皆由音训，古音同在职部，通假之故，实非德字之本义为升或登或得。金文里未见德、得互通之例，两者的通假互训，乃属较晚之情事"。参见刘翔：《中国传统价值观诠释学》，华东师范大学出版社，2010 年，第 95 页。但结合金文与传世文献的材料，笔者认为传统观点更为妥切。

解字》谓人德可以"内得于己"的方式去索求自无疑义，但"外得于人"中将德的外在来源归之于人，如置之于西周的历史语境中，这与文献记载则多有不合。结合传世文献与出土资料，西周的外在之德，主要渊源于天。

（一）外在之德

周人的天命观在承袭商人的同时又做了重大革新，在周人看来，天命仍然主宰万物，是人间政治生活的正当性渊源，但同时又凸显了人作为主体的能动性。因此，传世文献与金文中都有反映周王懿德的描述。如《诗经·大雅·大明》称"天监在下，有命既集""有命自天，命此文王"。结合西周早期何尊铭文"助王恭德欲天"的说法，表明周人德之观念的产生，与其天命观紧密关联。

从殷墟卜辞来看，殷商时期的"帝令（命）"都属外在之命，是上天意志作用于人间政治的结果，所以这个时期的德多是外在之德，周人在继承殷商外在之德的基础上有所发展。这在先秦传世文献中有所体现。如：

> ①皇天既付中国民越厥疆土于先王，肆王惟德用，和怿先后迷民，用怿先王受命。（《尚书·梓材》）
> ②天生烝民，有物有则。民之秉彝，好是懿德。（《诗经·大雅·烝民》）
> ③我不敢知曰，有夏服天命，惟有历年。我不敢知曰，不其延，惟不敬厥德，乃早坠厥命。我不敢知曰，有殷受天命，惟有历年。我不敢知曰，不其延，惟不敬厥德，乃早坠厥命。今王嗣受厥命，我亦惟兹二国命，嗣若功。（《尚书·召诰》）

引文①中说明先王获得疆土与民的根源在于"皇天既付"，这里"皇天"与先王的关系可从两个方面理解。从"皇天"的视角而言，其将天命"付"于先王；从先王的角度来看，则是从"皇天"之处得天命，而得与德可同训（"德者，得也"），因此先王受"皇天"之命同时也是"天降懿德"，是外在之德降于先王的过程。所以"肆王惟德用"与天命乃同由天自外赋予，这构成了先王统治疆土与民的先决条件。由此可知外在之德与天命内涵彼此贯通，二者都属于外在于人，并为王权所独占的政治禀赋。引文②与引文①所阐发的理念一致，强调万事万物皆是为天所生，故人类社会及其规范制度、懿德也都是由天所派生出来。外在之德与天命的关系廓清后，引文③就容易理解了。因为外在之德与天命一样，都属于政治合法性的关键因素。夏商因"不敬厥德"，故而其政治的合法性丧失，"早坠厥命"便成为必然结局，这更说明德在政权维系过程中的关键作用。

西周金文的材料也可与之印证。如西周中期的㝬钟铭文有类似的记述，其描述文王谓其安定万民，协和政事，因此上帝降下懿德，让他拥有天下，会盟万邦。铭文关键是向万民传播周人据有天下乃在于"上帝降懿德"的观念。这里的上帝即天，"上帝降懿德"是说文王之德乃是上天自外所降，而非文王由内生发、天然所有的秉性。类似的还有：

> ①天令（命）禹尃（敷）土，堕山，浚川；乃畴方，埶（设）征（正），降民，监德；乃自乍（作）配，卿（向）民；成父母，生我王，乍（作）臣。丕（厥）顯（美）唯德，民好明德，㬎（任）才（在）天下。用丕（厥）邵好，益□歉（懿）德，康亡不㭪（懋）。老（孝）客（友）盟明，圣（经）齐好祀，无贶（悖）心。好德嫧（婚）遘（媾），亦唯协天，敏用老（考）申（神）；复用楷（祓）录（禄），永钋（孚）于盈（宁）。齚公曰：民又唯克用兹德，亡（无）诲（悔）。（齚公盨，器号 NA1607，西周中期）
>
> ②丕显文武，皇天引厌厥德，配我有周，膺受大命。（毛公鼎，《集成》2841，西周晚期）

这两例都是阐明文王、武王之德乃"皇天"所降，故当受大命。这也说明外在之德乃是由天所赋予。结合传世文献与金文中对外在之德与天命关系的论述可知，周人观念中的天命与德内涵相通，彼此依存，相辅相成。

需要指出的是，文王之德乃系得之于天的观念可能是西周中期以后的事。《诗经·大雅·皇矣》："皇矣上帝，临下有赫，监观四方，求民之莫。维此二国，其政不获。维彼四国，爰究爰度。上帝耆之，憎其式廓，乃眷西顾，此维与宅。"其意为上天在降下天命之前，发现殷商不符民望，于是"乃眷西顾，此维与宅"。上天"乃眷西顾"，授天命于文王的决定性因素在于"见文王之德"①，这说明文王在获天命眷顾之前已有其德，

---

① 郑玄："乃眷然运视西顾，见文王之德而与之居。言天意常在文王所。"颜师古注云："乃眷然西顾，见文王之德，而与之宅居也。"

此德应属文王内在秉性，这从《诗经·大雅·大明》中对文王"小心翼翼，昭事上帝，聿怀多福，厥德不回，以受方国"的描述也可看出。类似的还有西周初期的《尚书·康诰》记周公述此事谓文王："克明德慎罚……闻于上帝，帝休，天乃大命文王。"关于文王德的来源与《诗经》一致，仍是阐明文王乃因德受命，而非外在而来。那么如何解释关于文王之德来源的这种矛盾呢？

这可能是源于周人在不同时期对于天命的不同理解而产生的。自周人以小邦周取代大邦殷后，为解释这种天命的转移，周统治者在政治传播中多强调周人的特异之处即在于内生之德，如西周早期的何尊说文王得以"受兹大命"，西周早期的大盂鼎谓"丕显文王，受天有大命"，这两处金文中所谓的受大命，就是说文王以不凡功德契受天命而合法拥有政权。在西周中期随着周人广封亲戚之国以屏周邦，为维系政权的稳定性，周人政治传播的重点更多的是强调天命客观性的一面，周人"以德配天"之德乃系天命外在赋予而来，尽可能排除因内在之德的不确定性而导致的王朝权力合法性的消解。因此，西周中期之后，铭文中周人关于文王之德的描述便发生了重大转向。如墙盘、癲钟、毛公鼎等铭文中，周人明确德由天所降。周人铭文中描述德乃天降，从逻辑上来看显然此德非个体生发、"内得于己"的固有秉性，而是"外得"于他物的授予结果。职是之故，西周自中期以后，在其通过青铜铭文的媒介传播中在赞颂上天时，总要向受众宣扬其懿德乃得之于上帝，此类语句已成西周国家传播的固定模式。如《逸周书·祭公》云："维皇皇上帝度其心，置之明德，付俾于四方，用应受天命，敷文在下。"在清华简中也有类似的记述："惟时皇上帝度其心，享其明德，付界四方，用膺受天之命"（《祭公之顾命》）、"天多降德，滂滂在下"（《周公之琴舞》）。这些文献所包含的周人理念都是一以贯之，即强调西周先王之德乃上帝授予的结果。① 直到春秋时期，孔子面临绝境之时仍谓"天生德于予，桓魋其如予何"（《论语·述而》），认为其内在之德乃自天赋予，故生死自有天命，这说明周人外在之德系由天降的观念直到春秋时期仍有余绪。

此外还需注意的是，与天命类似，周人观念中的外在之德为西周先王（文王、武王）所独占，西周后世君王可通过继承获得，至于其余诸侯与贵族则与之无涉，只能以"帅型祖考"的方式获得内在之德。②

---

① 晁福林：《从史墙盘铭文看周人的治国理念》，《中国社会科学》2021 年第 1 期。
② 罗新慧：《"帅型祖考"和"内得于己"：周代德观念的演化》，《历史研究》2016 年第 3 期。

（二）内在之德

内在之德是可以通过"内得于己"的主观努力而达成的。如果说"天降懿德"是周代王者的专属，内在之德的获取则可推之于诸侯贵族。例如西周晚期大克鼎铭文：

> 克曰：穆穆朕文且（祖）师华父，恖（聪）襄乓（厥）心，宄静于猷，盅（淑）悊（慎）乓（厥）德，肆克龏（恭）保乓（厥）辟龏（恭）王，谏辥（乂）王家，重（惠）于万民，顝（柔）远能狱（迩），肆克智（?）于皇天，项于上下，得屯（纯）亡敃，易（赐）厘无强（疆），永念于乓（厥）孙辟天子（《集成》2836，西周晚期）

铭文意谓克追美其祖师华父虔敬辅佐周王治理周邦、和顺万民的事迹。这里所列举的关于先祖的各种德即是内在之德，铭文中表述为"盅（淑）悊（慎）乓（厥）德"，其通过礼敬周王、和顺万民等的方式即可获得，而非天命所赐予而来。类似的例子在金文中有很多，如

> ①沴（梁）其曰：不（丕）显皇且（祖）考，穆穆异异，克质（慎）乓（厥）德，农臣先王，得屯（纯）亡敃，沴（梁）其肇帅井（型）皇且（祖）考秉明德，虔夙夕，辟天子。（梁其钟，《集成》187，西周晚期）
>
> ②不（丕）显皇且（祖）考，穆穆克慎乓（厥）德，严才（在）上，广启乓（厥）孙子于下，勖于大服，番生不敢弗帅井（型）皇且（祖）考不（丕）环（丕）元德，用申绍大令，甹（屏）王立（位），虔夙夜専（溥）求不暜德，用谏四方，顝（柔）远能狱（迩）。（番生簋盖，《集成》4326，西周晚期）
>
> ③虢吊（叔）旅曰：不（丕）显皇考重吊（叔），穆穆秉元明德，御于乓（厥）辟，得屯（纯）亡敃，旅敢肇帅井（型）皇考威义（仪），御于天子，乃天子多易（赐）旅休，旅对天子鲁休扬，用乍（作）朕（朕）皇考重吊（叔）大蓉（林）龢钟，皇考严才（在）上、异才（在）下，歔歔彚彚，降旅多福，旅其万年子子孙孙永宝用享。（虢叔旅钟，《集成》238，西周晚期）
>
> ④不（丕）显皇考宄公，穆穆克盟（明）乓（厥）心，贮（慎）乓（厥）德，用辟于先王，旲（得）屯（纯）亡敃，望肇帅井（型）

> 皇考，虔夙夜出内（入）王命，不敢不鬃不妻。（师望鼎，《集成》
> 2812，西周晚期）

上引铭文中的"克质（慎）乒（厥）德""秉元明德"等语都是赞美先祖美德，这种靠修为事功而达成的状态显然就是内在之德了。

由此可以看出，内在之德与外在之德不同。周王所有乃外在之德，为"天降懿德"，其为周王独有之德；而内在之德与诸侯贵族相关，它主要体现了祖考之精神素质和操守品行。其方式是辅佐周王，"有勋于周邦"，从而获得内在之德。因此，德的大小决定了统治权的大小，有德则得天命，无德则失天命。因此，《中庸》说："大德者必得其位，必得其禄，必得其名，必得其寿。……故大德者必受命。"郭沫若在《周彝中之传统思想考》也谓："德大者配天，所谓大德者必在位也。"① 也是这个意思。德的这种等差也成为周王统治权合法性的依据。

二、德的特征

（一）德具有部族性

除个体可作为西周内在之德的主体外，德还可成为群体的集体属性。如"同姓则同德，同德则同心，同心则同志"（《国语·晋语四》）的说法表明内在之德与宗法也有关联，它可成为某个具体部族的秉性。类似的表述在先秦文献中屡有出现。如《尚书·多方》中成王警诫殷遗民须谨遵王化、顺应天命时谓"有周秉德"，即言德自天外降于西周先王后，已逐渐扩展于整个周邦，成为周邦共有的部族属性，于是便有"周德"之说，因西周的政治结构是以周邦为中心的国家联盟，"周德"也就是有天命的部族之德。"周德"往往与天命相关，如"周德虽衰，天命未改"（《左传·宣公三年》）、"天而既厌周德"（《左传·隐公十一年》），直接将"周德"衰败与否与周的政治统治等量齐观，"周德衰"即是整个周邦国力下降、天命不固的征兆。从这个意义上来说，这种德具有某种宗教属性②，其存在、盛衰

---

① 刘梦溪主编：《中国现代学术经典·郭沫若卷》，河北教育出版社，1996年，第417~421页。

② 李宗侗认为德近于美拉尼亚人的马那（mana），是属于族群的某种特质。杜正胜持类似观点，认为德属于族群的特质，但最强力、最显著者体现在族长身上。一个部族对德这种特质的保持主要是为了长久保有土地人民，统治其他部族。参见李宗侗：《中国古代社会新研》，中华书局，2010年，第30页；杜正胜：《从眉寿到长生——中国古代生命观念的转变》，《中研院历史语言研究所集刊论文类编·先秦卷》（第三册），中华书局，2009年，第256页。

都与天命相关，而后者是政治合法性的终极渊源。这也解释了为什么在西周铭文中周王总要追述先祖之德，这实际是通过传播来彰显王朝与周王自身的合法性。

如此一来，西周因为德的来源不同而形成了权力等差有别的政治秩序。首先是"天降懿德"于先王，先王通过"选建明德"的方式册封诸侯"以藩屏周"（《左传·定公四年》），西周的诸侯贵族亦由此获得德，从而得以治理诸国、尊享一方。但其获取德的源头乃是周王，因此位阶自然也在周王之下，服从周王为中心的政治秩序是其在诸侯国内进行统治的合法性来源。因此，在西周国家内部，周王、诸侯、贵族根据其德来源不同而划分不同的权力秩序：周王之德来源于天命，诸侯贵族之德来源于周王，于是周王可以合法地享有天下之主权，而诸侯、贵族通过从周王获取德而获得某一区域的治理权限，如此得以形成西周周王、诸侯层级分明的国家权力秩序体系。

（二）德具有可承袭性

德是一种具有世袭性的特质。但这里的可承袭是按照外在之德与内在之德分别进行承袭的。下文分述之。

1. 外在之德的承袭

在周人观念中，周文王集诸般美德于一身，如《尚书·康诰》形容文王"克明德慎罚，不敢侮鳏寡"，谓周王体恤民众，明德慎罚。《尚书·无逸》谓文王具有"徽柔懿恭，怀保小民，惠鲜鳏寡"等德行，且勤于政事（"自朝至于日中昃，不遑暇食"），因此才能"鳌龢于政""敷有四方""膺受大命"。因这类懿德直接与政治权力相关，所以是天子之德，如前文所述，这种外在之德与马克斯·韦伯所谓的卡里斯玛式权威颇为相合，某些卓越领袖因具有超凡品质而具有神圣表率的特质，这种禀赋可通过遗传而为卡里斯玛的族人所继承，不同之处在于，西周先王的外在之德的承袭也只能在周王家族累世传承。因此，通过"仪刑文王"等方式使"万邦作孚"（《诗经·大雅·文王》）只能是后世周王的特权，不可假于他人。如《诗经·周颂·维天之命》赞美"文王之德之纯"，并说"骏惠我文王，曾孙笃之"，即是表明文王之德在周王王族中迭代相袭，累世而传。

类似的表述也见于西周金文中。如西周早期的大盂鼎铭谓："不（丕）显玟（文）王，受天有（佑）大令，在珷（武）王嗣玟（文）乍（作）邦，闢（辟）氒（厥）匿（慝），匍（敷）有四方，畯（峻）正氒（厥）民，在雩（于）卸（御）事……今我佳（唯）即井（型）畬于玟

（文）王正德，若玟（文）王令二三正。"该铭文主要记述康王册命盂的事迹。该铭文的重点在于康王表示其将"隹（唯）即井（型）奋于玟（文）王正德"。康王作为文王的血脉与权力的继承者，效法文王之德乃是其独有的权力与义务。① 因此，两周金文中习见的"帅型祖考之德"，如果效法的对象乃文王，则只有在位周王方能够效法。其中的缘由乃是因为文王之德乃是天命所降，直接与政权相关，因此必须为周王垄断，不能为他人所觊觎，故而在西周国家的传播实践中，统治者不断通过各种传播形式散播并强化这一认知。

2. 内在之德的承袭

与自天而得的外在之德不同，内在之德乃由祖考沿袭所得，因而可以为诸侯贵族所继承。内在之德的这种特性使其为西周统治集团的其他群体所拥有。但这种内在之德的承袭也并非自然的过程。在西周，诸侯贵族后裔获取内在之德的途径主要为"帅型祖考"，即后世子孙通过效法先祖辅弼周王、勤于政事的方式，自先祖处达致成德的目标。"帅型祖考"之类的辞句在西周金文中较为常见。如西周晚期的单伯吴生钟铭文曰：

> 单白（伯）吴生曰：不（丕）显皇且（祖）剌（烈）考，徕匹之（先）王，爵董大令，余小子肇帅井（型）朕（朕）皇且（祖）考懿德，用保奠。（《集承》082）

铭文中单伯先追述祖考之德，"徕匹之（先）王，爵董大令"，然后表示要"帅井（型）朕（朕）皇且（祖）考懿德"，效忠周王。由此可见祖考内在之德可为后世子孙继承。类似的记录在西周金文中并不少见。如：

> ①不（丕）显皇考宄公，穆穆克盟（明）氒（厥）心，陇（慎）氒（厥）德，用辟于先王，旻（得）屯（纯）亡敃，望肇帅井（型）皇考，虔夙夜出内（入）王命，不敢不豪不隶，王用弗忘圣人之后，多蔑曆易（赐）休，望敢对扬天子不（丕）显鲁休，用乍（作）朕皇考宄公障（尊）鼎，师望其万年子子孙孙永宝用。（师望鼎，《集

① 还需要补充的是，文献记载中，非周王而称以文王或先王为典范者，多出自西周以后。如《尚书·文侯之命》记载周平王奖励晋文侯，谓："汝克绍乃显祖，汝肇刑文武。"勉励文侯追寻文、武之德。此篇作于平王东迁之后，已入春秋纪年。

成》2812）

②瘭曰：不（丕）显高且（祖）、亚且（祖）、文考，克明氒（厥）心，疋尹叙氒（厥）威义（仪），用辟先王，瘭不敢弗帅且（祖）考，秉明德、劢夙夕（瘭钟，西周中期，《集成》248）

③王若曰：录白（伯）或，繇自乃且（祖）考又（有）爵于周邦，右辟三（四）方，畣天令，女（汝）肇不象（弛），余易（赐）女秬鬯一卣、金车、贲桒较（较）畣、朱虢（鞹）靳、虎冟窠（朱）里、金甬、画闻轛、金尼（轭）、画轉、马四匹、鎣勒。录白（伯）或敢拜手頴首，对扬天子不（丕）显休，用乍（作）朕（朕）皇考厘王宝障（尊）殷（簋），余其永迈（万）年宝用，子子孙孙其帅井（型）受丝（兹）休。（录伯或簋盖，西周中期，《集成》4302）

类似的铭文还有西周晚期的四十三年逨鼎、师訇簋、番生簋盖、叔向父禹簋等。此类铭文基本模式为先追述祖先"克明厥心""有爵于周邦"的荣光，然后盟誓当"帅型皇考"，秉承先祖明德继续匡扶周室。其中所包含的信息一方面是作器者强调要仿效先祖辅佐周王克保天命、尽职勤勉，另一方面也表明西周内在之德的继承存在身份的差别，诸侯与贵族各自依其先祖身份承袭其德，不能僭越。

在西周铭文中除了作器者本人盟誓要"帅型祖考"、继承先祖之德外，有时周王在册命时还要求受命者承袭先祖之德。如：

①王若曰：訇，不（丕）显文武受令，则乃且（祖）奠周邦，今余令女（汝）啻（适）官。（訇簋，《集成》4321，西周晚期）

②王若曰：虎，截（载）先王既令乃昃（祖）考事啻（适）官，嗣（司）ナ（左）右戏緐（繁）刑（荆），今余佳（唯）帅井（型）先王令，令女（汝）更（赓）乃昃（祖）考啻（适）官，嗣（司）ナ右戏緐（繁）刑（荆），敬夙夜，勿法（废）朕（朕）令，易（赐）女（汝）赤舄，用事。（师虎簋，《集成》4316，西周中期）

上述铭文内容都涉及周王要求受命者效法其先祖，以获内在之德。这些材料也说明，西周的德与权力秩序一致。外在之德乃西周先王自天所获得，后世周王可通过"帅型祖考"的方式获得，其为周王世代垄断；内在之德乃诸侯贵族祖考自西周先王而获得，诸侯贵族后裔获得内在之德的方式亦是通过"帅型祖考"的途径。因此，西周统治集权中后世周王与贵族诸侯之德分属内外，来源不一，但其获取的途径都为"帅型祖考"，其最终都是在承认周王天命所归的合法性。①

三、内外之德与西周的治理逻辑

"上帝降懿德"主旨是天降大任，合法地获得政权，这是周人政治秩序的根基与王朝合法性所在，也是西周政治传播的核心理念。但因这种外在之德为周王所垄断，虽然从抽象意义上而言这种德也可扩展至周邦，成为所谓的"周德"，但其通常与天命相关，其只在周王代际纵向承袭，自然不可为其他诸侯贵族所染指。因此，在周代政治实践中"帅型祖考"才是常态。

从西周"帅型祖考"的内容来看，多为效法先祖夹辅周王、勤于国事的先例，如西周晚期的番生簋盖铭文谓其先祖"穆穆克慎乒（厥）德"，故番生不敢不"帅井（型）皇且（祖）考不（丕）杯（丕）元德，用申绍大令，粤（屏）王立（位），虔夙夜尃（溥）求不晳德，用谏四方，顝（柔）远能犾（迩）"（《集成》4326），叔向父禹簋中作器者禹亦谓其当效法先祖"共（恭）明德，秉威义（仪），用申绍奠保我邦我家"（《集成》4242），梁其钟铭文也说作器者当效法祖考"穆穆异异，克质（慎）乒（厥）德，农臣先王，得屯（纯）亡敃"（《集成》187）。因此，周王与诸侯根据职位不同，通过"帅型祖考"的方式各司其德。文王的后代诸王，其继承文王之德继续享有天命，而诸侯贵族继承先祖之德的方式则是效法先祖"夹绍先王，爵董（勤）大令（命）"（四十三年逨鼎），将先祖对于周王的忠诚代代相传，结果是周王之德成为诸德的中心，西周诸侯贵族的这种通过"帅型祖考"获得内在之德的方式对西周王权为中心的政治体制的巩固是不言而喻的。从现实层面来说，西周的分封制度建立在宗法的基础之上，这种以血缘为特征的宗法关系在建立之初的确能起到屏障周邦的功用，但随着血缘关系必然会被时间与宗族的扩大而稀释，封建制的弊端不可避免地显现。但在宗法之外，强调政权的合法性与德相关，诸侯贵族通过追述先祖协助周王取得功德，并发誓效法祖考继承先祖外在之德，所以在各类册命、朝聘铭文中可见作器者对其祖考之德的颂扬及效法祖考的盟誓，这样做的目的可使得原本可能疏远的邦国政治关系重新凝聚，有效地弥补了以宗族血缘为基础的分封制的不足，最终巩固了宗室与

---

① 罗新慧：《"帅型祖考"和"内得于己"：周代德观念的演化》，《历史研究》2016年第3期。

西周王室的联盟，强化了统治集团内部不同阶层之间的协作，有利于西周政治秩序的构建与维系。从这个意义上说，这种德的观念无疑是对王权的一种巩固，德的继承性成为构建西周诸侯贵族与周王关系的黏合剂。

综上，西周之德具有明显的阶层分野，周王有周王之德，贵族有贵族之德，彼此泾渭分明、不能逾越。不仅如此，外在之德与内在之德也是等级俨然，外在之德高于内在之德，周王之德高于诸侯及其他贵族之德。因德的能力与权力相关，周王可合法地治理天下，而其他诸侯在服从周王的前提下获得某个具体区域的统治权，从而将权力的位阶与德之高下相结合，奠定西周政治的基础。

小　结

从历史上的媒介实践来看，古代的政治传播活动的实质是将国家意识形态分解为各类政令信息在治下区域逐级下达，在实现国家不同层级机构政治沟通的同时，又有效地传递统治合法性的理念。这也是西周国家媒介实践的逻辑起点与最终目标。它体现在两方面。一方面，在中国的传统政治中，存在一个对于天的普遍信仰，这也使得天很早便进入政治领域与王权结合，并进而成为中国政治权威的来源，从而形成权力支配关系的合法性力量。相应地，在西周的政治传播中凸显文武王受命而有天下的理念已经贯穿于西周的媒介实践之中，成为西周政治传播的主流话语，由是周王将个人意志转变为恭行天命、替天行道。借助于周人对媒介组织与各种传播手段的垄断运用，周王便集合了宗教与政治两种权威，其不仅是西周天下法理上的主权者，同时也成为天在人间的合法代理人。它通过传播强化人们对于天命的信仰来巩固其人间政治秩序，使民众基于天命的信仰而服从其现实的权力支配。

另一方面，自周人以小邦周取代大邦殷后，西周早期为解释这种天命的转移，周统治者在政治传播中多强调周人的特异之处在于周王之德，正是文王以不凡功德契受天命而合法拥有政权。在西周中期随着周人广封亲戚之国以屏周邦之后，为维系政权的稳定性，周人政治传播的重点更多的是强调天命客观性的一面，周人"以德配天"之德乃系天命外在赋予而来，尽可能排除因内在之德的不确定性而导致的王朝权力合法性的消解。因此，西周中期之后，铭文中周人关于文王之德的描述便发生了重大转向，如在墙盘、瘐钟、毛公鼎等铭文中，周人明确德由天所降。周人铭文中描述德乃天降，从逻辑上来看显然此德非个体生发、"内得于己"的固有秉性，而是"外得"于他物的授予结果。职是之故，西周自中期以后，在其通过青铜铭文的媒介传播中在赞颂上天时，总要向受众宣扬其懿德乃得之于上帝，此类语句已成西周国家传播的固定模式。

正是因为西周的政治合法性在于天与德，所以西周通过各类媒介所要塑造的是一个集天命、道德与事功于一体的理想王朝形象，这是西周王朝构建社会治理秩序的合法性基础，也是进行媒介实践的逻辑原点。所以在西周各类青铜礼器中关于周人先祖受天命与懿德的描述不胜枚举，这些礼器赏赐给各级贵族、诸侯，并子孙永保、传诸后人，这实际也是将周人统治的合法性理念在不同的权力集团中进行传播，这些礼器中所包含的周人统治的合法性意识也深植其中，并代代流传。

第二章　闻达诸侯：西周媒介实践的
制度配置与物质基础

任何时代国家的媒介实践必须建立在一定的制度配置与物质基础之上。国家通过传播维系社会结构与权力秩序属于媒介的高级社会职能，它需要与之匹配的物质化组织与技术的支撑，二者相互依存，共同服务于传播主体特定意图的实现目标。① 因此，相关的媒介制度与物理交通状况是探讨西周的媒介实践与治理秩序构建不能忽视的一个维度。本章主要探讨的是西周媒介实践的制度配置与道路交通条件，从而揭示西周媒介实践的技术基础。

第一节　以辅王命：西周媒介实践的制度配置

一、西周的政治架构：内服外服制度

西周国家政治架构是西周媒介实践的制度基础，通过这一治理架构，西周国家的传播行为才能成为可能。不同于秦汉以后的中央集权制度，西周时期的分封体系决定了西周的政治版图以宗周、成周为中心，渐次向四周邦国扩散开去，这一政治版图随着西周国力的或盛或衰而呈现扩张或收缩的形态，从而使得西周的媒介实践的空间不断发生改变。

在文献中，西周的政治结构被称为"服制"，是自殷商承袭而来。据

---

① 在德布雷对媒介学的定义中，它既包含狭义的传播媒介（如书籍、电视、照相机、电报、数字网络等），也指广义的媒介（如道路、铁路交通网络、邮政网络、输电网络等），从而揭示了基于技术支撑基础上的象征性微观建构过程，即高级社会职能（如宗教、意识形态、艺术、政治等）和技术支撑（被组织的物质技术与被物质化的组织）的互动机能，二者不能彼此独立存在。参见朱振明：《媒介学中的系谱学迹线——试析德布雷的方法论》，《新闻与传播评论》2019 年第 3 期。

《尚书·酒诰》载：

> 自成汤咸至于帝乙，成王畏相。惟御事厥棐有恭，不敢自暇自逸，矧曰其敢崇饮？越在外服，侯、甸、男、卫邦伯；越在内服，百僚、庶尹、惟亚、惟服、宗工，越百姓里居，罔敢湎于酒。不惟不敢，亦不暇。

可见商代将王朝统治区域划分为内、外二服，百僚、庶尹、惟亚、惟服、宗工等属于内服部分，侯、甸、男、卫等则被划入外服。内服为王朝直接控制的区域，外服为受商王节制的邦国领地，这在金文中也有记载，如西周早期的大盂鼎铭在总结殷人"坠命"的原因时曾提及其内外服制度："佳（唯）殷边侯、田（甸）雩（与）殷正百辟。"此处"殷边侯、田（甸）"，也就是《尚书·酒诰》中的"侯、甸、男、卫邦伯"为表现形态的外服体系，而"殷正百辟"则指《尚书·酒诰》中的内服中百僚、庶尹等职司。可见内外服的政治统治方式在商代确实存在。

西周建立后承袭了殷商的内外服制度。这在先秦典籍中多有反映，如《尚书·康诰》载三月某日，"周公初基，作新大邑于东国洛"，四方臣民来会，其中包括外服"侯、甸、男"的邦君与内服的"采、卫百工"；《尚书·召诰》记载某日甲子之晨，周公以诰书命殷民及"侯、甸、男"邦君营建洛邑。这说明西周建立之后沿用了殷人的内外服制度，并在此基础上形成了西周国家的基本治理架构。对于西周内外服制度的具体设置，在先秦文献中也有反映。据《国语·周语上》的记载，西周的服制为"邦内甸服，邦外侯服，侯卫宾服，蛮夷要服，戎狄荒服"。这段话大意为王畿内属于甸服，王畿外的是侯服，侯服之外的区域为宾服，夷蛮地区称为要服，戎狄地区乃是荒服。不仅如此，不同的服制，其邦君承担的义务也不相同："甸服者祭，侯服者祀，宾服者享，要服者贡，荒服者王。日祭、月祀、时享、岁贡、终王。"意为甸服邦君须向周王供奉祭祀父与祖父的祭物，侯服邦君须向周王供奉祭祀高、曾祖的祭物，宾服邦君须向周王供奉祭祀远祖的祭物，要服邦君须向周王供奉祭祀神灵的祭物，荒服邦君则需要朝见天子。祭父与祖父的祭物一日一次，祭高、曾祖的祭物一月一次，祭远祖的祭物一季一次，祭神的祭物一年一次，荒服邦君朝见天子一生须有一次。这是对于西周内外服制度设置较为详细的说明。它透露出三个重要信息：首先，西周的内外服以邦（王畿）① 为界；其次，它划分了内外服的范围，即甸服属于内服，侯服、宾服、要服、荒服属于外服，层级之间界限分明；最后，内外服对周王朝承担相应的义务。

西周甸服中的甸与奠相通，也是沿袭商人的旧制。② 西周建立之初，天下虽已初定，但殷商遗民仍存有相当实力，因此，西周统治者在宗周、成周两地附近置立奠来督管殷人，以防止其作乱。这在金文资料中多有反映。如西周早期的小盂鼎载："盂呂（以）者（诸）侯□侯、田（甸）、男□□盂征，□咸，宾即立（位）、瓒宾。"该铭文记录了西周征讨鬼方胜利后，盂与"侯、田（甸）、男"等举行祭祀的过程。西周早期的夨令方彝中记载的"奠"给了我们更丰富的信息：

> 隹（唯）十月月吉癸未，明公朝至于成周，徇令：舍三事令，眔
> 卿旅（士）寮（僚）、眔者（诸）尹、眔里君、眔百工、眔者（诸）
> 侯，侯、田（甸）、男，舍四方令。（《集成》9901）

该铭文意为某年十月月吉癸未，明公到达成周洛邑后，对内服的三事、卿事寮、诸尹、里君、百工，外服的侯甸男及四方邦国发布了施政命令。该铭文说明商人的外服制度的确为西周所沿用。此处夨令方彝与传世文献《尚书·酒诰》关于西周外服的记载可相互印证③，表明西周侯、甸职司与内服中的卿事寮、诸尹等官职存在对应关系。再结合大盂鼎铭"隹（唯）殷边侯、田（甸）"的记述来看，侯、甸的区域一般位于"殷边"近旁。其原因在于，西周建立之初天下政局未稳，"奠"这种特殊的行政区划对安定大局有其必要性。到周公平定三监叛乱后，为进一步加强对于该地殷移民的控制，周王册封姬、姜等姓贵族于奠地，如在东方分封齐国、鲁国，在北方分封燕国、邢国，以及南方郧国、曾国等"汉阳诸姬"。

---

① 根据陈梦家、董作宾等学者的研究，金文中表示区域的奠与甸相通，指的是周王的直辖地区，而周王对这一地区也常常要派遣官吏进行管辖。永盂、背鼎、郑牧马受簋、免簋等都提到奠地的官员组织，包括周王所派遣的司徒等官员。参见陈梦家：《殷虚卜辞综述》，中华书局，1988 年，第 324 页；董作宾：《殷历谱》，《董作宾先生全集》乙编第二册，台北艺文艺术馆，1977 年，第 704 页。

② 商人常常将被征服的民众奠置于王城郊外特定的区域，称为奠、南奠、北奠等。参见武刚：《西周时期内外服制度的嬗变》，《中国社会科学报》2020 年 12 月 7 日。

③ 武刚：《西周的外服制与王朝边域统治研究》，陕西师范大学 2018 年博士学位论文，第 22～24 页。

奠地广封诸侯的做法也深刻改变了西周的内服制度，使得奠地邦君与王畿职官一同被纳入西周的服制之中，至周代中期，侯、甸等外服的国家治理架构趋于稳定，逐渐成为我们熟知的侯服。① 侯服的置立实质是将姬姓贵族与政治同盟册封于王都周围以屏周邦，并使之成为西周政权向四方扩张的根据地，从而将西周国家权力逐次往外推进。

除了与周王朝关系密切的侯服外，西周外服制度中还有宾服，一般为地位重要的异姓方国。除此外，根据治理区域的不同，西周的外服制度还包括要服与荒服，前者主要设立在西周的东南部区域，后者则在西北方区域。如此，西周的外服制度"以侯服为中心，统御宾服，统治要服、荒服，这就构成了西周时期的外服制度"②。西周的内服与外服共同构建成为西周的政治治理框架，也形成了西周国家传播与媒介实践的物理空间。国家政治传播的效能有赖于周王对天下四方的控制。西周对天下诸国的控制虽然不可能达到后世中央集权式王朝的程度，但西周初期建立的内外服辅以分封制度，仍在一定程度上实现了西周对于治理秩序的需求。这从西周中期的士山盘铭文可以略窥一斑。其文如下：

> 隹（唯）王十又六年九月既生霸甲申，王才（在）周新官，王各大室，即立（位），士山入门，立中廷，北卿（向），王乎（呼）乍（作）册尹册令（命）山曰：于入侯，祒往蠚、荆（荆），服眔大虖、服履、服六孳，服侯、蠚、宾贝、金。山拜頴（稽）首，敢对鈘（扬）天子子不（丕）显休，用乍（作）文考厘中（仲）宝障（尊）般（盘）盂，山其万年永用。（器号 NA1555）

该铭为周王册命士山的记录，铭文中也反映了周王朝对于偏远的蠚、荆等南方诸国的治理模式。从铭文中可以看到士山是奉周王命前往蠚、荆等国征收贡纳，这也说明这些方国对周王室负有缴纳贡物的义务。类似的还有西周晚期的兮甲盘：

> 隹（唯）五年三月既死霸庚寅，王初各伐猃狁于㽙虖，兮甲从

---

① 武刚：《西周的外服制与王朝边域统治研究》，陕西师范大学 2018 年博士学位论文，第 28 页。
② 武刚：《内服还是外服——西周甸服问题研究：兼论西周王畿的形成过程》，《史学月刊》2018 年第 3 期。

王，折首执讯，休亡敃，王昜（赐）兮甲马四匹、驹车，王令甲政
（征）辞成周四方责（积），至于南淮尸（夷），淮尸（夷）旧我帛
亩人，母（毋）敢不出其帛、其责（积）、其进人，其贮（贾），母
（毋）敢不即帥（次）、即市，敢不用令，则即井（刑）屡（扑）伐，
其隹（唯）我者（诸）侯、百生（姓），氒（厥）贮（贾），母
（毋）不即市，母（毋）敢或入蛮宄贮（贾），则亦井（刑）。今白
（伯）吉父乍（作）般（盘），其釁（眉）寿万年无强（疆），子子
孙孙永宝用。（《集成》10174）

该铭文记录了周王向南方淮夷等部族发布的命令。兮甲作为周王委任
征收贡纳官员，其职责范围在南淮夷生活的南方区域，南淮夷不仅要向周
王缴纳贡赋，甚至还要提供劳役，否则周王就要进行惩罚。

这些铭文反映了西周的多数时期周王的权力可及于南方远离政治中心
的广大区域。驹父盨的内容与之类似：

唯王十又八年正月，南中（仲）邦父命驹父毆（殷）南者（诸）
侯，達高父见南淮尸（夷），氒（厥）取氒（厥）服，董（谨）尸
（夷）俗。豕（遂）不敢不敬畏王命，逆见我，氒（厥）献氒（厥）
服，我乃至于淮小大邦，亡（无）敢不□具逆（迎）王命。四月，
还至于蔡，乍（作）旅盨，驹父其万年永用多休。（《集成》4464）

该铭文记录的是驹父奉命去南淮夷征纳贡赋的事迹。铭文中驹父到达
淮夷区域后，淮夷恭见（"逆见我"）并呈送贡纳。相似的内容还有师袁
簋"越淮夷繇我帛贿臣"等记录。

不仅如此，从金文资料来看，西周还会直接将内服职官派遣至外服诸
国对其进行控制。如西周中期的史密簋，记录了西周孝王发布的一则征讨
南夷的军令。其文如下：

佳（唯）十又一月，王令（命）师俗、史密曰：东征敆南尸
（夷）、卢虎，会杞（杞）尸（夷）、舟尸（夷），蘿不坠，广伐东或
（国），齐臼（师）族土（徒）□人，乃执啚（鄙）宽亚。师俗率齐臼
（师）□人□□伐长必，史密父率族人厘白（伯）、棘眉（殷），周伐
长必，获百人。对鼎（扬）天子休，用乍（作）朕文考乙白（伯）

障（尊）簋，子子孙孙其永宝用。（器号 NA0636）

该铭文记录了周王东征"伐长必"的史实。其中尤需注意的是作为西周内服官员的师俗率齐师的表述。一般而言，对于军队的使用涉及诸侯国最重要的政务，周王可以直接任命王朝大臣指挥诸侯国军队的事实说明了周王为天下共主的地位是实至名归的。此类记述在金文中绝非孤证。西周中期的引簋铭文中也有周王派引去指挥齐国军队（"更乃祖司齐师"）的事例。这种控制甚至到西周晚期仍是有效的，如西周晚期厉王时的晋侯苏钟也记录了周王亲令晋侯苏"率乃师左周镬，北周□，伐夙夷"。可见，西周虽在外服区域推行的是以侯服、宾服、要服等诸国地方统治的间接治理模式，但西周至少在厉王时期仍能对外服诸侯国实施有效的控制。这些例证也说明了"溥天之下，莫非王土"的描述并非只是一种不切实际的理念，而是西周政治秩序的真实呈现。

二、西周王畿内外及大致范围

一般而言，西周的王都包括岐周（周原）、宗周（丰镐）、成周（洛邑），因此西周王畿地区也就是连接这三大王都的关中平原与洛阳平原的广大区域。根据近年来的考古成果，宗周王畿所辖区域西面在宝鸡一带，东面至于潼关附近，主要位于关中平原地区；成周王畿所辖区域则更为复杂，综合传世文献与各国的地望①，西周后期其范围大约为"西面不超过三门峡市，北面不超过河南淇县，南面不超过河南鲁山县，东面不超过河南商丘市"②，大致包括"河南之洛阳、偃师、宜阳、铁门、巩、孟津、登封、嵩、洛宁、沁阳、济源、修武、武陟、孟、温、博浪十六县；兼得鲁山、辅城、伊阳之地，跨黄河南北"③。

需要指出的是，西周王畿范围并非一成不变，而是呈现出一个动态的过程，先秦文献中"方千里曰王畿"（《周礼·夏官·职方氏》）等记述不足为据。西周王畿的出现与奠地相关。到了西周中期以后，周王朝自殷

---

① 《国语·郑语》云："当成周者，南有荆蛮、申、吕、应、邓、陈、蔡、随、唐；北有卫、燕、狄、鲜虞、潞、洛、泉、徐、蒲；西有虞、虢、晋、隗、霍、杨、魏、芮；东有齐、鲁、曹、宋、滕、薛、邹、莒；是非王之支子母弟甥舅也，则皆蛮、荆、戎、狄之人也。"这为明确西周成周范围提供了参考。

② 吕文郁：《周代王畿考述》，《人文杂志》1992 年第 2 期。

③ 武刚：《内服还是外服——西周甸服问题研究：兼论西周王畿的形成过程》，《史学月刊》2018 年第 3 期。

沿用的"奠"在国家政治生活中发挥着日益重要的功能，"奠"的职能与性质逐渐发生变化，逐渐演化为王畿内外服的分界线，成为西周王畿的一部分区域。① 西周在王畿地区也会进行分封诸侯，区别于王畿以外地区，王畿内分封之诸侯被称为畿内诸侯。《尚书·顾命》记载成王将崩时命召六卿（太保奭、芮伯、彤伯、毕公、卫侯、毛公、师氏、虎臣、百尹、御事）听事，从六卿中的称谓来看，其中既有公伯等诸侯，也有太保、师氏等王朝内臣，其透露出的信息是西周王畿内亦存在诸侯采邑，彤伯、毕公等人即为畿内诸侯。② 但因为其领地在王畿之内，其权限自然也不同于畿外诸国，畿内诸侯国的人员任用、田地资源都为周王直接掌握，因此为周王直接治理的区域，周王的权威与意志在此区域能得到较为彻底的表达。

从王畿与内服关系来看，学界一般认为西周的王畿地区就是王朝内臣服务之区域，其在地理空间与政治架构（包括王朝臣僚与畿内诸侯）上属于西周内服制的一部分。

三、宅兹中国：西周的内国与四方国

"内国"一词见于西周中期的录尊，其文如下：

王令或曰：甈，淮尸（夷）敢伐内国，女（汝）其吕（以）成周师氏戍于异亯，白（伯）雄（雍）父蔑录暦，易（赐）贝十朋。录拜頴首，对扬白（伯）休，用乍（作）文考乙公宝障（尊）彝。

该铭文记录了因淮夷入侵西周内国，或被周王任命征伐淮夷，并受封

---

① 武刚：《内服还是外服——西周甸服问题研究：兼论西周王畿的形成过程》，《史学月刊》2018 年第 3 期。

② 赵伯雄认为西周诸侯入为王官，在西周为极普遍的现象，如周公封于鲁、召公封于燕，都是由长子就封，二公在畿内各有封地。畿内的周公家族与鲁国公室几乎可以视作两支，畿内周公家族世为王官，与鲁国家族并无交集。召公与燕侯家族也是如此。因此并不存在王畿内外诸侯的分别。参见赵伯雄：《周代国家形态研究》，湖南教育出版社，1990 年，第 35 页。又吕文郁等学者认为王畿内的封地属于采邑，畿外才是封国，参见吕文郁：《周代的采邑制度》，社会科学文献出版社，2006 年，第 14～19 页。谢维扬也认为畿外诸侯有特有的国氏，如鲁国的鲁氏、齐氏，其他亲属则领有新的氏，以表现诸侯国政权的公共性，畿内的则没有，如刘氏。畿内诸侯比起畿外诸侯来说更多一点私人性质。所谓畿内诸侯，更确切地应称畿内贵族。参见谢维扬：《中国早期国家》，浙江人民出版社，1995 年，第 420 页。武刚认为畿内职官与公伯只是职能的不同，参见武刚：《西周的外服制与王朝边域统治研究》，陕西师范大学 2018 年博士学位论文，第 36 页。

赏的事迹。那么铭文中的内国地望何处？又所辖哪些区域？内国与金文中的东国、南国地理边界如何？这些问题关系到西周媒介实践的空间范围，需要予以明确。

（一）内国与中国

内国之内，与前文"邦内甸服，邦外侯服"的内外服制之内颇有共通之处，皆为周人用以区别地理空间远近与心理距离亲疏的标准。周人所言之内，一般为周邦的范围，因为西周之邦亦为周王之家，二者并无明确界限，因此有时也称为邦内或家内。这在西周金文中有不少体现。如毛公鼎中周王命父厝"辪（乂）我邦、我家内外，悬（拥）于小大政，粤朕立（位）"中的"我邦、我家内外"指邦、家内外，邦即周邦，家指王家，也就是"直接属于周王室治理的区域"。又如西周早期的蔡簋谓"从嗣（司）王家外内，母（毋）敢又（有）不闻"，此铭中的"王家外内"所指的也是周邦之内外。对于邦（家）内事务范围，西周晚期的师𬀩簋有所反映，铭文中周王命师𬀩掌管王家事务，其内容包括"（司）我西扁（偏）东扁（偏）仆驭、百工、牧、臣妾，东（董）𫷷（裁）内外"，可见家内事务大体涵盖王朝直接听命于周王的臣僚之类，主要与王家相关。明白此内的含义后，内国也便容易理解了，其指的是西周设立内服职官进行直接管理的地理区域，也即周邦。因此，当"淮尸（夷）敢伐内国"（录尊，《集成》5419），说明此时淮尸兵锋已进入西周周王直接控制区域，直逼王畿，故命𢦏抵御征讨。相应地，与内国相对应的四方，就属于周人观念中的邦外事务了。

何尊铭文中还出现了"中国"一词：

> 佳王初鄙宅于成周，复禀珷（武）王丰，祼自天，才（在）四月丙戌，王鼖（诰）宗小子于京室，曰：昔才（在）尔考公氏，克逑（弼）玟（文）王，肆玟王受兹□□（大命），佳（唯）珷（武）王既克大邑商，则廷告于天，曰：余其宅兹中或（国），自之乂民，乌虖，尔有唯小子亡戠（识），视于公氏，有爵于天，彻令苟（敬）享哉（哉）。甫王鞤（恭）德谷（裕）天，顺我不每（敏），王咸鼖（诰），姫易（赐）贝卅朋，用乍（作）□公宝障（尊）彝。佳（唯）王五祀。（《集成》5445）

这里的中国，指的是以成周洛邑为中心及其近邻的区域，其地理位置大致在今河南省中部一带，此区域大致在周人所经营的"四土"的中间位置。① 因为古代以中为贵，周人所谓中国乃有特定的政治价值取向与秩序构建意识，并非与地理空间之中完全对应。从范围上来看，中国的区域包含在内国之中。

（二）内国的地理区域

内国的范围与王畿关系如何？从目前已有文献来看，其四方区域并未明确，只能通过周人对内国的防御线来推断其地望。西周中期淮夷经常侵扰，在金文文献中可看到不少关于"淮尸（夷）敢伐内国"的记录。如西周晚期敔簋记载某年十月，"南淮尸（夷）遷殳内，伐溳、昴、参泉、裕敏阴阳洛，王令敔追袭于上洛㤅谷，至于伊、班，长榜，截（捷）首百，执讯卌，夺孚（俘）人四百，啚于焚（荣）白（伯）之所，于㤅衣聿，复付厥（厥）君"（《集成》4323）。该铭文记述了南淮夷侵扰西周内国，周王派敔征伐并取得胜利的事迹。此处"南淮尸（夷）遷殳内"中的内，即为内国。② 南淮夷进犯的地点"溳、昴、参泉、裕敏阴阳洛"是我们确定该时期内国范围的关键。该段铭文意为南淮夷侵犯溳、昴、参泉，并欲谋夺阴阳洛。③ 综合诸家对溳、昴、参泉及阴阳洛地望的考据，铭文中内国的范围大致在今洛河与伊河流经的宗周到成周之间的区域。④ 有学者根据金文资料中西周军队驻扎地点的分析，确定了内国的南部、东部防御线。结合遇甗、楷卣、臤尊、猷鼎、录簋等铭文反映的抗击淮夷的古师、堂师的驻守地点来看，内国的南部防御线在猷国、应国与蔡国一带，即今河南太康、鹿邑、西平一带；从小臣𧝴簋、作册夨鼎等铭文反映的謎师、牧师与柯师的驻防地来看，河南鹤壁淇县到内黄地区一带是西周内国的东部防御线。⑤

---

① 张海：《"邦""国"之别——兼谈两周铜器铭文所示西周王朝之国家结构》，北京大学出土文献研究所编：《青铜器与金文》，上海古籍出版社，2017 年，第 570~571 页。

② 杨树达：《积微居金文说》，上海古籍出版社，2007 年，第 117 页。

③ 李学勤：《晋侯铜人考证》，《新出青铜器研究》（增订版），人民美术出版社，2016 年，第 307 页。

④ 参见陈连庆：《敔簋铭文浅释》，《古文字研究（第九辑）》，中华书局，1984 年，第 309 页；李学勤：《晋侯铜人考证》，《新出青铜器研究》（增订版），人民美术出版社，2016 年，第 307 页；武刚：《西周的外服制与王朝边域统治研究》，陕西师范大学 2018 年博士学位论文，第 52 页。

⑤ 武刚：《西周的外服制与王朝边域统治研究》，陕西师范大学 2018 年博士学位论文，第 52~59 页。

（三）四国

与"内国"一词相对的为"四国"。《尚书·多方》："猷告尔四国多方。"在《诗经》中亦有多个篇章中有四国的称谓，可见周人早有四国的观念。当然，这里的四可能只是为了与内国对应的泛称，暗示周邦地处中国，统治天地四方。东国、南国的称谓是以西周内国为参照而产生，所谓东国，即西周王畿以东诸国；南国即西周王畿以南诸国。如金文中的东国：

①唯王令明公遣三族伐东或（国），才（在）遴，鲁侯又（有）囚（縣）工（功），用乍（作）旅彝。（明公簋，《集成》4029，西周早期）

②佳（唯）四月，辰才（在）丁未，王省珷王、成王伐商图，征省东或（国）图，王卜于宜，入土南乡。王令虞侯矢曰：鄮（迁）侯于宜，易（赐）鬯卣一卣、商瓒一、□、彤弓一、彤矢百、旅弓十、旅矢千，易（赐）土：氒（厥）川三百□，氒（厥）□百又廿，氒（厥）宅邑卅又五，氒（厥）□百又丗，易（赐）才（在）宜王人□又七生（姓），易（赐）莫（甸）七白（伯），氒（厥）卢□又五十夫，易（赐）宜庶人六百又□六夫。宜侯矢扬王休，乍（作）虞公父丁噂（尊）彝。（宜侯矢簋，《集成》4320，西周早期）

③佳（唯）八月初吉才（在）宗周甲戌，王令毛白（伯）更（赓）虢城公服，粤（屏）王立（位），乍（作）四方亟（极），秉緐、蜀、巢令，易（赐）铃鋚（勒），咸。王令毛公㠯（以）邦冢君、土（徒）驭、或人伐东或（国）痛戎，咸。王令吴白（伯）曰：㠯（以）乃启（师）左比毛父。王令吕白（伯）曰：㠯（以）乃启（师）右比毛父。趞令曰：㠯（以）乃族从父征，徝城卫父身，三年静东或（国），亡不成，肶天畏（威），否卑屯（纯）陟。公告氒（厥）事于上：佳（唯）民亡徝才（哉），彝朁（昒）天令，故亡，允才（哉）显，佳（唯）敬德，亡逌（攸）违。班拜頶首曰：乌虖，丕杯（丕）承（扬）皇公受京宗懿釐，毓文王，王姒（姒）圣孙，㝋（登）于大服，广成氒（厥）工（功），文王孙亡弗裹（怀）井（型），亡克竞氒（厥）剌（烈），班非敢觅，佳（唯）乍（作）卲（昭）考爽，益曰大政，子子孙多世其永宝。（班簋，《集成》4341，西周早期）

④佳（唯）王卅又三年，王窥（亲）遹省东或（国）南或

（国），正月既生霸戊午，王步自宗周，二月既望癸卯，王入各成周。
（晋侯苏钟，器号 NA0870，西周晚期）

除此之外，西周铭文中涉及东国的还有师寰簋（集成4314）、史密簋（器号 NA0636）、保卣（集成5415）、保尊（集成6003）等。

西周金文中提到南国的记载有：

①王肇通省文武，董（觐）强（疆）土，南或（国）及孳（子）敢臽（陷）处我土，王臺（敦）伐其至，戣（扑）伐氒（厥）都，及孳（子）乃遣闲来逆卲（昭）王，南尸（夷）、东尸（夷）俱见，廿又六邦，佳（唯）皇上帝、百神保余小子，朕（朕）猷又（有）成亡竞，我佳（唯）司配皇天，王对乍（作）宗周宝钟，仓仓恩恩，離離雍雍，用邵各不（丕）显且（祖）考先王，先王其严才（在）上，橐橐歔歔，降余多福，福余沈孙，参寿佳（唯）利，默其万年，畯保四或（国）。（默钟，《集成》0260，西周晚期）

②王令中先省南或（国）贯行，埶（埶）应在旹（曾），史儿至，目（以）王令曰：余令女（汝）史（使）小大邦，氒（厥）又舍女（汝）卅邦量至于女，虔小多□。中省自方、登（邓），逝邦，在岩自（师）师（次）。白（伯）买父乃以氒（厥）人戍汉中州，曰段、曰旍，氒（厥）人□廿夫，氒（厥）贾眷言曰：宾□贝，曰传□王□休，肆肩又（有）羞余□□，用乍（作）父乙宝彝。（中瓢，《集成》0949，西周早期）

③佳（唯）十月甲子，王才（在）宗周，令师中眔静省南或（国）相（?），埶应（居），八月初吉庚申至，告于成周。月既望丁丑，王才（在）成周大室，令静曰：饲（?）女（汝）采，饲（?）才（在）曾噩（鄂）自（师）。王曰：静，易（赐）女（汝）鬯、旗、市、采霉。曰：用事。静扬天子休，用乍（作）父丁宝障（尊）彝。（静鼎，器号 NA1795，西周早期）

④佳（唯）四月既死霸，虢中（仲）令柞白（伯）曰：才（在）乃圣且（祖）周公繇又（有）共（功）于周邦。用昏无殳，广伐南或（国）。今女（汝）其（其）率蔡侯左至于昏邑。既围戟（城），令蔡侯告逞（征）虢中（仲），趄（遣）氐曰：既围昏。虢中（仲）至。辛酉專（搏）戎。柞白（伯）执讯二夫，只（获）馘十

人。謘（其）弗敢忝（昧）朕皇且（祖），用乍（作）朕剌（烈）且（祖）幽吊（叔）宝障（尊）鼎，謘（其）用追享孝，用旂（祈）賚（眉）寿迈（万）人（年），子子孙孙其永宝用。（柞伯鼎，器号 NB1059，西周晚期）

⑤隹（唯）正二月初吉，王归自成周，雁（应）侯见工遗王于周。辛未，王各于康，焚（荣）白（伯）内（入）右雁（应）侯见工，易（赐）彤（彤弓）一、彤（彤矢）百、马四匹、矢三千。敢对阳（扬）天子休厘，用乍（作）皇考武侯障（尊）殷（簋），用易（赐）賚（眉）寿永令（命），子子孙孙永宝。（应侯视工钟，《集成》107，西周中期）

此外，西周早期的中鼎（集成 2751）等铭文中也有南国之谓。像禹鼎（《集成》2833）与晋侯稣钟铭文中将东国与南国并称。前者是王诏命征伐，后者为王对东国与南国进行巡狩，但其目的都是为了对该区域诸国进行控制。

提到东国、南国的铭文中，不少都与战争有关，或是南夷、淮夷侵伐，或是边域之侯勾结夷人反叛。这说明东国和南国地区是周人没有完全控制的地区，尚有异邦需要征服。如前引默钟铭文追忆昭王时"南尸（夷）、东尸（夷）俱见，廿又六邦"，是说来周朝见的南夷、东夷诸邦曾达到 26 个，这表明周人对夷人也是以邦为单位来计算。又夷人主要分布在南国和东国地区，则夷人诸邦是南国和东国的重要构成部分，再加上周人所建诸邦，也就是说这两个地区是由大大小小的众多邦构成的。

先看东国。周人崛起于岐山之下，在营建成周洛邑之前，以周人的视角来看当时的封国多在东方。即使在成周建成之后，周人对东方诸国仍有"小东""大东"之谓。① 所谓"小东大东，杼柚其空"（《诗经·小雅·大东》）。其中"小东"为地处今河南省的诸国，"大东"则为今山东省的诸国。西周在东国分封齐、鲁防御东夷，并作为周室在东方扩张势力的

---

① 齐思和称："周向东发展，分期渐进，并非一时之事。而封国亦灭故建新，次第东进，亦非一时所封。所谓大东、小东犹谓西人之所谓近东、远东之意。"孙作云也有类似见解："西周朝廷在今陕西西安附近，因此对于周京来说，河南算是近东，山东一带便算是远东了。这近东，在本诗（《诗·小雅·大东》）里称之为'小东'，这远东在本诗里称之为大东。"参见齐思和：《西周地理考》，《燕京学报》1946 年第 30 期；孙作云：《诗经与周代社会研究》，中华书局，1966 年，第 273 页。

基础。周人所谓南国与东国类似，指的是西周的南部区域。① 西周分封曾、郧等"汉阳诸姬"对之进行间接治理。其区域范围应包括西起汉水流域、东到淮水下游两岸周人并没有完全控制的广大地域。

与周人四方观念相关的北国与西国不见于金文。但在西周内国的北部与西部区域也存在一些方国与部族。如西周北部区域所辖就有肃慎、秽人、良夷等；② 在周人兴起的西方，也存在阮、共、密、申、彭、卢等国与犬戎、猃狁等部族。

除了四国外，金文中还有后国：

> 隹（唯）王伐东尸（夷），溓公令䚄眔史旄（旅）曰：㠯（以）师氏眔有嗣（司）后或（国）䞿伐貊。䚄孚（俘）贝，䚄用乍（作）饕公宝障（尊）鼎。（䚄鼎，《集成》2740，西周早期）

宪鼎铭中，溓公命令器主䚄和史旄率领师氏及有司、后国去"䞿伐貊"。"后国"一称目前仅此一见，在其他文献中尚无发现。"后"在此应是"后方"之意。"后国"似可理解为"后方之国"，在这里可能是泛称那些参与"䞿伐貊"的较边域诸邦、诸师相对靠后的邦和驻军。

综上，周人有中国、后国、内国与东、南等四方有关"国"的政治地理概念。中国、内国、后国基本可理解为周人对自己所控制的区域的称谓。其中中国所指地理范围较小，主要是指洛邑成周的区域；内国与王畿在地理区域上大体重合③，内部设置内服职官，边域设立"成周八师"和"西六师"军队进行驻防，此为西周王朝直接治理的区域；而在西周内国之外，则是东国、南国等诸多邦国，这也是周人所谓的外服，周人按照分封的方式进行间接治理。因此，西周国家权力的空间范围实际是由周王分封的东部、南部区域的诸侯国与宗周、成周这两大王都组成，前者由诸侯代理周王实行统治，后者为周王直接控制的区域，从这个意义上说，西周

---

① 唐兰认为："周人称南国，犹云南域、南疆。盖周民族与其他民族交壤之地也。"朱凤瀚持类似看法。参见唐兰：《周王䩵钟考》，《唐兰先生金文论集》，紫禁城出版社，1995年；朱凤瀚：《论西周时期的"南国"》，《历史研究》2013年第4期。

② 赵雨：《〈诗经·大雅·韩奕〉"北国"地理考》，《东疆学刊》2002年第5期。

③ 武刚认为："内国与王畿是两个不同层面的称呼。内国偏向于以方位为纲，是周人在当时对这一地理区域的称谓；王畿则偏向于以政治管辖为纲，从周王的实际掌控范围出发的称谓。"参见武刚：《内服还是外服——西周甸服问题研究：兼论西周王畿的形成过程》，《史学月刊》2018年第3期。

在政治治理架构上推行的是"国家的二分结构"。① 这两部分各自的疆域并不是固定不变的，它随着西周王室权力的或盛或衰而显现或张或收的动态过程。周人这一关于天下四方国的治理架构，体现周邦居于地极之中、统御四方的政治理想。因此，西周以内国为中心，四方诸国环绕，并按照四裔民族设立内外服制度进行治理，这是周人天下秩序观在政治地理中的映射。

四、"出入王之大命"：西周媒介组织与传播路径

根据相关研究，中国自殷商时期便设立了由专门的人员负责传递文书和重要信息的"连传"制度，《甲骨文合集》23674 条记录商王下达命令后 48 天送到目的地，这表明中国自商代就很重视政令信息的发布与传播。② 西周承袭了这一做法，体现在国家初步建立了专门的媒介组织，以制度形式促进国家重要政令信息传播的规范化，提升政令信息传播的效率。

（一）"掌诸侯之复逆"：传世文献中所见的西周媒介组织

西周的媒介组织在《周礼》中有较多的记述，其中设有专门负责传播职能的官职。从《周礼》的记述来看，其政令传播是一个包括太仆、小臣、御仆、内竖、内小臣在内的完整的组织系统，各类职司根据周王政令内容各司其职，负责将周王政令从王朝传递至目标区域，实现在西周空间范围内政令的下达。

1. 周王日常政令的传播系统

根据《周礼》的相关记述，西周国家政令根据内容的不同分别由太仆、小臣、御仆、内竖、内小臣掌管。

太仆的传播职责包括两方面：一为"掌正王之服位，出入王之大命，掌诸侯之复逆"（《周礼·夏官·太仆》）。此处"复"为奏事之意；"逆"为自下而上之讯息，"大命"是周王关于西周国家重大事项的政令。③ 此项太仆传播职能主要是周王重要政令的下达。太仆另一传播职责为"建路鼓于大寝之门外，而掌其政，以待达穷者与遽令。闻鼓声，则连

---

① 〔美〕李峰：《西周的政体：中国早期的官僚制度和国家》，吴敏娜等译，生活·读书·新知三联书店，2010 年，第 73 页。

② 王宁：《文字、书写与国家形态的演进》，《学习时报》2021 年 11 月 18 日。

③ 张燕：《〈周礼〉所见王室起居职官专题研究》，吉林大学 2011 年博士学位论文，162~164 页。

逆御仆与御庶子"（《周礼·夏官·太仆》），此为舆情之上达。

小臣为太仆之辅佐。据《周礼·夏官·小臣》载："掌王之小命，诏相王之小法仪。掌三公及孤卿之复逆，正王之燕服位。"郑玄注所谓"小命"，乃"时事所敕问也"；"小法仪"，即"趋行拱揖之容"。可见小臣负责传送的为周王因时而发布的敕问、三公卿大夫奏请与日常礼仪规范。

御仆的传播职能也包括两个方面：一为"掌群吏之逆，及庶民之复"（《周礼·夏官·御仆》），此为将官吏与庶民之舆情转达于周王；二为"掌王之燕令，以序守路鼓"（《周礼·夏官·御仆》）。郑玄注："燕居时之令。"贾公彦疏："以御侍近臣，故使掌燕居时之令，施之于外也。"可知此为周王退朝闲居时所发命令之下达。"以序守路鼓"为将民间意见上达于朝廷，以缓解民间积怨，安定统治秩序。

内竖执掌"内外之通令，凡小事"（《周礼·天官·内竖》）。郑玄注云"后六宫"为"内"，"卿大夫"为"外"。清人孙怡让解释"内外之通令"为"王以小事通命于后六宫及卿大夫"。可知内竖主要负责后宫及卿大夫等非紧急朝政事务的传送。

内小臣所执掌的传播事项有两方面：一为"掌王后之命，正其服位"，二为"掌王之阴事阴令"。（《周礼·天官·内小臣》）郑玄注云内小臣为奄人，乃"后夫人之官也"。其所执掌事务都与后宫相关，当为负责后宫政令的传达。

此外，周代还有掌管祭祀之类专门信息传递职能的职官。如据《周礼·夏官·祭仆》记载，祭仆"掌受命于王以视祭祀，而警戒祭祀有司，纠百官之戒具"。祭仆主管周王祭祀政令的传送，并负责将相关信息反馈周王（"帅群有司而反命"）。弁师掌"王之五冕"，但也负责相关政令的传达（"掌其禁令"）。

2. 西周法律类政令的传播系统

根据《周礼》的记述，西周专掌宪刑的职官为布宪。《周礼·秋官·布宪》："布宪掌宪邦之刑禁。正月之吉执旌节以宣布于四方，而宪邦之刑禁以诘四方邦国，及其都鄙，达于四海。凡邦之大事合众庶，则以刑禁号令。"可见布宪的职责是掌"宪邦之刑禁"，用以传播法律。又据宋代刘彝的考证，布宪传播法律的基本程序是先将法律进行誊抄，然后按照州伯→卒正→连帅→属长→诸侯→都鄙→要服→四海的线路逐次送达，逐级公示传播，最后布宪"执旌节以巡行四方，诘其违禁令者"，对法律传播的效果进行监管。

不仅如此，根据传播法律内容的不同，掌管宪刑的职官也有所分别。

除布宪外，《周礼》中有宪刑职责的官员还有小司寇、士师、小宰等。小司寇主要掌管的是"刑象"，士师掌管的为"五禁之法"，小宰掌管的为"王宫之刑"。即使是同一类型的法律规范，由于性质不同，有时也分属不同官员予以宪刑。如《周礼》中的胥师与司虣。胥师"掌其次之政令，而平其货贿"，司虣"掌宪市之禁令"，两者所传播的法律内容颇为相近，都属维护市场交易秩序的规范。胥师所宪之刑为管控市场交易中的诈伪行为，司虣所宪之刑为打击欺行霸市等破坏交易秩序的行为，相较而言，后者对于统治秩序的威胁更大，故将其分属不同的官员进行传播。

可见，西周掌管法律类政令传播的职司包括布宪、小宰、小司寇、胥师等。在法律传播过程中，西周对法律传播从时间安排到人员配置都有详尽的规定，而且法律公布之后中央还会专门派员检查法律传播的实效，可知西周已初步形成了一套较为完备的政令传播体系。

（二）"先王命当付"：金文中所见的西周媒介组织

对于西周的媒介组织，在西周昭王时期的韩伯丰鼎铭文中有过较为完整的呈现，其铭文为：

> 唯十月既生霸甲辰，在成周，钘史至，以兹命曰："内史曰：'告韩伯、叔伯氏宕。'卿事司曰：'论。'今我既即命曰：'先王命尚（当）付。'"韩伯丰作宝鼎彝。

该铭文简略，但包含的内容却异常丰富，反映了西周王朝政令在诸侯国的传播及西周国家的媒介组织设置情况。结合诸家意见，铭文记录了钘地史官在接受周王命令在钘地测量完韩伯与叔伯土地后，前往成周向周王复命。此时，之前下达命令的周王已经去世，因此钘史复命的对象是新王。该器实际上展现了西周王命下达到地方后的执行与反馈的完整传播机制：周王下达测量韩伯与叔伯土地的政令后，由王朝卿事寮三有司议定后转王朝内史，再将王命传递至钘地三有司，最后转由钘地内史转师氏执行具体土地测量事宜，这代表着王命的执行；当钘地内史执行测量事项完毕后，再前往成周，向周王及王朝卿事寮三有司反馈王命执行情况，王朝据此反馈信息通知确认了钘地韩伯的土地所有权，因此韩伯作宝鼎纪念。①

---

① 实际是经内史记录，并经卿事寮三有司讨论决定之命书。即命的意思，是接受、传达王朝之命于卿事寮地。铭文中的"既即命"，是完成传达命书之职事，返命、复命于成周。参见刘源：《从韩伯丰鼎铭文看西周贵族政体运作机制》，《史学集刊》2018 年第 3 期。

对于西周的政令传播体系，在师永盂与裘卫盉中也有所体现：

①佳（唯）十又二年初吉丁卯，益公内（入）即命于天子，公乃出氒（厥）命，赐畀（昇）师永氒（厥）田，阴易（阳）洛疆眔师俗父田。氒（厥）眔公出氒（厥）命：井（邢）白（伯）、炎（荣）白（伯）、尹氏、师俗父、遣中（仲）。公乃命酉（郑）嗣（司）辻（徒）函（温）父、周人嗣（司）工（空）眉（殷）、亚史、师氏、邑人奎父、毕人师同付永氒（厥）田。氒（厥）逮（率）履：氒（厥）疆宋句。永拜頴首，对扬天子休命，永用乍（作）朕文考乙白（伯）隓（尊）盂，永其薹（万）年孙孙子子永其逮宝用。（师永盂，器号 10322，西周中期）

②养两、佳（唯）三年三月既生霸壬寅，王禹旂于丰，矩白（伯）庶人取董（觐）章（璋）于裘卫，才（裁）八十朋，氒（厥）贮（贾），其舍田十田。矩或（又）取赤虎两、麀韨两、贲鞈一，才（裁）廿朋，其舍田三田。裘卫乃龇告于白（伯）邑父、炎（荣）白（伯）、定白（伯）、琼白（伯）、单白（伯），白（伯）邑父、荣白（伯）、定白（伯）、琼白（伯），单白（伯）乃令参有嗣（司）：嗣（司）土（徒）散（微）邑、嗣（司）马单舆、嗣（司）工邑人服眔（逮）受田，燹逋、卫小子瑶逆者其乡（缮）。卫用乍（作）朕文考惠孟宝般（盘），卫其万年永宝用。（裘卫盉，《集成》9456，西周中期）

铭文①中周王下达赏赐田地给师永的命令，其路径经由王朝三有司、史、师系统再到所赏赐土地之三有司负责划定、交付土地事宜。铭文②中裘卫所购土地之所有权转移，也是先由王朝三有司下达政令，再由土地所在地的三有司及内史实施。这说明，西周时期在内服地区王朝中央与地方都设置司、史、师三级行政机构①，这些机构除了负责行政事务外，也兼负政令的传播执行功能。当政令自周王下达后，经由卿事寮到达王朝三有司，再经由王朝内史、师氏传达至地方的司、史、师层级，结合韩伯丰鼎的记录，最后地方内史须至王都向王朝三有司复命。通过这套媒介传播系

---

① 参见李峰：《西周的政体：中国早期的官僚制度和国家》，吴敏娜等译，生活·读书·新知三联书店，2010年，第100页；〔日〕白川静：《金文的世界——殷周社会史》，温天河、蔡哲茂译，台北联经出版公司，1989年，第118~119页。

统，西周王朝实现政令在内服区域的传播与秩序控制。

不仅在西周内服区域，在外服的广大区域，我们也可看到西周的政令得到较为完整的执行。如：

①隹（唯）王卅又三年，王觐（亲）遹省东或（国）南或（国），正月既生霸戊午，王步自宗周，二月既望癸卯，王入各成周。二月既死霸壬寅，王口往东。三月方生霸，王至于口，分行。王亲令晋侯苏……王隹反归，在成周公族整师宫，六月初吉戊寅，旦，王格大室，即位。王呼膳夫智召晋侯苏，入门，立中廷。……丁亥，旦，王鄩于邑伐宫。庚寅，旦，王格大室，司工扬父入右晋侯苏，王亲侪晋侯苏秬鬯一卣、弓矢百、马四匹。（晋侯苏钟，器号 NA0870，西周晚期）

②惟正月壬申，王格于共大室，王若曰："引，余既命汝更乃祖司齐师，余唯申命汝，赐汝彤弓一、彤矢百、马四匹，敬乃御，毋败绩。"引拜稽手，对扬王休，同逜，俘兵用作幽公宝簋，子子孙孙宝用。（引簋，器号 NB2287，西周中期）

铭文①记录了周王命苏征讨夙夷，取得胜利后受到周王的册封赏赐。铭文②记述了周王命引率领齐国军队征伐蛮夷的事迹。铭文中的晋国与齐国都是西周时期实力较强的诸侯国，周王可以直接命令齐、晋诸侯征伐的事实说明了西周对于外服诸国建立了较为有效的控制机制。

西周政令不仅实现了从周王到地方的有效贯彻，而且从已有的金文资料来看，地方的政情也可通过地方的司、史、师系统反馈至王朝中央。如肃卣铭：

白（伯）氏易（赐）仆六家，曰：自择于庶人。今釆（厥）仆我兴、邑、竞、谏、咸、芰、纝昔大官，靜（争）。王卑（俾）彔吊（叔）再父、龂父复付，曰：非令（命），曰乃兄既僭鼻（畀）女（汝），害义。敢再（称）令（命），尚女（汝）有。王于东征付于成周。（器号 NB864）

铭文是说伯氏将其领地上的六家庶人赏赐给肃为仆人，引起了这六家庶人的不满与抗争，最后该事件为周王所知，周王认为其"害义"。由此铭可知，贵族在地方的不法行为的相关信息会通过地方的传播体制反馈至王朝中央，从而协调、约束统治阶层的内部行为，使之符合王朝的整体秩序。结合韩伯丰鼎、裘卫盉与师永盂中的内容可知，西周王朝中央实行的司、师、史系统具有很高的传播效能，通过这一套在中央与地方建立的政令传播体系，西周国家得以形成对内服及部分外服区域的有效控制。

通过《周礼》及金文文献中对西周媒介组织的记载，可形成三个关于西周传播制度的认识：（1）西周关于周王政令的下达已经形成了较为细致的制度配置。无论是传世文献中太仆、小臣、御仆、内竖、内小臣等媒介传播系统，或是金文中反映的在内服王朝中央与地方设置的具有政令传播职能的司、史、师三级行政层级，可以看到西周将政令按照轻重缓急的不同，分由不同的职司逐级传递，显示了西周国家对于政令信息传播事务的重视。（2）西周存在来自统治阶层内部的信息反馈（"复逆"）机制。根据奏请对象的不同，西周将信息的反馈分为诸侯、三公孤卿、群吏及庶民三个层级，分别有太仆、小臣、御仆负责处置，金文中也有地方内史在收到王朝重要政令后到王畿向三有司复命的记载。（3）西周对于民间自下而上舆情的上达也有相关的制度规范，如前述太仆、御仆等职责除了下达周王的政令外，还有太仆"建路鼓于大寝之门外"，而御仆则"以序守路鼓"，以将民间之申诉达于朝廷。可见，这一套相对完备的媒介传播系统，在很大程度上促成了西周国家将普天王土的政治理念变成天下共知的现实。

第二节　周道如砥：西周媒介实践的物质基础

西周国家利用媒介将各类政令信息传递到王畿内外，需要建立在一定的水陆交通及驿传系统的基础之上。由于资料的匮乏，以往西周史的研究在此问题上语焉不详。最近二十年以来由于出土文献的公布，使得对西周包括水陆交通等媒介传播基础有了相对清晰的认识。本章即对此问题进行探讨。

从现有的文献来看，周人比较重视道路设施的兴建，如《诗经·小雅·大东》有云："周道如砥，其直如矢。"就是说西周道路平坦，像箭矢一样笔直；《诗经·小雅·四牡》亦云"四牡□□，周道倭迟"，形容周道迂回而遥远。这些记述从不同视角反映了当时西周的道路条件已经达到一定的水准。根据对西周时期岐周道路的发掘结果，可见其道路路基稳固，路面宽度达到 10 米，可供四辆马车同时并排通行。① 这为西周的媒介实践提供了较为充实的物质基础。

一、周原—丰镐—洛邑之间的道路交通

西周的道路设施兴建与其势力的扩张紧密相关。周人崛起于岐山之下，经过武王与周公时期两次东征，遂将势力扩展到东海之滨。因此，周原—丰镐—洛邑一线，存在着连接西周东西区域的主要道路。

具体来说，周人最初建都于岐下周原，后又建都于丰镐，因此，连接周原与丰镐间的道路，应为商末西周早期的重要道路，且一直在整个西周时期都占有重要地位。

武王东征路线为自盟津（今河南洛阳市北）渡黄河后抵朝歌，在牧野一战中大败殷商，定鼎中原。后武王又"营周居于雒邑而后去，纵马于华山之阳，放牛于桃林之虚"（《史记·周本纪》）。这里的华山之阳位于陕西华阴市南，桃林在今河南灵宝。从这些基本史实中可以将周初基本道路勾画如下：镐京—渭水河谷南岸—郑—华山北麓—桃林塞—崤函通道—洛水河谷或谷水（涧水）河谷—洛邑②。这条道路是连接西周东西两大政治中心的主干线，将之称为西周的政治生命线亦不为过。

西周建立后便开始对山西一带进行控制，"分唐叔……命以《唐诰》，而封于夏虚，启以夏政，疆以戎索"（《左传·定公四年》）。这里的夏墟在汾水下游，唐国即为后来的晋国。其北边是霍国，位于今山西霍州，汾水与涑水之间。这说明在西周初期由镐京至"汾涑北行的道路可能即止于此"。此路南向"一由河曲渡河，一越中条山，渡河南行。然自周人建制，则由丰镐东北行，渡河之处已移至渭水入黄河处之北"③。"周道"从洛邑往东又分为两条线路：南线为自洛阳周王城通往新郑与商丘，最后至于曲阜；在东方，齐鲁之间亦有"鲁道"相通。与交通发展相联系，舟车等交通工具的制作亦较前代有较大进步。研究表明，周代的道路、驿传甚至到达淮河流域与汉江流域。④

---

① 马洪根：《西周道路交通设施及礼仪规范探析》，《江苏警官学院学报》2015 年第 4 期。

② 胡坚：《古史舆地图说——西周篇》。

③ 史念海：《春秋以前的交通道路》，《中国历史地理论丛》1990 年第 3 期。

④ 后来，又以洛邑为中心，东南修造至宋、徐（安徽泗县北）、吴（都城在今江苏苏州）之路，南向修造至许（河南许昌）、随（湖北随县）、荆楚（今江汉一带）之路。参见李修松：《西周时期淮河流域工商业及交通简论》，《安徽史学》1999 年第 3 期。

二、西周时期齐鲁间的交通

西周建立不久即封国以屏周邦，齐国与鲁国为西周在东方的重要封国，担负着西周东方防线的功能，因此，齐鲁之间的交通亦颇为便捷。《诗经·国风·南山》："南山崔崔，雄狐绥绥。鲁道有荡，齐子由归。既曰归止，曷又怀止？葛屦五两，冠緌双止。鲁道有荡，齐子庸止。既曰庸止，曷又从止。""鲁道有荡"中的"鲁道"也就是莱芜谷道，这说明当时在齐鲁之间有道路相通。该诗反映的虽是春秋时期故事，但据西周早期的**量方鼎**铭文：

> 隹（唯）周公于征伐东尸（夷），丰白（伯）、尃（薄）古（姑）咸戋。公归焉于周庙。戊辰，會（饮）秦會（饮），公赏量贝百朋，用乍（作）障（尊）鼎。（《集成》2739）

可以看到西周初期就存在经汶水、淄水沟通齐鲁的道路，有学者据此认为周公东征乃是自奄沿"鲁道"北进。[①] 这说明西周时期齐鲁之间的交通是畅通的。

根据已有的西周时期齐鲁之地的地理考古，山东北部地区从平阴要塞、历城、章丘、邹平、桓台再到寿光、昌邑直到龙口的东西大道自西周初年业已存在，而且这也很可能是周初西周的东进路线。不仅如此，齐鲁之间可能还存在沿鲁北平原西进，后经泰山西面南下的道路，用以承担齐鲁之间日常交通的功能。此外，莱芜谷道在西周早期可能已经开始使用，但鉴于该地缺乏西周早期的文化遗存，可能较少被使用，直到西周中晚期以后鲁国控制汶泗流域，该通道才在齐鲁之间的道路沟通方面发挥愈加重要的作用，尤其是齐国迁都临淄，莱芜谷道便成为齐鲁间最便捷的道路。根据史密簋、班簋等铭文记载，莱芜谷道在西周时期征伐东夷、淮夷的过程中发挥了关键作用。[②]

三、陇东与关中之间的交通

周人起于岐山之下，关中平原属于周人的王畿地带，其政治地位异常

---

① 陈絜：《**方鼎铭与周公东征路线初探**》，李宗焜主编：《古文字与古代史》第 4 辑，台北"中研院"历史语言研究所，2015 年，第 261~290 页。

② 庞小霞：《先秦时期齐鲁交通的考古学观察》，《管子学刊》2018 年第 3 期。

显要。陇东与关中地区地望相接，其间尚有一些与西周王朝保持接触的方国、部族存在，因此，在西周时期存在着陇东与关中之间的通道。有学者通过对传世文献与出土资料的分析，认为在陇东与关中之间存在三条道路。① 下文分述之。

（一）自豳（京师）地至宗周的通道

西周时期陇东的国族主要位于泾河及其支流流域。鉴于泾河的干支流较多，加之诸国族的存在，由陇东经长武、彬州地区达关中的交通路线理应不少。据厉王时期多友鼎铭文：

> 唯十月用严（狁）靫（犹）放（方）瘦（兴），寳（广）伐京自（师），告追于王。命武公遣乃元士，羞追于京自（师），武公命多友達（率）公交车羞追于京自（师）。癸未，戎伐筍（旬）、衣（卒）孚（俘），多友西追，甲申之唇（辰），捕（搏）于漆，多友右（有）折首执讯，凡呂（以）公交车折首二百又□又五人，执讯廿又三人，孚（俘）戎车百乘一十又七乘，衣（卒）甸（复）筍（郇）人孚（俘）。或捕（搏）于龏（共），折首卅又六人，执讯二人，孚（俘）车十乘。从至，追捕（搏）于世，多友或右（又）折首执讯。乃轶追至于杨冢。公交车折首百又十又五人，执讯三人，唯孚（俘）车不克呂（以），衣（卒）焚，唯马驱（驱）盦。甸（复）夺京自（师）之孚（俘）。多友乃献孚（俘）聝（馘）讯于公，武公乃献于王，乃曰武公曰：女（汝）既静（靖）京自（师）、赞（厘）女（汝），易（赐）女（汝）土田。丁酉，武公才（在）献宫，乃命向父訠（召）多友，乃遊于献宫，公窥（亲）曰多友曰：余肇事（使）女（汝），休不噮（逆），又（有）成事，多禽（擒）。女（汝）静（靖）京自（师），易（赐）女（汝）圭瓒一、汤钟一醪（肆），鐈錽百匀（钧）。多友敢对扬公休，用乍（作）障（尊）鼎，用倗（朋）用眷（友），其子子孙永宝用。

铭文记录了狁狁进犯西周边界、周人率师抵御的史实。其中涉及狁狁自陇东入侵关中地区的路线问题。从铭文来看，狁狁与周师交战的地点包括京师（即豳，彬州）②、旬（今陕西旬邑）、漆、共、世、杨冢诸处。

---

① 周博：《西周陇东与关中交通考略》，《科学・经济・社会》2016年第2期。
② 李学勤：《论多友鼎的时代及意义》，《人文杂志》1981年第6期。

其中豳、旬、共均位于泾河干流一带。可见，玁狁当是沿泾河入侵西周，周人的抵御也是自泾河而上展开。参考《诗经·小雅·六月》中宣王时玁狁"侵镐及方，至于泾阳"与周人"薄伐玁狁，至于大原"的记载来看，当时玁狁自豳南下，经泾阳抵渭水震慑镐京，而周人的反击也是沿泾河追击玁狁到离泾河上游不远的玁狁本部大原（今宁夏固原），因此，多友鼎铭中玁狁的入侵路线约为自大原长驱南下，然后沿着泾河河谷东南深入至豳，西周军队的抵御也是由此逆向进军。从另一方面来说，西周时期玁狁与西周的进军路线也成为二者平时往来的信道，其基本路径为共—豳—旬—焦获—泾阳—宗周。虽然玁狁与西周偶有征战，但在平时，这条线路可以加强陇东与宗周之间的经济、文化交往，促进西周时期的民族融合。

（二）自密须至岐周的通道

根据西周青铜器铭文资料的记载，在达溪河流域一带存在并、密、乖等部族。前辈学者的研究指出，由于达溪河支流众多，岍山（位于达溪河南面）为岐山、扶风等西周重地的天然屏障，达溪河流域的并、密、乖部族可穿越岍山而与西周建立联系，因此，应存在岐周与密须（灵台）之间的南北通道。[1] 以上的分析主要是基于历史地理的分析。该路线的存在还有先秦文献的支持。据《诗经·大雅·皇矣》记载，密人曾"侵阮徂共"，于是文王"爰整其旅"并胜利反击（"以按徂旅"），缴获战鼓、车骑等众多物品（《左传·昭公十五年》）。在《史记·周本纪》中又有文王"伐密须"的记载，佐证了《诗经》与《左传》相关记载的可靠性。结合前文对岐周与密须地理通道的分析，极有可能在岐周与密须之间存在着共—阮—密—岐周的交通线路，并一直延续到西周，从而发挥陇东诸国与关中地区的桥梁作用。

（三）自芮虞至岐周的通道

芮国早期位于今甘肃华亭一带，武王时才徙封于芮邑（今陕西韩城），其早期地望紧邻虞国（千河流域陇县、陈仓区一带）[2]，都是西周时期的

---

[1] 史念海：《河山集·四集》，陕西师范大学出版社，1991年，第195~196页。

[2] 宝鸡千河流域的陇县、贾村镇（今属陈仓区）等地出土了西周早期至晚期的夨国铜器，夨国地望当在这一地区。关于"夨"字，学界一般读作"虞"。以地望、年代来看，"夨"应即虞芮争田之虞。参见卢连成、尹盛平：《古夨国遗址墓地调查记》，《文物》1982年第2期；李伯谦：《叔夨方鼎铭文考释》，《文物》2001年第8期。

姬姓封国。但在西周始建之前，芮君与虞君还曾发生过争田事件①，最后是由文王出面调停才平息。其背后透露的信息是，文王所居岐周存在至芮虞两国的道路。又据散氏盘铭"履：自濡涉吕（以）南，至于大沽，一奉（封），吕（以）陟"（《集成》10176），其中濡即千（汧）河。② 结合芮、虞两国所在的华亭、宝鸡千河流域的大致方位，无疑芮、虞与岐周之间的交通是畅通的。再进一步考虑，从华亭经千河至岐周的通道势必经凤翔，其在西周时期属于著名贵族井氏家族封地。③ 由此自芮、虞到岐周的具体路线大致为芮—虞—井—岐周。

四、西周与南方诸国的交通

西周早期即对江汉之间有所经营。据《史记·楚世家》记载成王时"封熊绎于楚蛮，封以子男之田，姓芈氏，居丹阳"。关于丹阳地望，历来颇多争议，目前来看将之认为乃处丹水之阳可能是比较合理的解释。丹水发源于陕西商州，与西周王都宗周仅隔秦岭，此一带很有可能是西周由宗周往来东南区域的通道。④ 成王召集诸侯举行岐阳之盟（《国语·晋语八》），熊绎前往岐周"守燎"很有可能是自封地丹阳水路至商州，然后越过秦岭到达宗周，最后抵岐阳。西周楚人都于丹阳，这条由丹阳到西周王畿的通道应该是一直存在的。

此外，西周初定后为了抵御淮水下游淮夷的威胁，周人开始开发东南的交通。日本学者近藤乔一通过对商代青铜器及商代城邑的研究，认为商代中期后存在一条经由长沙、武汉、信阳、郑州到殷墟的运送铜料的贸易通道。⑤ 而且，该通道一直沿用到西周。近来国内科技史学者丰富了近藤乔一在此问题上的探索。有学者利用科技考古通过铅同位素的研究，认为西周时期部分鄂东南的铜料流向了周王朝，江西或湖南可能是周王朝的主要锡料来源地，这与金文中"金道锡行"的记录可以相互印证。⑥ 并认为

---

① 此事在《诗经》《史记》中都有记载。《诗经·大雅·绵》云："虞芮质厥成，文王蹶厥生。"毛传："虞芮之君相与争田，久而不平，乃相谓曰：'西伯，仁人也。盍往质焉？'乃相与朝周。"《史记·周本纪》也载："西伯阴行善，诸侯皆来决平。于是虞、芮之人有狱不能决，乃如周。"

② 王辉：《商周金文》，文物出版社，2006年，第232页。

③ 朱凤瀚：《商周家族形态研究》（增订本），天津古籍出版社，2004年，第350页。

④ 史念海：《春秋以前的交通道路》，《中国历史地理论丛》1990年第3期。

⑤ 〔日〕近藤乔一：《商代海贝的研究》，中国社会科学院考古研究所编：《中国商文化国际学术讨论会论文集》，中国大百科全书出版社，1998年，第404~405页。

⑥ 裘锡圭：《史墙盘铭解释》，《文物》1978年第3期。

该线路有江汉间的"金道锡行"与江淮间的"金道锡行"两条线路。

根据学者已有的研究成果，江汉间的"金道锡行"包括两条线路：（1）从湖南开采的锡料，自湘水抵长沙、岳阳，后顺长江至武汉；而来自湖北铜绿山的铜料则也由长江运达武汉，与来自湖南的锡料汇合，再由孝感，经随枣走廊、南阳盆地运抵西周的王都洛阳与其他中原地区。（2）赣北与湖南的锡料与部分湖北铜绿山的铜料，由长江运抵武汉后再向北行，再经过桐柏大别山一线到信阳，最后运抵洛阳王都。这条"金道锡行"沿途可能会受到荆蛮部族的干扰，尤其到了西周后期随着周王朝国力的衰退与楚国在江汉流域的扩张，这种情况可能会更加严重。这种状况使得周人不得不寻求自江南运输青铜原料的通道，也即江淮间的"金道锡行"。江淮间的"金道锡行"主要是将安徽铜陵的铜料输送到中原地区，其营建应与江汉间"金道锡行"的不稳定有关。其可能的线路为：赣北与湖南的锡料沿长江到达皖南铜陵，会同当地铜料经长江，再通过巢湖、桐城及六安，后又分作两线：一线由淮水至上蔡，后沿汝河和颍河间的河谷平原由漯河、平顶山、北汝河河谷地带，经今郏县、汝州到伊川，最后到达洛阳；另一条线路由六安东北到寿春，然后自东、东北向抵达徐国、鲁国等淮泗地区。①

综上，西周时期的道路交通较我们预想的要更加先进，从西周成周、宗周王都出发均有干线直达全国各地，相对发达的道路交通系统，为西周的媒介实践奠定了物质基础，也使得西周的治理秩序构建成为可能。

小　结

国家的媒介实践必须建立在一定的制度架构与物理交通的基础之上。就西周国家媒介实践的制度配置来看，西周的内服与外服共同构建成为西周的政治治理框架，也形成了西周国家传播与媒介实践的物理空间。其中内服是周王直接控制的行政区域，从裘卫盉、师永盂、肃卣等铭文记载来看，西周从中央到近畿封国建立了由三有司、师氏、史官架构的媒介组织，其路径为当政令自周王下达后，经由卿事寮到达王朝三有司后，再经由王朝内史、师氏传达至地方的司、史、师层级，最后地方内史须至王都

---

① 易德生：《周代南方的"金道锡行"试析——兼论青铜原料集散中心"繁汤"的形成》，《社会科学》2018 年第 1 期。

向王朝三有司复命。通过这套媒介传播系统，西周王朝实现政令在内服区域的传播与秩序控制。西周在外服区域推行的是以侯服、宾服、要服等诸国地方统治的间接治理模式，从西周中期的史密簋、引簋，到西周晚期的晋侯苏钟的铭文记载来看，西周至少在厉王时期仍能对外服诸侯国实现其政令的有效传播。由此可以认为，西周王朝中央实行的司、师、史系统具有很高的传播效能，通过这一套在中央与地方建立的政令传播体系，西周国家得以形成对内服及部分外服区域的有效控制。

从西周国家的物理交通来看，西周时期的道路交通已经发展到了一定水平，从西周三大王都地区均有道路通往各主要诸侯国，甚至在王畿与南方诸邦、陇东地区之间也有道路连接。这为西周的媒介实践奠定了物质基础，虽然西周对天下诸国的控制不可能达到后世中央集权式王朝的程度，但西周初期建立的内外服辅以分封制度，仍在一定程度上实现了西周对于治理秩序的需求。

第三章 媒介控制：西周国家的 青铜管理策略与治理秩序构建

近二十年来的考古学研究表明，不同于殷商时期的邦国联盟的国家形态，西周王朝已初具后世大一统国家的雏形，周王朝天子的神圣性及"溥天之下，莫非王土"的法理观念是存在的。西周王朝的政治地理结构以王畿为中心，王畿四周是以血缘和亲近关系而分封的诸侯国，以发挥"屏障周邦，拱卫王畿"的作用。继而向外，侯服之外散居着尚未被周王朝完全控制的方国、部族，这些权力单位随着西周国力的消长而采取或臣或叛的姿态，这构成了西周国家治理架构的基本格局。为了整合王朝的社会秩序与思想秩序，西周王朝主要是通过军事控制与文化传播两种手段，所谓"国之大事，在祀与戎"（《左传·成公十三年》），就是对这一策略的经典表达。职是之故，作为体现"祀与戎"最重要的物质化载体，青铜原料的管理与流通，自然也是西周国家的重大治理问题。从传播学的角度来看，西周时期青铜器是国家最为重要的媒介资源，西周国家对青铜器原料的控制涉及媒介权力的占有与配置，体现了西周王朝通过媒介进行社会控制的基本理念。因此，研究西周青铜原料的开采与青铜生产分配对于了解西周的媒介实践与社会秩序构建非常重要。近年来随着考古发现和金文资料的增多，这为该问题的厘清提供了文献基础。

青铜器的铸造地与矿料来源虽有关联，却是两个不同层面的问题。青铜器是西周重要的传播媒介，对其铸造产地的廓清有助于理解西周国家在媒介管控方面的政策导向。从材质上来说，青铜器基本上是铜锡铅合金，铸造青铜器的矿料包括铜矿料与锡、铅矿料。目前科技考古研究根据矿料中的铅同位素比值与微量元素测算可以大体推断其矿料的来源，从而在很大程度上解决青铜原料的产地问题。根据已有的研究，先秦时期铜料的开采与冶炼地点一般相距不远，在铜料产地附近几乎都发现存在冶炼遗址。如目前发现的较大规模的古铜矿遗址，包括晋南中条山、鄂东南铜绿山、皖南铜陵、赣北铜岭、内蒙古大井等，都发现有冶炼遗址。① 但是，青铜器的铸造地则与之相异，开采的矿料经过冶炼后被浇注成锭块再运送到其他区域进行加工铸造。② 因此，青铜器的铸造不在原料产地，而多集中在西周王畿地区。从现有的遗存来看，在宗周丰镐与成周洛邑都发现有较大规模的青铜器铸造作坊，附近未见到冶炼痕迹。这不仅说明西周青铜在原料的开采、供应与铸造诸道工序之间既彼此关联，又有明确的合作分工，而且也体现了西周国家对于青铜资源具有较强的管控能力。

学界对于早期王朝垄断青铜资源的现象已有一定的关注。如张光直认为在中国早期文明时期宗教、仪式是获取政治权力的重要手段，而这种手段又有赖于权力主体对青铜器等关键资源的独占来实现。③ 巫鸿认为早期王朝对于青铜资源和生产的严格控制最有力地反映了权力的两种类型，即所谓的施加权力（power over）与植入权力（power to）。前者通过压制、强迫的手段来确保对其他部族和地域性集团的征服与控制，后者则是从抽象的层面来创造有利于权力统治的心理的潜能（dispositional capability），从而建立社会秩序。④ 两位先生的判断得到越来越多出土文献的证据支持，上古时期需要投入大量资源制作的青铜器具没有大量用于经济生产领域，而主要作为礼器用于宗教祭祀，这说明西周国家对青铜资源的使用有着丰富的政治意涵。

青铜物料不仅是中国王朝早期重要的军事资源，而且也是文字书写的载

① 魏国锋：《古代青铜器矿料来源与产地研究的新进展》，中国科学技术大学 2007 年博士学位论文，第 71 页。

② 学界倾向于认为矿料开采点一般是矿料冶炼好以后，再运到铸器地点去的，由此可以判断矿石冶炼与青铜器的铸造是分开进行的，这也是青铜器铸造作坊遗址，一般仅发现大量的炉渣、红烧土块、草木灰和各种残陶范等铸造遗物，而很少发现铜矿石和锡矿石的原因所在。相关研究参见王宇信：《建国以来甲骨文研究》，中国社会科学出版社，1981年，第 156~187 页；杨宜宜：《中国古代青铜铜源之谜的破解》，《安徽师范大学学报（人文社会科学版）》2005 年第 2 期。

③ 〔美〕张光直：《美术、祭祀与神话》，敦净、陈星译，辽宁教育出版社，1988 年，第 79~81 页。

④ 巫鸿：《中国古代艺术与建筑中的"纪念碑性"》，李清泉等译，上海人民出版社，2009年，第 130~135 页。

体，因此其本身也是一种重要的媒介资源。目前传播学界相关研究较少[1]，本章的研究将借助科技考古研究领域的相关前沿成果[2]，并结合传世文献资料，对西周王朝的青铜资源的管控与政治秩序之间的关系进行深入的考察，试图揭示西周媒介垄断对西周秩序构建的影响。

第一节　独擅其美：西周对青铜器生产流程的控制

一、西周青铜器的生产与铸造

在目前已经发掘的青铜器铸造作坊中，洛阳北窑是等级最高、规模最大的一处，同时其出土器物也最为丰富。[3] 从洛阳北窑铸铜作坊出土的数量众多、种类繁杂的陶范来看，其生产的青铜器包括酒器、食器与水器在内的青铜礼器、各式兵器、车马器等多种类型，可以推断西周青铜器铸造过程中存在明确的内部分工与统一的生产管理，而且青铜器的生产呈规模化的特征。不仅如此，在洛阳北窑遗址的墓葬中还发现有作为祭祀牺牲的人与动物残骸，据学者研究这是在铸造大型青铜器时举行的宗教仪式。[4] 这表明该处青铜器作坊存在严格的管理制度与组织流程。

从北窑青铜作坊的生产规模来看，其所生产的青铜器数量不仅可以完全满足西周王室与贵族的需求，而且还可以大量供应其他诸侯国。目前在各诸侯国高等级墓葬群发现大量铸有"王在成周"铭文的青铜器，这表明洛阳地区生产的青铜器很有可能被周王以赏赐或分配的形式输送到重要封国。有学者通过将洛阳北窑制作的青铜器与周原（戴家湾、石鼓山）、強国墓地与随州叶家山墓地出土的青铜器进行比较，发现北窑与这些地区出土的青铜器不仅合金技术比较接近，而且同位素测算的数据也是高度重

---

[1]　其中较为重要的是潘祥辉的研究。潘祥辉对殷周青铜器的书写媒介功能进行考述，发掘其在上古的文化与国家传播中的作用，认为青铜器作为一种倚重于时间的媒介，青铜器形成了一个"媒介域"：它既影响了中华礼乐文明的形成，更促进了中华文明的传承。参见潘祥辉：《传播史上的青铜时代：殷周青铜器的文化与政治传播功能考》，《新闻与传播研究》2015 年第 2 期。

[2]　目前的考古学研究普遍采用铅同位素来确定器物的产地问题。相关研究参见金正耀：《中国铅同位素考古》，中国科学技术大学出版社，2008 年，前言第 1 页。

[3]　包括陶范、陶模、坩埚、炉壁在内的大量冶铸遗物，其中仅出土的陶范就数以万计，经初步粘对，可辨器形且有比较清晰花纹的有五百块，以礼器范最多。参见洛阳博物馆：《洛阳北窑村西周遗址 1974 年度发掘简报》，《文物》1981 年第 7 期。

[4]　李德方等：《洛阳大面积发掘西周冶铜遗址》，《中国文物报》1989 年 2 月 24 日。

叠，说明洛阳北窑与上述地区的青铜器有相同的来源。① 这一发现从侧面印证了洛阳北窑的青铜器在西周时期供应到其他诸侯国的观点具有很高的可信度，同时也显示西周政权对青铜资源的处分配置权能已成为其笼络与控制各封国的重要手段。

西周是中国古代青铜技术发展的鼎盛时期，周邦的青铜铸造技术又代表了西周时期的最高水平。因为青铜器不仅是西周国家最重要的媒介资源，同时也是权力的象征符号，因此青铜器从矿料开采、冶炼运输到生产铸造的各环节均处于西周王朝的严格管控之下。这种管控造成的后果之一就是一直到西周晚期，西周四方之内出土的青铜器都显示出明显的周文化特征。通过对西周早期中央王朝与各封国出土铜器的对比研究，可以发现洛邑不仅与燕、晋、齐、鲁等诸侯国青铜器在纹饰、形制等方面存在较高程度的趋同性，甚至在南方江汉流域与陇东地区都出土了大量周文化特征的青铜器。以鼎为例，洛阳北窑发现的青铜方鼎与陇东地区灵台白草坡方鼎在纹饰与形制上基本相同；在宝鸡纸坊头出土的伯方鼎与白草坡及位于江汉流域的随州叶家山师方鼎在纹饰与形制上也颇为类似；洛阳出土的圆鼎与叶家山出土的圆鼎在纹饰上也有很高的相似度。洛阳北窑制作的罍的形制与纹饰同样也在其他诸侯国得到类似的体现。② 不仅如此，结合近年来的考古成果，可以发现在宝鸡强国墓地（竹园沟、纸坊头）、宝鸡石鼓山西周墓地、北京琉璃河燕国墓地、随州叶家山曾（随）国墓地、洛邑出土的诸多青铜器在纹饰与形制方面都表现出了高度的一致性。③ 因此，不仅在西周的中原与东方诸国，体现西周文化特征的青铜器还在远离王畿的江汉流域与陇东地区大规模出现，这不仅显示西周青铜器的技术已成为各诸侯国效法的模板，而且表明西周以青铜为媒介的文化传播取得很大的成效。

---

① 中国科技大学的科技考古团队的研究表明，洛阳地区出土青铜器铅同位素与强国墓地（纸坊头、竹园沟、茹家庄）出土部分铜器的铅同位素数据，二者无论是铀铅图还是钍铅图，在普通铅范围及高放射性成因范围内，数据点都有较高程度的重叠。参见袁晓红：《西周中原王朝的金属控制策略——以雒邑地区出土西周铜器金属资源研究为中心》，《考古学集刊》第 22 集，第 265 页。

② 有学者对商周青铜方罍的形制、纹饰演变序列进行了细致、深入的讨论和梳理，认为皿方罍的年代为西周早期，有可能为西周早期偏早阶段。青铜方罍的演变，也证明了各个地区的青铜文化受到中原青铜文化的影响。参见向桃初、吴小燕：《商周青铜方罍序列及皿方罍的年代问题》，《文物》2016 年第 2 期。

③ 具体研究可见本书第四章的相关内容。

二、区域青铜器铸造中心的出现

青铜器的出土地与生产地并非等同的概念，在西周诸国出土的青铜器也有可能在西周王畿制铜作坊铸造，金文中有不少青铜器在王畿制作后又被带到诸侯国的事例。如随州叶家山出土的西周早期的荆子鼎。其铭文："丁巳，王大，戊午，荆子蔑历，赏白牡一。己未，王赏多邦伯，荆子丽，敝（赏）矩鬯卣、贝二朋。用作文母乙尊彝。"该铭文记载了荆子赶赴丰镐朝见周王并接受封赏，后于当地制作尊彝再运送回楚地的事迹。需要注意的是该鼎形制、纹饰与北京琉璃河出土的燕侯旨鼎及西安大白杨库发现的臣高鼎极为相似。后二器铭文如下：

> ①匽（燕）侯旨初见事于宗周，王赏旨贝廿朋，用乍（作）（姒）宝尊彝。（燕侯旨鼎，《集成》2269）
> ②乙未，王商（赏）臣高贝十朋，用乍（作）文父丁宝隬（尊）彝。〔子〕。（臣高鼎，器号 NA1749）

燕侯旨鼎与臣高鼎铭文都较简略，记录了燕侯旨、臣高朝见周王接受封赏的史实。这两件鼎与荆子鼎上分解式兽面纹较为稀见，未见于其他地区出土的青铜器，因此推测三件鼎极有可能为同一铜器作坊铸造，又燕侯旨鼎有"初见事于宗周"之语，大体可以判断此三鼎为燕侯旨、臣高与荆子三人在丰镐同一作坊铸造后各自运回本国。

由于荆子鼎与保卣存在很强的关联性①，再结合保卣铭文："乙卯，王令保及殷东或（国）五侯，征（延）兄（贶）六品，蔑厤于保，易（赐）宾，用乍（作）文父癸宗宝隬（尊）彝，徧（遍）于四方，迨王大祀祐于周，才（在）二月既望（望）。"（《集成》5415）该铭文记述了周王命召公太保征伐殷东国五侯并接受周王赏赐、参加会盟仪式的史实。铭文中需注意的是"徧（遍）于四方，迨王大祀祐于周"，指的是各方诸侯朝见周王的仪式。从铭文内容来看，保卣与荆子鼎铭文记述的侧重不

---

① 李学勤、于薇、黄锦前等学者根据铭文的历日及记述的事件，详细论证了荆子鼎与保尊、保卣中涉及的荆子、太保以及东国五侯，应是同时参加了周成王举行的一次大型典礼。参见李学勤：《斗子鼎与成王岐阳之盟》，《中国国家博物馆刊》2012 年第 1 期；于薇：《湖北随州叶家山 M2 新出✔子鼎与西周宗盟》，《江汉考古》2012 年第 2 期；黄锦前：《荆子鼎与成王岐阳之盟》，《中国国家博物馆刊》2013 年第 9 期；黄锦前：《保尊、保卣及周初的形势与对策》，《中原文化研究》2021 年第 2 期。

同，但历日契合，所记录的应是同一事件，即四方诸侯会同周王举行祭祀大典。

综合以上诸器铭文之后，还原的历史场景大致为，燕侯旨、荆子与臣高各自从燕国、楚国等地前往丰镐觐见周王并接受周王赏赐，然后参加周王举行的会盟天下诸侯的仪式。事毕，三人在丰镐同一家青铜器作坊定制了铜鼎，并作铭文纪念此事，然后各自又将铜鼎运回封地。

还需要注意的是，从洛阳北窑遗址制作的青铜器在工艺上的细微差别来看，西周大型的青铜器生产中心内部可能还存在多个青铜器生产部门，各部门均由不同工匠从事铸造工作，由于这些从事具体制作程序的工匠的铸造技术与经验的差别，最终会体现在不同部门生产的青铜器产品的外观形态上。① 因此，即使同为北窑生产的青铜器，其制作工艺与质量水平也并非整齐划一，但西周青铜器的生产与配置的最终权力处于周王室的掌控之中。

除了周王所拥有的国有铸铜作坊外，西周王朝的重要贵族②与某些诸侯国也存在青铜器作坊。③ 铸铜作坊与青铜矿料冶炼不同，后者有资源上的严格限制，开办铸铜作坊主要障碍来自技术层面。因此，对于其他邦国来说，派遣工匠前往王畿学习掌握铸铜技术，并传播承袭，这在理论上是

---

① 如叶家山曾侯谏组器，出土在不同的墓葬中，虽均为铅锡青铜，但其合金元素含量却有所差异，可能是不同的工匠所为；羊子山 M4 噩侯作旅彝组器也存在类似的情况。同为江汉地区西周早期的曾国与鄂国，铜器制作所用的矿料相同，噩侯 M4 和曾侯 M65 中的部分铜器纹饰、形制、铸造工艺等特征相同。参见郁永彬等：《试析西周早期社会青铜工业生产机制——以湖北随州叶家山墓地出土铜器为中心》，《文物》2019年第 5 期。

② 与铜器生产直接相关的陶范，在丰镐、洛邑、周原等周王朝中心性聚落都有发现，如考古工作者在周原发现的铸铜作坊有李家、齐家北、齐镇、周公庙遗址四处，这些小型铸铜作坊没有明显的分工，应不是国有铸铜作坊。近年来，随着考古发掘工作的深入开展，周公庙、孔头沟等商周时期聚落性质被确认为贵族采邑，可知像周公这样的高级贵族采邑中也有铸铜作坊，其中孔头沟遗址为一非姬姓贵族的采邑，这也表示周原及其附近存在的铸铜遗址至少部分是贵族私家所拥有。朱凤瀚分析卫簋与伯狱诸器的青铜器铭文与器形后也认为，大的世家贵族可能拥有铸铜作坊，并且一些贵族会以货币购买或以物易物的方式，来购置或定制青铜礼器。参见朱凤瀚：《卫簋与伯狱诸器》，《南开学报（哲学社会科学版）》2008 年第 6 期。

③ 松丸道雄对西周时期某些青铜器的铭文作了研究后认为，西周青铜器大多数为王室工坊所作。但也存在若干诸侯的青铜铸造工房或作坊。参见〔日〕松丸道雄：《西周青铜器制作的背景——周金文研究序章》，《日本考古学研究者·中国考古学研究论文集》，株式会社东方书店，1990 年。

可能的，这也得到近年考古发现的证明。① 而且，从山西曲村—天马遗址与北京琉璃河燕国墓葬遗址的铜器作坊来看，其在晋国与燕国的青铜器生产与传播中发挥了区域中心的作用。通过对比曲沃县曲村霸国墓地霸伯簋与晋侯簋，发现二者的纹饰与形制较为接近，从地理位置上来看二者也相距不远，这表明西周时期的青铜器作坊可能存在一定的覆盖范围，这些邦国在得到周王朝青铜器铸造技术，并得到周邦授权后，可以在其领地自行铸造青铜器，这也是西周一些诸侯国出土的青铜器在保持与王畿地区风格一致的前提下，仍然体现出一定区域文化特色的原因。那么现在的问题是，这些诸侯国的青铜器作坊是否处于周王室的控制之下呢？

有学者在对北京琉璃河燕国墓地与曲村晋侯墓地的形制、纹饰等分析之后发现，其与西周成周、宗周王畿地区的青铜器高度相似，即使某些青铜器在纹饰上略有差别，也可以看出是王畿地区青铜器纹饰传播到当地后演化的结果。② 这一方面显示这些地区青铜器作坊的青铜制作的技术工艺乃是自西周王畿传播而来，另一方面，从燕、晋两国与周王室的关系来说，二者都属于周初分封的屏障周邦的姬姓诸侯，与周王属于大小宗的关系，其统治的合法性也来自西周王室的分封与册命，因此，周王对此类国家的青铜器的制作与流通具有法理上的支配权力。③ 如果再进一步考虑青铜器资源在西周政治生活中的重要性的话，那么类似燕、晋这样的位于重要诸侯国的青铜器制作中心极有可能是由西周中央政权所控制与主导的。而且，西周王畿地区与周边主要诸侯国青铜器风格的演进历程也保持了明显的同步性，显然这并不简单是各诸侯国青铜器文化的自然发展，而是西周王朝在掌控青铜器的生产、制造各环节之后主动推动的结果。④ 可以说，周王朝的青铜器文化就是以燕、晋国这些区域性的青铜器铸造中心为节点，逐次往天下四方传播周人的价值理念与意识形态，强化西周国家在政治传播中的文化输出功能。

---

① 目前在一些诸侯国也发现有青铜器作坊，如在山西曲村—天马、北京琉璃河等遗址也发现了陶范，而且在宁夏彭阳姚河塬遗址还发现了铜器生产作坊。这表明除了周王朝控制的中心性聚落中存在大规模的铸铜产业之外，可能在诸侯国也存在一定规模的铸铜产业。参见雷兴山：《先周文化探索》，科学出版社，2009 年；种建荣、张敏、雷兴山：《岐山孔头沟遗址商周时期聚落性质初探》，《文博》2007 年第 5 期；陈小三：《三组西周青铜器的产地分析及相关问题》，《考古》2018 年第 12 期。

② 陈小三：《三组西周青铜器的产地分析及相关问题》，《考古》2018 年第 12 期。

③ 裘锡圭：《从几件周代铜器铭文看宗法制度下的所有制》，《裘锡圭学术文集》（五），复旦大学出版社，2012 年。

④ 陈小三：《三组西周青铜器的产地分析及相关问题》，《考古》2018 年第 12 期。

具体来说，西周青铜文化传播网络是由周王室、诸侯国、采邑和士族等若干层级组成。其中周王室主要由两大王畿（宗周与成周）构成，也就是西周内服地区的青铜文化传播系统，是西周国家媒介实践的中枢部分，包括畿内诸侯、贵族采邑与一般士族；这一体系的外围部分是由外服诸侯、贵族采邑与士族构成，这是西周文化传播在外服区域的基本架构，他们在接受西周王朝的青铜铸造技术之后形成区域青铜中心，负责将西周的青铜文化逐次向四方扩展，共同构建西周天下的青铜文化系统。需要注意的是，在西周的不同青铜文化传播层级中，其主要驱动力来自西周王朝青铜文化自内而外的推动，内外服区域之间、邦国内部与邦国之间也存在较为密切的青铜文化的交流。

还需注意的是，西周进入中后期以后国力下降，其对外文化传播的能力也开始出现衰落的征兆，[①] 获得青铜器铸造能力的诸侯国也逐渐增多，其带来的直接后果就是青铜器的形制、类别与纹饰中所体现的地方文化特色也愈加浓厚，并与王畿地区的青铜文化逐步形成双向互动的格局。西周在青铜文化传播中出现的这种变化也从侧面反映了西周国家势力的消长。

第二节 "金道锡行"：西周国家对青铜矿料资源的管控

通过对洛阳北窑出土的青铜器的合金成分、铅同位素数据的测算，以及对燕、晋等区域青铜器铸造中心的分析，大体可以推断西周时期的青铜器生产与流通应处于周王室的严格控制之下，其所带来的一个重要后果就是周文化特征的青铜器在各诸侯国的广泛传播。实际上，西周对青铜器的主导作用不仅体现在青铜器制作技术的控制方面，而且体现在其对青铜矿料资源的配置领域。

一、"官山海"：传世文献中西周国家对青铜矿料资源的控制

关于西周国家对青铜矿料资源的控制，传世文献中提供了有价值的线

---

① 曹玮、李朝远、罗森均提出西周青铜文化在中期前后，发生了明显的变化；毕经纬进一步认为这种变化是质的变化。参见曹玮：《从青铜器的演化试论西周前后期之交的礼制变化》，《周原遗址与西周铜器研究》，科学出版社，2004 年；李朝远：《青铜器上所见西周中期的社会变迁》，《学术月刊》1994 年第 11 期；Jessica Rawson, "Western Zhou Archaeology", in *The Cambridge History of Ancient China: From the Origins of Civilization to* 221 *B. C.*, Cambridge University Press.

索。从现有资料来看，西周时期西周王朝与重要邦国直接占有铜矿等矿山资源，并且控制着青铜矿料的开采和冶炼。据《周礼》记载，西周曾设置"卝人"一职，主要执掌"金玉锡石之地"，并"厉禁以守之"。这里"金玉锡石"之"金"就包括各类铜、锡等矿料资源。如有欲开采者，则需获得核准："物其地，图而授之。"（《周礼·地官·卝人》）在《周礼·秋官》中又设"职金"，其职责是执掌"金、玉、锡、石、丹、青之戒令"，也就是国家对于"金、玉、锡、石、丹、青"这六类资源进行管控，不许民间私采。有权开采者须将这些物资按照数量与品级进行登记（"辨其物之媺恶与其数量，楬而玺之"），由国家进行统一管理与配置。从这些传世文献来看，西周时中央政权对包括铜料在内的矿产资源实行国家垄断制度，禁止民间私采。春秋时期实行的山林矿产国有的制度即是西周时期这一制度的延续。① 因为"溥天之下，莫非王土"，周王不仅对周邦内的铜料矿藏有所有权，而且这种权力还扩展到了其侯服诸邦。如"方氏"所管"天下之图"，目的是"以掌天下之地"。司险"掌九州之图，以周知其山林川泽之阻"。大司徒的属官土训"道地慝，以辨地物，而原其生，以诏地求"。郑玄笺解："道，说也。说地图九州形势山川所宜，告王以施其事也。"遂人"掌邦之野，以土地之图经田野"。（《周礼·地官》）上述职司都为司徒所属的内服职官，拥有对天下山林川泽物产的管理权，自然也包含对诸侯国矿产资源的控制权。

二、西周国家对青铜矿料资源控制的科技考古证据

从技术层面上来说，制造青铜器所需的铜矿、锡矿的开发本身是一个复杂的系统工程，如矿址的勘探、选取与确认，矿料的提炼与加工，这既涉及对专门技术人员的调配与使用，同时也需要继承前代相关自然科学知识，因此，只有西周时期的中央政权才具备这些条件，成为当时天下铜料资源的合

---

① 即春秋时期齐国的"官山海"之制，其文谓"唯官山海为可耳"（《管子·海王》）。反映春秋时期实行"官山海"的制度在先秦文献中还有不少，如《管子·地数》："苟山之见其荣者，谨封而为禁。有动封山者，罪死而不赦。有犯令者，左足入，左足断，右足入，右足断。"《管子·轻重乙》："'……请以令断山木，鼓山铁。是可以无籍而用足。'管子对曰：'不可。今发徒隶而作之，则逃亡而不守；发民，则下疾怨上，边竟有兵则怀宿怨而不战。未见山铁之利而内败矣。'"《左传·昭公二十年》记载晏子劝诫齐景公之语时言及："山林之木，衡鹿守之；泽之萑蒲，舟蛟守之；薮之薪蒸，虞候守之；海之盐蜃，祈望守之。"杜预注"言公专守山泽之利，不与民共"，这也反映了齐国实行的是山林资源国有的制度。

法所有者。① 当然，这也不能排除某些条件下在一些诸侯国境内存在矿产资源开采的可能性，尤其在远离王都的区域，这种概率可能会更高。

结合考古学、冶金学和铅同位素比值研究发现，西周时期北京琉璃河燕国墓地、山西垣曲、闻喜晋国墓地铜器的铅同位素比值与洛阳北窑地区多有重合之处，这表明上述区域的青铜器铜料可能有相同的来源。从地理距离来看，西周铜矿产地中中条山铜矿与这几处距离最近，将中条山铜矿开采、冶炼的铜料运送到上述地点在交通上也最为便捷，因此，西周王朝的铜和铅矿料中的相当一部分应当来自中条山矿区。② 这表明周王朝在对矿料资源占有、开发之后，可能还将之作为一种战略物资配送到其他诸侯国。③ 西周晋国墓地与燕国墓地与王都墓地出土的青铜器矿料共源的事实说明对青铜资源的获取与分配成为西周国家重要的政治任务。同时，洛阳北窑的巨大规模也表明西周政权已经控制了充足的制造青铜器的铜矿与锡矿资源，并能使之源源不断地运送到成周地区。而且不只成周地区，周原地区的石鼓山户氏家族墓与戴家湾亦出土大量具有时代特征的青铜器，其铸造风格呈现出奢华、豪放、不吝物料的特点，说明在这个时期周人已经控制了金属资源。

关于周人对青铜资源的控制，从各地区诸侯国出土的青铜器也可以证明。燕、晋等国与洛阳北窑出土的青铜器在形制、纹饰及青铜器风格的演进趋势方面表现了高度的一致性，实际上，这种周文化风格不仅体现在燕、晋这些与西周王室关系密切的姬姓诸侯国，甚至连远在江汉流域的随州叶家山、随州羊子山曾国墓地与洛阳北窑遗址出土的青铜器物的同位素比值也有较高程度的重叠，而且青铜器纹饰也相同或近似，因此判断很有可能是这些青铜器的原料由某个铜矿开采、冶炼后再运送至洛阳北窑铸造，最后再由周王朝输送到某个指定的诸侯国，这进一步说明了西周王朝对于青铜物料控制的稳固程度。

---

① 易德生：《商周青铜矿料开发及其与商周文明的关系研究》，武汉大学 2011 年博士学位论文，第 159 页。

② 韩炳华、崔剑锋：《山西长治分水岭东周墓地出土青铜器的科学分析》，《考古》2009 年第 7 期。

③ 晋国和燕国除了一部分铜器铅同位素比值和中央王朝的重合外，也有一部分显得较分散，并不重合。这表明，一些铜矿资源丰富的诸侯国应该也有自己的开采冶炼业，因此，也存在本国的矿山资源控制、矿料开发及冶炼、青铜铸造等完整产业。参见易德生：《商周青铜矿料开发及其与商周文明的关系研究》，武汉大学 2011 年博士学位论文，第 158 页。

三、西周国家对青铜矿料的存储与配置

由上述分析初步判断，西周国家不仅是天下青铜资源法理上的所有者，掌控了青铜矿料的开采和冶炼，而且，还极有可能掌控了青铜原料成品的存储与配置。这有两方面的原因：一方面，青铜器铭文中周王经常以"金"（铜）作为礼品赏赐诸侯、贵族，如西周早期的臣卿鼎："公违省自东，才（在）新邑，臣卿易（赐）金，用乍（作）父乙宝彝。"（集成2595）禽簋中也有"王易（赐）金百孚（锊）"（集成40415）的记录。类似的记载在小子生尊（集成6001）、麦方尊（集成6015）、作册折尊（集成6002）等青铜器中都有出现。这表明西周掌握了大量的已经冶炼过的青铜资源。另一方面，以铜赎罪是西周的一项重要刑罚原则，西周还有以铜缴纳罚金的制度。如《吕刑》中就有五罚的制度，意指施用五种形式的刑罚有疑，则可以缴纳一定数额的铜作为替代："墨辟疑赦，其罚百锊，阅实其罪。劓辟疑赦，其罚惟倍，阅实其罪。剕辟疑赦，其罚倍差，阅实其罪。宫辟疑赦，其罚六百锊，阅实其罪。大辟疑赦，其罚千锊，阅实其罪。"前引的周代的"职金"还专门掌管罚金的收取（"掌受士之金罚"）。西周晚期的㝬匜也有关于罚金的记录："牧牛则誓，乃呂（以）告事（吏）𩁹（？）、事（吏）啻于会，牧牛辞誓成，罚金。"（集成10285）既然"金"（铜）已经广泛运用于西周的政治、法律领域，作为实际的货币在使用①，那么其铜料来源不太可能为私人所掌控，而应为国家统一控制与调配。

整体上看，周人平定三监之乱开始建立以分封制为核心的宗法政治秩序，并加强在东方、南方区域的经营，到成康之际，以周邦为天下共主的权力支配格局已渐趋稳固，这也使得周王作为天下四方山川林泽等自然资源所有权者的身份得到进一步强化。由于青铜器是当时最重要的政治、经济与宗教资源，直接与统治合法性相关，自然是西周王朝重点掌控的对象。因此，西周国家对作为核心资源的青铜矿料，从其开采到青铜器的铸造、分配的各个环节都进行严格管控。权力的支配也体现在西周青铜文化的强势传播上，周文化风格的青铜器在各主要诸侯国的大量出现，甚至在远离王畿的江汉流域与少数民族部族聚居的陇东地区都有发现。这种文化扩张局面一直持续到西周中后期。到了西周晚期，西周由于持续对南方诸国的征战与内部政治的败坏国力开始下降，而楚、晋、燕等诸侯国的实力

---

① 陈小三：《三组西周青铜器的产地分析及相关问题》，《考古》2018年第12期。

开始崛起，这一时期各诸侯国出土的青铜器风格在保持周文化风格的同时，地方文化的特色逐渐显现，在青铜器的形制、纹饰等方面出现了中原青铜文化与本土文化的碰撞与融合。

第三节　纳民于轨物：媒介垄断与西周治理秩序的构建

西周中央政权不仅控制着青铜原料的开采、冶炼等供应环节，而且很可能将青铜器的生产流通纳入国家的统一管理体系中，显示了青铜资源对西周国家政治生活的重要性。周王对青铜矿料资源的供应与青铜器生产的控制，实际上也就是掌握了青铜兵器及礼器的供给，从而控制了"祀与戎"这样的军国大事。结合各封国"王在成周"的记载，这说明西周将其掌握的青铜矿料或青铜器按照一定的原则配置给畿内贵族与畿外邦国，从而达到对各封国进行或隐或显、或强或弱的控制。不仅如此，西周国家对青铜矿料的开采、冶炼、生产等诸环节的严格管控，也为西周国家垄断媒介传播资源、构建与政治秩序一致的思想秩序奠定了物质基础。

根据伊尼斯的理论，媒介资源与权力控制紧密相关，媒介在时间和空间上对社会组织产生决定性影响。① 因此，历史上居于统治地位的政治集团总倾向于控制一定时期社会主要媒介资源的渠道与技术，以达到垄断社会关键信息的生产与输出，从而通过建构受传者的主观世界来形成有利于权力支配的思想秩序。就西周而言，西周的青铜器不仅是一种稀缺商品，而且还是当时最重要的媒介资源，它同样也存在被占有、使用与操控的可能性，西周控制青铜器的冶炼与原料配置，实际就是对作为重要媒介资源的青铜器的独占，其实现方式是通过单一的来源来控制供应。当媒介资源的控制达到垄断的程度时，它必然会对现实社会秩序产生深远影响。从传播的视角而言，西周时期青铜器有两个功能：一方面，青铜器是西周重要的书写媒介，可以承载特定内容的书写与传播；另一方面，作为抽象的信息符号的媒介功能，其本身就是权力的象征。如武王克商后，"迁九鼎于雒邑"（《左传·桓公二年》），这里的青铜鼎就是政治权力的象征。当政治领域的权力交替完成之后，西周统治者需要通过对九鼎的占有来确立新政权的合法性，此时，鼎已抽象为权力的象征符号。因此，青铜器直接与

---

① 〔加〕哈罗德·伊尼斯：《传播的偏向》，何道宽译，中国人民大学出版社，2003 年，译者序言第 5 页。

权力合法性相关①，其形制、纹饰与大小都体现了权力的支配关系。② 理解了这一点，再来审视西周国家对于青铜原料与青铜铸造技术的操控行为，可知其反映了西周政权掌控媒介资源与符号权力的实质。

一、掌握青铜资源，控制媒介权力

从西周对媒介资源的管控方面来说，西周王朝试图通过垄断青铜器的冶炼与原料出产来达到控制媒介传播内容的目的。青铜器是已知的西周时期最重要的传播媒介，如果青铜器的制作与流通为周王室所掌握，那么其传播的内容自然也属于控制之列了。从这个意义上来说，西周王朝对青铜器的掌控行为意味着对媒介权力的控制。从目前出土的西周青铜器铭文来看，尽管其涉及政治、经济、宗教与文化等诸多领域，内容包括徽记、祭辞、册命、训诰、记事、追孝、约剂（指古代用作凭据的文书、契券）、律令、符节诏令、媵辞（充当陪嫁品的器物上的铭文）、乐律等方面③，但其背景都是在承认西周王朝合法性的基础上。从铭文内容的基调来看，其多是对西周王室的感念与祖上追随周王荣光的追述，并未发现西周铭文中出现对西周王室不恭与周邦不利的描述，这也或许表明在多数时期周王朝对媒介权力的控制是较为稳固的。④ 不仅如此，从传世文献中还可看到大量称颂周王威德、赞美周王政行的文字。如《尚书·顾命》追思文武王

① 关于青铜器与权力合法性关系的研究，已有不少学者做出重要论述。如张光直将青铜器看作古代贵族威权的象征。他认为在三代期间，尽管青铜在形式与装饰纹样上发生了许多显著的变化，但它们的主要功能即作为"贵族统治之合法性的象征"始终未变，每一件青铜器"都是在每一等级随着贵族地位而来的象征性的徽章与道具"。参见张光直：《中国青铜时代》，生活·读书·新知三联书店，2013年，第23页。

② 杨晓能注意到青铜器的纹饰与王朝合法性的关联，他指出："青铜器表纹饰传播以兽面纹为代表的包罗万物的众神动物崇拜，有效地宣传王朝宗教，为王朝统治的合法性和凝聚力服务：它不仅肩负装饰的功能，又承担传播宗教信仰和政治教化的责任。"罗森认为青铜器作为权威权力的象征，其大小也显示了不同的社会地位，地位越高，器物的尺寸越大。参见〔美〕杨晓能：《另一种古史：青铜器纹饰、图形文字与图像铭文的解读》，唐际根、孙亚冰译，生活·读书·新知三联书店，2008年，第222页；〔英〕罗森：《中国古代的艺术与文化》，孙心菲等译，北京大学出版社，2002年，第107页。

③ 马承源根据格式将铭文分为12个类目，但其中物勒工名属于春秋后的事情，因此西周时期的铭文实际上大体包含马承源列举的11个方面的内容。参见马承源：《中国青铜器》，上海古籍出版社，1988年，第360~383页。

④ 对于这一点，英国学者罗森也认为西周"从征服的那一刻开始直至今天，他们作为正统统治者的声明已经被认可，很少被质疑"。参见〔英〕杰西卡·罗森：《异域秩序：西周晚期和东周早期的礼俗》，北京联合大学考古学研究中心编：《早期中国研究（第2辑）》，文物出版社，2016年，第54页。

"宣重光，奠丽陈教，则肆肆不违，用克达殷，集大命"，并形容康王"燮和天下，用答扬文武之光训"。《尚书·康王之诰》也有类似的描述："昔君文武丕平，富不务咎，厎至齐信，用昭明于天下。"《尚书·毕命》也谓："惟文王、武王敷大德于天下，用克受殷命。"又说周公"左右先王，绥定厥家，毖殷顽民，迁于洛邑，密迩王室"。如果说这还属周王后裔对先王的溢美之词，《诗经》中的相关描述则体现了民间对周王权威的自发肯认。如《诗经·大雅·文王有声》记载文王之德望乃"遹骏有声"，使得"四方攸同，皇王维辟"；又说武王营建镐京的功勋："维龟正之，武王成之。"《诗经·大雅·下武》形容西周诸王："下武维周，世有哲王。三后在天，王配于京。王配于京，世德作求。永言配命，成王之孚。成王之孚，下土之式。永言孝思，孝思维则。媚兹一人，应侯顺德。"表明西周先王在天下广有声威，获得民众普遍爱戴。不仅如此，在金文文献中还有不少表现诸侯贵族对周王室尽忠职守的描述。如番生簋铭文中番生自述不敢不"帅井（型）皇且（祖）考不（丕）杯（丕）元德，用申绍大令，粤（屏）王立（位），虔夙夜尃（溥）求不瞀德，用谏四方，醽（柔）远能狱（迩）"（《集成》4326），梁其钟中也有"汈（梁）其肇帅井（型）皇且（祖）考秉明德，虔夙夕，辟天子"（《集成》187）的记述。这说明在西周的多数时期，周王的权威与统治合法性得到了来自统治阶层内部与民众的广泛认可，也同时显示西周的媒介控制策略起到了正面塑造周王室的作用。

由于西周成功的媒介实践与传播策略，即便到了周王权威式微的春秋时期，各诸侯国依然沿用西周的某些制度，并在观念中以沿用周代礼法为正道。如《左传》记载鲁僖公二十二年之春，鲁"伐邾，取须句，反其君焉"，作者评价鲁国的行为乃"礼也"，即认为鲁国征伐邾国、送返须句之君的行为是符合周礼的。又如鲁隐公八年八月丙戌，"郑伯以齐人朝王"，《左传》书中亦以"礼也"称之。可见，即使在周王权威失坠的春秋时代，各诸侯国奉行周礼仍然是被称许的行为。类似的记载在先秦文献中比比皆是，是否符合周礼的"礼也""非礼也"俨然已成为春秋各国行为正当与否的标准，这也说明西周时期的媒介实践成效斐然，尽管进入春秋以后周王已然徒具形式，但西周通过各种媒介实践塑造的周王天下共主的形象早已深入人心。

按照马克思主义的媒介观，经济基础决定上层建筑，媒介权力属于上层建筑，是由当时所处时代的经济基础所决定，其必然服务于国家政治权力统治的整体目标。因此，媒介权力往往通过垄断媒介资源控制信息的传播渠道来实现对传播内容的筛选，从而建构有利于国家政治统治的价值体系，使权力的支配从强制化为受众的自觉。因此，西周垄断媒介权力的做法也是社会控制的基本手段。通过掌控媒介权力来达到社会控制目的的做法并非始于西周，其历史与中国的文明史一样悠远。如在《国语·楚语》中绝地天通的典故就是中国历史上最早的关于媒介控制的记载。《国语·楚语》中说上古有一段时期"民神杂糅"，人人皆可与天沟通，"烝享无度"，因此颛顼"命南正重司天以属神，命火正黎司地以属民"，使民神各归其位，"无相侵渎"。该故事在《吕刑》中也有记载。[1] 绝地天通的故事中"夫人作享，家为巫史"的描述就是说当时人们可以以巫为媒沟通上天，也就是说媒介权力不为国家所独享，所以才造成"祸灾荐臻"、政治失序的后果。颛顼绝地天通，通过重新垄断通天之媒介得以最终恢复天地秩序。可见，将媒介的控制与权力统治关联，是中国统治者早就意识到的秩序构建之术。西周对青铜器资源的垄断与集中配置的做法，实际是上古垄断媒介权力、绝地天通传统的一种延续。从这个意义上说，西周王朝天下共主的地位在某种程度上与其媒介控制有关，西周通过掌控媒介，操纵媒介话语，强化国家在信息传播、媒介技术和意识形态领域的主导地位。因此，政治秩序的构建需要媒介权力的支持，在媒介权力等介入下，王朝的统治被包装成天命与道德的象征。

可见，西周王朝试图通过对媒介资源的控制实现对媒介权力的掌控，使信息传播的内容符合国家的礼法与意识形态秩序的要求，从而达到支配人们思想观念的目的。从西周的历史来看，这一策略在西周晚期还是取得很好的成效的。而且，青铜资源本可以用作笼络、控制诸侯国的激励手段。作为西周时期最为重要的媒介资源与权力符号，西周王朝很可能会利用其在青铜资源配置领域的优势地位强化其对各诸侯国的控制，特别在那些缺乏青铜资源或冶炼技术的邦国，甚至可以合理想象青铜器铭文中没有记述的历史，如果某些诸侯国执礼不恭，很有可能会受到中央政权封锁青铜资源的制裁。因此，这种青铜"邦交"必然会对当时的邦国秩序构建产生深远影响。

二、操纵权力符号，构建认知秩序与社会秩序

媒介权力的实现离不开青铜器符号功能的发挥。因此，青铜器除了书

---

[1] 《尚书·吕刑》："乃命重、黎，绝地天通，罔有降格。群后之逮在下，明明棐常，鳏寡无盖。"

写媒介之外，它在西周时期还具有符号的功能。一般而言，权力通过符号的运用来实现秩序构建的方式主要有两种模式：一是权力主体通过对符号资源的占有来控制信息的传播，使各种媒介形态向受众传递主权者的特定价值观与意识形态，从而强化现有的权力结构与政治秩序；二是以媒介渗透的方式将权力的支配与某种超验价值相连接，不断聚集权力的象征性资源以实现权力的神秘化与神圣化，构建权力合法性的超越性基础。因此，与国家以横暴特征的外在显性的支配权力不同，以符号为特征的媒介权力是直接作用于人的观念世界与思想价值层面，它以符号的形式建构受众的认知模式与思维方式，从而达到对于受众行为的控制，实现社会秩序整合的功能。

统治者运用媒介权力实现社会支配目标的方式，实际也就是运用各种政治、宗教符号，把与特定政治结构匹配的意识形态在潜移默化中传播给受众，将政治统治与权力支配的现实变成符合某种宗教理念的信条，促成在权力的所有者与被治理者之间达成某种类似于宗教信仰的关系。较之前者，后一方面显得更为隐蔽。西周青铜器的符号功能的作用主要从两个方面展开：首先，青铜器具有权力符号的功能。按照费孝通的观点，权力的形式包括横暴权力与同意权力，横暴权力是以武力为基础的强制性的物理权力，而同意权力是借助于符号操纵来实现的策略性的、说服性权力。[1]同意权力的获得离不开符号的象征作用。从权力的运行方式来看，权力效能的发挥需要结合符号的使用与辅助。权力的所有者总是倾向于通过符号的形式传播特定价值观念的信息，从而达到影响他人的思想与行为，最终构建有利于权力支配的思想秩序。其次，西周的青铜器是包含不同器类的符号体系，它被广泛用于西周国家政治权力意义的表达。按照符号学的基本理论，作为符号的青铜器包括能指与所指两部分，其能指部分是指以礼器形态存在的包括酒器、食器、水器等在内的礼仪器具；而其所指则是通过青铜器的器类、形制、纹饰与墓葬中器类组合来象征权力的等级秩序。从这个意义上来说，西周掌控青铜器的铜料供应与青铜器生产与配置，实际也是对当时重要符号资源的控制，这对于权力秩序的构建更为关键。只有控制了这种权力的符号资源，权力所有者才能将"普世王权"的理念以一种隐秘的、潜移默化的方式传递给受众，将西周天命在兹、惟王懿德的合法性信念变成普通民众的政治常识，从而"使人获得那种只有通过强力

---

[1] 费孝通：《乡土中国生育制度》，北京大学出版社，1998年，第59~60页。

（无论这种强力是身体的还是经济的）才可以获得的东西的等价物"①。因此，西周的权力支配在很大程度上是通过西周青铜器符号的象征功能得以实现的。职是之故，通过控制青铜器的供应、生产来操纵青铜符号资源，从而塑造民众的认知秩序与社会秩序。由此也可以看到西周统治者控制符号资源来构建现实政治权力的秩序实现路径，这种秩序的构建不同于以暴力手段（"戎"）使权力客体臣服，而是直接作用于受治者的认知系统，通过对青铜符号的运用改造受治者的主观世界来辅助客观世界权力支配格局的形成，从而使统治集团的横暴权力转化为同意权力。

西周构建权力秩序的另一种方式就是以青铜符号建立权力的神圣性联结。由于天道是权力合法性的终极来源，而各种青铜礼器又是礼天的媒介，西周的天命观尽管较之殷商具有很大的不同，其人文色彩开始凸显，但这并不意味着其原有的宗教观念的消散。实际上，君权神授是贯穿整个古代世界中国皇权的合法性信仰，西周只是为夏商以来的天命观注入了德性的内容，并不是对其宗教性的完全否定。从人类的政治历史实践来看，宗教的方式被广泛地用作政治统治合理化的手段②，并使之获得超越性价值的支持，于是人间的秩序与某种具有普遍信仰基础的、超越性的事物相联系，从而将世俗的政治权力与社会结构神圣化。这也是西周以青铜器为中心的礼仪的政治功能所在。西周国家通过掌控青铜器的铸造与配置，并将之用于各类礼仪形式，实际就是将西周的政治统治与天命关联，借助于中国普遍存在的天命信仰来架构其现行政治秩序与社会结构的正当性基础。"当这些祭祀仪式与宗法制度渐渐被政治的权威与普通的民众确认之后，在这些仪式和制度中包含的一套技术，就可能被当作是很实用的生活策略而普遍适用，而背后隐含的一套观念就被当作是天经地义的东西而不必加以追问，人们在这些仪式中获得生活安定，也从这套制度中获得秩序的感觉。"③ 因此，青铜器不仅是西周礼仪实践的工具载体，还成为天命与礼仪的外在表现形态，借助于青铜器的符号作用，西周王朝德配天命的形象得以建构。于是，作为西周王朝权力支持的意识形态不仅是政治系统

---

① 〔美〕戴维·斯沃茨：《文化与权力：布尔迪厄的社会学》，陶东风译，上海译文出版社，2006年，第103页。

② 美国学者彼特·贝格尔对宗教的定义是"用神圣的方式来进行秩序化的人类活动"，参见〔美〕彼德·贝格尔：《神圣的帷幕：宗教社会学理论之要素》，高师宁译，上海人民出版社，1991年，第40~41页。

③ 葛兆光：《中国思想史》第一卷《七世纪前中国的知识、思想与信仰世界》，复旦大学出版社，2001年，第112~113页。

内部的思想基础，而且转化为人民日常生活的重要常识，形态万千的民众思想观念被整合成一个有机的整体，从而为现实的、有形的社会秩序的构建奠定基础。

综上，媒介要实现构建治理秩序、塑造社会结构的目的，一个必要的条件就是符号资源的稀缺性，正是利用对这些符号资源的操控，媒介才可以实现观念渗透与思想整合。① 因此，对古代最重要的媒介资源的控制，其实质就是掌握政治话语权，并向大众施加各种符号的传播与控制——通过施行者与承受者的合谋和默契而生成。西周国家对以青铜器为中心的符号资源的控制是直接将传播作用于一般民众的观念世界与价值认知层面，以促成对其外在行为的隐形控制，从而促成与西周权力秩序一致的思想秩序。因此，符号权力与国家行政、立法等以暴力机器为后盾的权力一样，成为西周统治者必须掌控的权力形态。甚至可以说，作为一种温和的暴力，符号权力通过在不同场域里建构运作机制的知识能力、对他人行动和情感的控制影响力，对于秩序的构建与权力的维系发挥着更重要的作用。西周统治者正是通过对青铜资源与青铜礼器铸造的管控来形成对媒介权力的控制，构建含有意识形态功能指向的"符号—意义"体系，从而服务于现实的权力秩序。

小　结

本章通过参考科技考古学界的研究成果，根据对洛阳北窑、随州叶家山、北京琉璃河燕国墓地、山西晋侯墓地出土青铜器的铸造技术、合金成分及铅同位素比值分析结果发现，西周试图将作为核心资源的青铜矿料的开采、冶炼到青铜器的制作、生产的各个环节都置于国家的严格控制之下，而且西周铜器作坊生产的青铜器也多由王室分配给各诸侯国。这为西周国家控制媒介传播资源、构建与政治秩序一致的思想秩序奠定了物质基础。西周的青铜器不仅是一种稀缺商品，而且还是当时最重要的媒介资源，它同样也存在被占有、使用与操控的可能性，当媒介资源的控制达到一定程度时，它必然在现实秩序的构建中有所体现。一方面，西周控制青铜器的原料供应与生产流通，实际就是通过对作为国家传播媒介资源的掌

---

① 孙琦：《媒介如何影响大众：媒介权力构建的重识——〈媒介仪式〉译评》，《新闻记者》2016 年第 6 期。

控来达到对媒介权力的操纵，从而实现对媒介信息内容的管控。从目前出土的西周青铜铭文来看，周王及周邦主要是以正面形象在诸侯国间传播，这也反证了西周对于媒介管控带来的积极后果。可见，西周王朝通过对媒介资源的控制实现对媒介权力的占有，使信息传播的内容符合国家的礼法与意识形态秩序的要求，从而达到支配人们思想观念的目的。另一方面，青铜资源本可以用作笼络、控制诸侯国的激励手段，作为西周时期最为重要的媒介资源与权力符号，西周王朝很可能会利用其在青铜资源配置领域的优势地位强化其对各诸侯国的控制，特别在那些缺乏青铜资源或冶炼技术的邦国，我们甚至可以合理想象青铜铭文中没有记述的历史，如果某些诸侯国执礼不恭，很有可能会受到中央政权封锁青铜资源的制裁。因此，这种青铜"邦交"方式必然会对当时的邦国秩序构建产生深远影响。

　　不仅如此，青铜器的重要性还在于其象征的权力意义，西周国家掌控青铜器的铜料供应与青铜器生产与配置，实际也是对当时重要符号资源的控制。只有控制了这种权力的符号资源，权力所有者才能将"普世王权"的理念以一种隐秘的、潜移默化的方式传递给受众，将西周天命在兹、惟王懿德的合法性信念变成普通民众的政治常识，从而"使人获得那种只有通过强力（无论这种强力是身体的还是经济的）才可以获得的东西的等价物"①。因此，西周的权力秩序在很大程度上可以借由西周青铜器符号的象征功能而得以实现。西周政权正是通过控制青铜器的供应、生产来掌握青铜符号资源，从而塑造民众的认知秩序与社会秩序。由此我们也可以看到西周统治者控制符号资源来构建现实政治权力的秩序实现路径，这种秩序的构建不同于以暴力手段（"戎"）使权力客体臣服，而是直接作用于受治者的认知系统，通过对青铜符号的运用改造受治者的主观世界来辅助客观世界权力支配格局的形成，从而使统治集团的横暴权力转化为同意权力。通过控制信息载体形成对媒介权力的控制，并传播含有意识形态功能指向的"符号—意义"体系，建构普通民众的观念世界与思想秩序。借助于青铜器的符号作用，西周王朝德配天命的形象得以建构。于是，作为西周王朝权力支持的意识形态不仅是政治系统内部的思想基础，而且转化为人民日常生活的一般常识，使得形态万千的民众思想观念被整合成一个有机的整体，现实的、有形的社会秩序的构建自然成为应有之义。

---

① 〔美〕戴维·斯沃茨：《文化与权力：布尔迪厄的社会学》，陶东风译，上海译文出版社，2006 年，第 103 页。

第四章 器以藏政：西周青铜媒介实践与治理秩序的构建

西周时期的青铜器不仅具有器物的工具属性，而且承担了沟通天人之际的礼器功能，它以实物的形态成为西周礼仪制度这一抽象制度与精神的物质媒介，① "器以藏礼，礼以载政" 成为西周政治的重要特点。从这个意义上说，作为西周治国基本原则的 "礼治"，其外在的物质形态体现为以青铜器为中心的一系列媒介实践，甚至可以说，西周以青铜器为中心的媒介实践所形成的包含政治制度与社会治理秩序的互动，决定了西周政治生活的整体基调。

基于上述认知，本章主要解决西周王朝如何运用物质媒介来实现内外服区域秩序的构建问题。西周物质媒介主要是各类青铜礼器（食器、酒器、水器），按照伊尼斯的观点，这类媒介属于时间偏向型媒介，周人 "似乎对坚硬耐久的材料有所偏好，不仅用于祀神祭祖，更以之将信息流传后世"②。这类媒介可以抵御漫长岁月的侵蚀，因此传播诉求的重点是突出社会的黏合力与谨守神圣的信仰和道德传统，意在纵向地生成、维系某种传统和创造共享的文化价值。西周媒介实践的路径实际是意识形态的实体化过程，借助于青铜器，统治者将一种抽象的思想或价值观念变成控制社会的物质性力量，从而促成治理秩序的达成。

---

① 如张光直就认为："青铜礼器是用于礼仪祭祀的工具之一，这些礼器是古代萨满们在完成其与逝去的祖先和其他神灵相沟通的任务时所使用的工具。"参见〔美〕张光直：《古代中国考古学》，印群译，生活·读书·新知三联书店，2013年，第430页。

② 钱存训：《书于竹帛》，上海书店出版社，2006年，第157页。

第一节　西周青铜礼仪规范的确立及其在近邻诸国的传播

青铜器在三代时期主要是作为祭祀的礼器使用，"国之大事，在祀与戎"，礼由于与权力合法性相关，因此在此基础上形成了一系列关于青铜器使用的制度规范与价值原则，这也使青铜器成为西周进行社会控制与权力扩张的基本载体。

一、西周青铜礼仪规范的确立

从考古文化的角度来看，一个王朝的文化特征会在其代表性器物的形制、纹饰及器类组合上形成显著而稳定的标准，带有较强的规范性，而不同区域的青铜器遗存本身存在特定的时空位置，可以反映王朝文化拓展、整合的过程，明晰文化秩序构建的具体路径。因此，将西周青铜器在器类组合、形制与纹饰方面的特征作为衡量王朝文化秩序整合的标尺，用之测量诸侯国与周王朝文化的整合及西周文化秩序的构建，具有很强的操作性。

西周青铜礼器除食器、酒器、水器三种主要类型外，还有乐器、兵器及车马器等。因后三种并非西周墓葬的普遍形态，因此不做重点讨论。据《左传·桓公二年》载："武王克商，迁九鼎于雒邑。"汉何休注云："礼祭天子九鼎，诸侯七，大夫五，元士三也。"表明鼎的数量与贵族的身份地位有密切的联系。根据甘肃灵台白草坡 M1 出土五鼎三簋，陕西宝鸡竹园沟 M1 出土五鼎三簋，陕西宝鸡茹家庄 M1 甲椁室出土五圆鼎四簋、乙椁室出土四圆鼎、一带盘鸟足圆鼎、三方鼎、四双耳簋、一双环簋的现象，结合墓主身份与何休注文，推测西周早期即已存在天子九鼎、诸侯七鼎、卿大夫五鼎、士三鼎的用鼎制度。[①]但这并不意味着此时体现周文化

---

① 英国学者杰西卡·罗森在分析研究西周的青铜器后发现，殷周时期数量可观的青铜酒器组合在西周中后期逐渐被成套的鼎、簋等食器及编钟所取代，并将西周这一礼仪现象称为"礼制改革"，具体表现是列鼎制度的形成。罗森提出"礼制改革"后，不少学者接受了这一提法。如夏含夷进一步指出礼制领域的变化还体现在西周诗歌格式的变化和观念的变化，而后者尤为重要。另一方面，对列鼎制度为核心的西周青铜礼仪规范的形成时间则存在不同意见。不同于罗森西周中后期（约为出公元前 880 年前后）的观点，王晖与朱凤瀚认为周人克商后很快建立起自己的礼器制度，在西周初期周人便已形成了有别于殷人的礼器用制度；邹衡、徐自强则根据《仪礼》《礼记》记载，认为形成于西周中期。罗泰认为这一制度形成于西周厉王时期，约为公元前 9 世纪中叶。李峰认为

特征的用鼎制度已然确立。可根据西周周原、丰镐及洛邑地区的墓葬青铜器组合情况对此问题做一具体考察。

商人好饮酒，因此墓葬的青铜礼器组合以爵、觚等酒器为特征。从考古文化看，殷墟四期之后由于王朝的急剧衰落，西周早期后段已开始瓦解。[①]这从西周早期墓葬可窥一斑。

表 4-1　西周早期周原、丰镐、洛邑地区墓葬青铜器组合情况

墓葬地点	鼎	簋	爵	觯	觚	尊	瓿
周原（共 6 座）	5	4	3	3	0	0	0
丰镐（共 7 座）	6	5	6	3	6	0	0
洛邑（共 6 座）	5	0	5	5	3	3	3

作为西周青铜礼仪变革的先声，编钟出现于公元前 9 世纪或者更早。曹斌的观点调和了各家观点，认为西周国家作为由知识精英所建立的国家，在克商之初就确立了严格的宗法制，并通过周公的制礼作乐去建立西周的礼制文化，从而摆脱了商文化的影响。不同的是，曹斌认为昭王南征丧失西周国家军事优势之后，尝试强化周礼确保王朝的秩序，在恭懿之际形成了完整的礼乐和礼法系统，最后促使西周国家转型。因此，西周国家有两次礼制变革。对于西周青铜礼仪规范的分歧还在于不同等级贵族墓葬铜鼎数量。俞伟超、高明认为"诸侯用大牢九鼎；卿、上大夫用大牢七鼎；下大夫用少牢五鼎；士用牲三鼎或特一鼎"；林沄则认为指出现存先秦文献中有关用鼎制度的记载互有矛盾，如《礼记·礼器》记载鼎数为"诸侯九，上大夫七，下大夫五，士三"，而"在考古上尚未发现关于天子用鼎组合的任何直接证据，也无其他共同遵循的客观准则可用来对鼎进行用途上的分类和定性"，因此他"也不曾打算构建某种用鼎制度的体系"（林沄，1990）。从目前出土的墓葬来看，西周时期在鼎簋的数量上的确存在诸多矛盾之处，传统文献记载与考古遗存并不一致，但结合近年来公布的西周出土墓葬来看，西周以列鼎制度为核心的礼仪规范却是确凿无疑的。相关论述参见〔英〕杰西卡·罗森：《祖先与永恒——杰西卡·罗森中国考古艺术文集》，邓菲、黄洋、吴晓筠译，生活·读书·新知三联书店，2017 年，前言；王晖：《周初改制考》，《中国史研究》2000 年第 2 期；朱凤瀚：《中国青铜器综论》，上海古籍出版社，2009 年，第 1228～1255 页；罗泰：《有关西周晚期礼制改革及庄白微氏青铜器年代的新假设：从世系铭文说起》，臧振华主编：《中国考古学与历史学之整合研究》，台北"中研院"历史语言研究所，1997 年；〔英〕杰西卡·罗森：《异域秩序：西周晚期和东周早期的礼俗》，北京联合大学考古学研究中心编：《早期中国研究（第 2 辑）》，文物出版社，2016 年；曹斌：《恭懿之际西周国家的转型》，《中国人民大学学报》2017 年第 3 期；曹斌：《多学科视野下的西周国家礼制变革和社会转型研究》，《中国史研究动态》2023 年第 1 期；俞伟超、高明：《周代用鼎制度研究》，《北京大学学报（哲学社会科学版）》1978 年第 1、2 期，1979 年第 1 期；邹衡、徐自强：《郭宝钧〈商周铜器群综合研究〉整理后记》，邹衡：《夏商周考古学论文集（续集）》，科学出版社，1998 年，第 344～345 页；林沄：《周代用鼎制度商榷》，《史学集刊》1990 年第 3 期。

① 毕经纬：《问道于器：海岱地区商周青铜器研究》，上海古籍出版社，2019 年，第 305 页。

　　由表4-1可以看出，西周早期周原、丰镐地区贵族墓葬中鼎、簋最为常见，而洛邑地区因受殷文化影响，墓葬青铜器组合中爵、觯等酒器占有较大比重。从数量上来说，除周原外，西周早期酒器仍然超过食器。结合新近公布的宝鸡石鼓山、随州叶家山等墓地与以往西周内外服区域的青铜器墓葬器类组合特征，西周早期墓葬尊、觚、爵、卣等酒器组合仍占主导地位，表明该阶段周文化的特征尚未成型，殷商文化仍然在器物层面具有很强的影响力，周人对殷商青铜文化的继承性是这一时期的主要特点；进入西周中晚期，传统爵、觚组合开始瓦解，鼎在各区域墓葬中地位凸显，以爵、觚酒器组合为中心的殷商青铜文化逐渐被周人以鼎、簋食器组合为中心的青铜文化所取代，体现周人等级观念与礼制原则的鼎簋制度最终确立。这表明周人礼乐文化在西周中晚期已卓然齐备，在青铜器墓葬中器类组合的特点是形成了以食器为核心、水器组合辅济的青铜器类组合体系；[1] 商人的尊、觚、爵、卣等青铜酒器组合向盉、壶、盘、匜等水器组合演进，此后不复见于周人的贵族墓葬之中，鼎簋组合成为西周青铜文化的典型特征。可见，虽然西周前期对于殷商的置器位置、器用方式等青铜文化因素表现了一定的继承性，但到西周中后期周文化风格渐渐显露，并在墓葬的青铜器组合上体现了周人重食轻酒的人文主义文化特征。

　　另外，就青铜器纹饰方面来说，由于西周国家早期的祭祀体系与宗教思想也大体沿袭殷商，商人重鬼神，"率民以事神，先鬼而后礼"，表现在西周青铜器纹饰方面保留了商代青铜器纹饰中带有神秘、庄严色彩的大量饕餮纹等传说动物纹饰，用以表达青铜器沟通天人、礼祭鬼神的功能，因此这一时期西周尚未形成自身的文化风格。直到西周王朝中后期人文思想兴起，"尊礼尚施，事鬼敬神而远之，近人而忠焉"（《礼记·表记》），具有鲜明周文化风格的凤鸟纹、窃曲纹、重环纹等纹饰流行开来[2]，出现新型青铜器类，青铜器形制发生变化，出现了以鼎、簋为中心的食器组合代替以爵、觚为中心的酒器组合，这标志着西周青铜器在形制、纹饰与器

---

① 即食器：鼎、簋、甗；酒器：爵、觯、尊；水器：盨、盘。但就其器用区位而言，存在三种情形：（1）按大类分置；（2）食、酒水器分置；（3）酒水器聚置，食器分置于酒、水器两端。前两种情形似体现出周人重食的文化特征，后一种强调酒器或与周初迁至西方的殷遗民有关。参见杨博：《西周初期墓葬铜礼器器用位研究》，《江汉考古》2020年第2期。

② 据学者研究，最具周文化特色的凤鸟纹主要集中于昭穆时期，与此后流行的波带纹、重环纹、窃曲纹成为西周中后期青铜器纹饰的主体，并使西周青铜器纹饰形成一种迥异于商代的自身风格。参见曹斌：《西周青铜器纹饰的抽象化和序列化》，《文物》2022年第6期。

类组合等方面已经形成显著的周文化特征，一种不同于殷商的西周青铜文化规范终于正式确立。

了解了西周王朝的青铜器组合制度，并结合西周代表性青铜器的形制与纹饰，将之作为一种考察西周治理秩序存在与否的标准，并验之于西周四方邦国，以此判断西周权力运行的强度与广度。西周王畿之内属于周王直接治理的区域，而外服区域是周王通过分封的形式册命诸侯进行间接治理的区域。在这些区域内西周的青铜媒介当然能鲜明体现西周王朝的政治文化因素，作为天人之间的媒介的青铜器从祀天的礼器变成权力的象征与重要的传播资源，也是测量西周文化传播深度与广度的指标。

《国语·郑语》载成周洛邑的四方诸国时谓其南有"荆蛮、申、吕、应、邓、陈、蔡、随、唐"，北有"卫、燕、狄、鲜虞、潞、洛、泉、徐、蒲"，西有"虞、虢、晋、隗、霍、杨、魏、芮"，东有"齐、鲁、曹、宋、滕、薛、部、莒"。这也为考察西周文化青铜器的传播提供了空间的演进路径。由于周人势力崛起于西土，下文将以周王朝王畿的方位为参数，从王畿近邻地区，及东、北、南方位的诸侯国青铜器的组合、形制及纹饰三个方面分析西周青铜媒介实践与王朝治理秩序构建问题。

二、西周青铜文化在王畿近邻诸国的传播

西周时应国、虢国等诸侯国因近邻王畿地区，最早受到西周青铜文化辐射，后又逐渐传播至其他区域。因此，对该地区青铜器的分析研究，可作为与其他区域青铜器的参照模板。下面以王畿近邻的应国、虢国、弭国为考察对象。

应国本为殷商古国，是西周时周公东征后分封的姬姓诸侯国[1]，其在先秦文献中所记不多，《诗经·大雅·下武》中"媚兹一人，应侯顺德"的应侯就是应国国君。《逸周书·王会》记载成王举行四方诸侯朝会，应侯位于"内台西面正北方"，可见应国作为西周经略南方的同宗盟国，在西周众多诸侯中地位颇为不低。根据出土的应史鼎、应侯再盨、应侯视工簋等青铜器，西周应国封地在今河南平顶山西郊一带。

虢国为西周王畿内的姬姓封国。西周立国后武王分别封文王弟虢仲于荥阳、虢叔于宝鸡，虢仲封地一般称为东虢，虢叔封地被称为西虢。东虢后为郑所灭，西虢于宣王初期东迁，因其地跨黄河两岸，史书将居于南岸者称为南虢，其地望在今河南三门峡；居于北岸者则为北虢，其地望在今

---

[1] 《左传·僖公二十四年》载："邘、晋、应、韩，武之穆也。"

山西平陆。

强国是通过考古发现而得以重回学术视野的西周非姬姓封国，其未载于先秦史籍。目前对于强国族属尚有争议①，其地望在陕西宝鸡附近。

表4-2 应国、虢国、强国青铜器特征

	形制	纹饰	器类组合	整体评价
应国	西周前期整体与王畿地区一致；后期周文化因素仍占主导地位	与王畿地区体现出很高的一致性②	与王畿地区保持一致，周文化风格显著③	与王畿地区保持一致，是周文化青铜体系的组成部分④
虢国	与西周王畿地区基本保持一致	与西周王畿地区相似，有鲜明的周式青铜器风格⑤	与王畿地区保持一致，鼎簋制度约形成于西周晚期	与西周王畿地区保持一致，周文化风格明显

① 张长寿根据对竹园沟墓地出土的铜圆底罐、铜尖底罐、陶尖底罐、陶马鞍形口双耳罐的研究，特别是对马鞍形口双耳罐的研究，认为这种马鞍形口双耳罐是寺洼陶器的主要特征之一，而寺洼文化又和后来的氐羌民族有关。将强国的族属指向氐羌；卢连成、胡智生根据强国墓地所出无胡戈、柳叶形短剑、尖底罐等对强国的渊源做了一番推测，认为强国可能是古氐族的一支，强国铜器所表现出来的地方文化特色应是氐族文化的一种表现；田仁孝、刘栋、张天恩分析了强氏墓地出土的铜兵器三角援戈、蛇形卷刃斧等，认为它们源自城固地区，因此强氏文化来源于城固、洋县地区的巴蜀类型文化，其族属是巴蜀文化系统。张文祥则认为强国由殷末周初城固地区的青铜文化发展而来，在西周中期以后，古强国人迁徙到了四川地区，并最终融合成了巴蜀民族的一部分。朔知对强国文化遗存作了综合分析，认为该文化遗存是属于巴蜀地区早期文化在宝鸡的一个分支，从族属上来说似与氐羌无关。相关研究参见张长寿：《论宝鸡茹家庄发现的西周铜器》，《考古》1980年第6期；卢连成、胡智生：《宝鸡茹家庄、竹园沟墓地有关问题的探讨》，《文物》1983年第2期；田仁孝、刘栋、张天恩：《西周强氏遗存几个问题的探讨》，《文博》1994年第5期；张文祥：《宝鸡强国墓地渊源的初步探讨——兼论蜀文化与城固铜器群的关系》，《考古与文物》1996年第2期；朔知：《强国文化遗存分析》，《考古与文物》1998年第4期。

② 在西周前期应国墓地出土的青铜器纹饰为兽面纹、夔纹、蜂纹、云雷纹等殷墟青铜器上较为常见的类型；中后期体现周文化特色的窃曲纹、环带纹、重环纹等纹饰成为应国青铜器纹饰的主流。

③ 具体来说，自中期以降，周人重食轻酒的青铜器文化逐渐形成并影响了应国青铜器的墓葬器类组合。

④ 李树浪：《中国古代青铜整理与研究（应国青铜器卷）》，科学出版社，2019年，第85页。

⑤ 虢国墓地出土的青铜器纹饰用夔纹、重环纹、窃曲纹、垂鳞纹等，主要继承了周式传统。

续表

	形制	纹饰	器类组合	整体评价
弸国	深受王畿地区影响，绝大多数具有典型的周式青铜器风格	纹饰为王畿地区常见类型，但其不如后者纹饰类型丰富①	与王畿地区保持较高的一致性②	与王畿地区保持较高一致性，是周文化青铜体系组成部分

在西周近邻王畿的应、虢、弸诸国，无论是出土青铜器的形制、纹饰、器类组合，还是青铜器的演化趋势，都与西周王畿地区保持同步，这些诸侯国作为周文化青铜器传播最早覆盖的区域，很早就融入西周青铜器文化体系，并成为周文化青铜器逐次往外传播的支撑点，在青铜器文化传播过程中发挥着前沿阵地的作用。

第二节　西周青铜文化在东方诸国的传播

周人势力崛起于关中平原的岐山之下，西周取代殷商的统治后，逐渐开始了往东方扩张的征程，并在东方建立一系列姬姓封国，以巩固周人的东方统治。西周的东方诸国中既有齐、鲁这样与周王室有密切关系的封国，又有殷商时期便已存在的商奄、蒲姑等古国，还有经济文化发展相对滞后的莱夷、淮夷部落，因此各国族在文化发展水平、青铜器铸造工艺方面存在着显著的差异。

一、西周青铜文化在东方诸国的传播路径

西周早期在三监之乱后加强了对东方的经略，在经过一系列战争及大规模分封后，周人在西周早期后段基本已经对东方诸国形成了有效的控制，并将势力延伸到胶东半岛腹地。这从胶东半岛出土的带有典型周文化特征的青铜器中有所反映。③ 这表明周人在这一阶段对山东半岛多数区域

---

① 如尖刺状乳钉纹在岐周地区较为常见，但不见于弸国青铜器纹饰中。
② 具体来说，西周早期弸国已具有列鼎制度之意识，中期用鼎制度已然初步成型，晚期鼎簋制度已经完全确立，青铜水器的组合已经规范化与制度化。
③ 如龙口归城出土的大约昭王时期记载器主人启随从周王南征的启尊、启卣以及龙口韩栾出土的鬲形鼎等。山东半岛西南角的胶州市西庵遗址也出土了大量西周早期后段的周文化青铜器。

已经建立实际控制，但在山东东南地区则未见周文化特征的青铜器与遗址，表明此区域尚未被周人掌控。

到了西周中期，发现周文化青铜器器物与周文化遗址的区域进一步扩大，在前一阶段没有发现周文化青铜器的地区，诸如青岛崎山前古镇、海阳上上都等，都出土了不少西周青铜器，这一阶段周文化青铜器几乎覆盖山东半岛。

至西周晚期青铜器进一步传播到山东全境，包括前期被本地文化控制的山东东南部也已被整合进西周青铜文化的传播圈中，东方诸国整体被纳入了周人青铜文化体系。然而需要注意的是，在山东东部及东南部的青铜器的器类、形制开始出现一些不同于王畿地区的变化，很可能是该区域东夷部族在接受周文化之后对其本土青铜器加以改造的结果。但是东方诸国在西周晚期出现的这种本土文化只是端倪，在整个西周时期，周文化青铜器在东方诸国都占据绝对的优势地位，东方诸国在西周文化基础上形成独具特色的文化系统，则是春秋以后的事情了。① 其原因在于，西周践奄后加快了在东方的扩张步伐，后又分封齐、鲁等重要封国，使之成为周在东方的重要屏障；继而周又建成成周洛阳，进一步促进了西周青铜文化在东方诸国的传播，东方遂成为周文化体系的重要组成部分。

二、“东土”青铜器的类型学分析综述

（一）形制

表4-3　　“东土”与王畿地区青铜器形制对比

器类	与王畿形制对比分析
鼎	与西周王畿地区保持一致，仅两件铜鼎略有差异：一为济阳刘台子出土的象鼻足方鼎；二为日照崮河崖出土的西周晚期蹄足方鼎
簋	多数铜簋无论器形还是纹饰与王畿地区相同或相近，演变趋势也与之相近，仅少量形制具有地方特色
甗	东方诸国的铜甗基本上仿自王畿地区，直到春秋时期该地区铜甗才出现新的发展

---

① 毕经纬：《问道于器：海岱地区商周青铜器研究》，上海古籍出版社，2019年，第262页。

续表

器类	与王畿形制对比分析
鬲	与王畿地区基本无异，各类铜鬲在王畿地区都能找到相近的形制，因此西周时期东方诸国的铜鬲为来自或仿自王畿等中原地区，且基本没有创新。这一情况在西周晚期有所改变，莒县西大庄出土的尖足铜鬲不见于中原地区，传世的西周晚期的郱伯鬲也是这一形制
簋	形制与中原地区基本一致，这种情况在春秋时期发生变化
豆	在器形上与中原地区同时期的铜豆基本相同，应是仿自中原地区
壶	在器形上与中原地区同时代的铜壶相同，应是仿自中原地区
角	大多数铜角的形制、演变与中原地区基本相同
卣	大多数铜卣的形制、演变与中原地区基本相同
方彝	其中的件形制与中原地区基本无异
觚	大多数与中原地区无甚差异
罍	大多数与中原地区无甚差异
盂	目前发现铜盂三件，其中两件与中原地区的盂形制相同，另一件不见于其他地区
铺	共发现两周铜铺 12 件，其中五件与中原地区铜铺形制相同，另外七件与常见的铜铺形制有一定差异，此铺兼有铜铺与铜豆的特征，不见于其他地区
盘	绝大多数铜盘的形制与王畿及其他地区所出铜盘相同，基本上是仿自中原地区，仅个别铜盘略有不同
匜	绝大多数与中原地区基本一致

其他器类如爵、觯、斝等青铜器的形制与王畿地区基本一致，可以看出明显的周文化风格。

总的来看，该地区出土的青铜器与西周王畿地区保持了很高的一致性，只有少数青铜器物较有特色。自西周晚期始，该地区的本土特色器物开始大量涌现，形成一种夷文化器物回潮现象。①

（二）纹饰

西周前期，在东部海岱地区青铜器纹饰中周文化因素占据绝对优势地

_____

① 毕经纬：《问道于器：海岱地区商周青铜器研究》，上海古籍出版社，2019 年，第 244 页。

位，仅有极少器物上发现有本地文化因素和其他地域文化因素。①但西周中期以后，东方诸国地方文化因素开始兴起，一度流行于东方诸国的具有周文化特征的兽面纹不再作为青铜器的主体纹饰出现，到西周晚期以后则逐渐开始消失。其原因可能在于西周后期东方诸国实力增强，而周王室在海岱地区却呈现收敛之势，加之该地区东夷文化的影响，故而在东方诸国的部分区域青铜器上出现了带有地方特色的纹饰。

（三）器类组合

西周时期器类组合与中原地区保持一致。在西周早期器类组合与王畿地区类似，都是以爵觚组合为主，在西周中晚期受周文化影响，逐渐形成鼎簋组合，到了西周晚期虽然出现了诸如匜形鼎等本地文化的青铜器类，但整体上还是与西周青铜文化风格一致。另外西周晚期在山东东南部地区出现鍑，且墓葬中多无簋，基本仿自中原地区。还需注意的是，西周晚期开始，在东方诸国中鼎簋组合在不少地区基本消失。

三、东方各国青铜器的分化因素分析

该地区国族众多，不仅有齐、鲁等与周室关系亲密的诸侯国，也有薛、邿等古国族，本部分拟参考相关学者的研究成果，对东方诸国的青铜文化进行类型学分析，揭示西周青铜文化对该区域青铜文化的影响。②

（一）东方诸国概况

鲁国为西周时期重要的姬姓封国，原为周公封地，后周公长子伯禽代父就封，西周时国都位于今山东曲阜一带。鲁国是西周初期往东方扩张的重要据点，其与齐国共同作为周人在东方的防线。目前鲁国出土的青铜器整体数量较少，与其在西周的政治地位颇不匹配。目前已公布的鲁国铜器约800件，其中青铜礼器142件，主要集中在西周晚期以后。

齐国为西周分封在东方的重要姜姓诸侯国，始封国君姜太公为西周克商的重要盟友，齐国也是西周王朝开拓东方的前沿据点。目前齐国境内出土的青铜器数量较多，种类也较为丰富。

莒国为东夷古国，西周初期"武王封少昊之子重之后兹于期于莒"（《姓氏考略》）。莒国虽是东方小国，但其在东夷部族中广有影响，为

---

① 如大辛庄M139鼎、前掌大M18：35爵上的兽面纹及夆莫父卣、过伯簋、崂山前古镇厂铜鼎上装饰的鸟纹可能属本地因素外，其余纹饰基本仿自中原地区。

② 东方诸国青铜器的详细类型学分析参见毕经纬：《问道于器：海岱地区商周青铜器研究》，上海古籍出版社，2019年，第288~301页。

"东夷之雄者也，为诸侯害不减于荆、吴"（《春秋本义》），后为楚所灭。

薛国，任姓，是自殷商就已存在的古国，西周初"周武王封任姓后裔畛，复于薛国，爵为侯"（《通志·氏族》）。其地望在今山东滕州官桥镇和张汪镇之间。

小邾国，或称郳，自邾国分出，西周晚期宣王封夷父颜之子肥于郳，是为小邾国。战国后期为楚所灭，其地望在今枣庄山亭区东江村一带。

郱国，为西周妘姓诸侯国。该国历史文献中记录较少，地望在今山东济南长清区一带。

夆国（族），也称逄国，原为"殷之诸侯"，被封于齐地。夆国在文献中记述较少，李学勤认为夆国在商武乙、文丁及周穆王时仍然存在。[1]地望在今山东临淄周村区王村镇东南一带。

滕国，西周姬姓诸侯国，周初武王封其弟叔绣于滕地。滕国与鲁国关系密切，其地望在今山东枣庄善国街道西。

纪国，姜姓，在金文中也被称为己国，为殷商时期的古国。与鲁国关系密切，其地望在今山东寿光。

杞国，在夏代即已存在的姒姓古国，殷商时期"汤封夏后于杞"，周初周王又封杞为公国。其始封地在今河南杞县，厉王后又迁至今山东新泰一带。

邾国，也被称为娄国、邹国，西周时期东方的曹姓子国，与鲁国关系较为密切，在今山东邹城境内，青铜器多出自今滕州境内。

（二）东方诸国青铜器对比分析

表 4-4　东方诸国青铜器对比

	形制	纹饰	器类组合	整体评价
鲁国	与王畿地区保持很高的一致性，仅少数有地域文化特色[2]	与王畿地区保持较高的一致性，仅少数具有地方特点[3]	与王畿地区基本一致，特色在于鬲的流行程度高于其他地区[4]	与王畿地区保持较高的一致性，但也体现了一定的地域文化特色

---

① 李学勤：《有逄伯陵与齐国》，《古文献论丛》，上海远东出版社，1996 年。

② 如鲁侯尊、直提梁套盒、卵形铜壶、裸人三足等。其中较有特色的是鲁侯尊，其形制未在王畿地区与其他诸侯国发现。

③ 如曲阜鲁国故城卵形壶盖，其状如蟠龙，器身纹饰由大三角纹、垂鳞纹及龙纹等组成。这种纹饰组合模式主要见于海岱地区国家，未在其他区域发现。

④ 从现有的考古发掘情况来看，每座铜容器墓都至少有蕾随葬，此外大部分铜容器墓没有鼎随葬，鼎簋制度确立的迹象不明显。

续表

	形制	纹饰	器类组合	整体评价
齐国	与王畿地区保持一致，未表现出明显的区域文化特色	与王畿地区保持一致，区域文化特色不明显	既有一致性也具有地方特色①	虽具有地方文化特征，但周文化因素占据主导地位
莒国	地方文化色彩较为浓厚，受周文化影响相对较小②	与中原地区基本一致，但也有少量有东夷文化特点	青铜器类型多在王畿地区可找到原型，整体上种类较少③	与王畿地区保持较高的一致性，但后期形成了一定的本土文化特色
薛国	多数与王畿地区保持一致，仅少数具有地域文化特征	多数与王畿地区保持一致④	与王畿地区基本一致	与王畿具有较高一致性，春秋时方形成自身文化特色
小邾国	与王畿地区保持一致，仅少量有地方文化色彩	多数与王畿地区一致，少数有地域文化特征⑤	中原地区的鼎簋制度未能在小邾国推行⑥	受周文化影响明显，在器类组合方面有地域文化特征
郗国	大多与王畿地区类似，但西周晚期部分青铜器具有一定的地方文化特色	多以王畿地区常见的窃曲纹为主，自身文化特色不明显	与王畿地区有一定的相似度，但鼎瑚组合较为特殊⑦	与王畿地区保持较高的一致性，但器类组合方面受到本地文化影响

---

① 如王畿地区形成的列鼎制度在齐国未能得到完整的贯彻。

② 如蹄足方鼎、尖足鬲等部分器物形制具有较强的地方特色，未见于王畿地区与其他诸侯国。

③ 王畿地区流行的诸如簋、瑚、豆等器物未在莒国发现。从器物组合上来看也没有出现鼎簋组合，可见鼎簋制度在该国未能得到推行。

④ 仅少数纹饰（如镂空鸟纹、人面纹等）有本地文化特色。

⑤ 以中原地区流行的窃曲纹及其变纹为主，但横鳞纹饰位于鼎盖立壁，这与王畿地区位于颈部或上腹的做法有较大区别。

⑥ 从目前小邾国出土的青铜器来看，以鼎簋组合的方式出现的尚未发现，而且其墓葬中的鼎大小相同，与王畿地区大小相次的排列也有不同。

⑦ 西周中期以后在中大型墓葬中可以看到鼎簋组合，但同时鼎敦组合也不时出现。需要注意的是瑚在郗国墓葬青铜器组合中出现的频率也较高，鼎瑚组合是郗国不同于其他诸侯国的特征。

续表

	形制	纹饰	器类组合	整体评价
夆国	与王畿地区大体一致，特殊器物较少①	基本与王畿地区相同，仅少量器物有特色	与王畿地区一致性较高②	整体上与王畿地区保持了较高的一致性
滕国	与王畿地区一致，少数器物有本地特色③	纹饰上与王畿地区保持一致	与王畿地区同时期的组合保持一致	与王畿地区一致性较高
纪国	与王畿地区大体一致，特殊器物较少④	多数与王畿地区一致，少数有地域文化特征⑤	目前青铜器数量较少，无法判断文化特征	在形制与纹饰方面与王畿地区一致性较高
杞国	形制上与王畿地区基本一致，少数有东夷特色⑥	与王畿地区一致，未发现有本土文化特色的纹饰	目前青铜器数量较少，尚不能判断其组合特色	在形制与纹饰方面与王畿地区一致性较高
邿国	与王畿地方保持一致，少数有东夷文化特色⑦	与王畿地区同期铜器纹饰一致	目前出土青铜器数量较少，尚不能判断其组合特点	在形制与纹饰方面与王畿地区一致性较高

　　整体而言，东方诸国青铜器在西周晚期以前除了少数国族（齐国、小邾国、邿国）外，多数与王畿地区在形制、纹饰与器类组合方面相似度较高，或为对周文化青铜器的模仿。自西周晚期开始，该地区青铜器本地文化特征逐渐显现，在青铜器类、纹饰等方面出现了一些不同于王畿地区的

---

① 只有卷鼻象足方鼎等少量器物有本地文化特色。
② 目前出土的夆国青铜器类型在王畿地区都有发现，器类组合上食器占有较重要的地位，大型墓酒器也有较大比重。
③ 如滕州市姜屯镇庄里西村1990年出土的浅腹盘受当地文化影响，为其他区域所未见。
④ 除山东烟台出土的平底青铜壶具有本地文化特色外，其余大体与王畿地区同期铜器保持一致。
⑤ 如烟台出土的平底青铜壶纹饰具有较强的地方文化色彩。
⑥ 仅发现两件豆形簋与杞伯偶鬲有本地东夷文化特色。
⑦ 如青铜鬲受东夷文化影响显著。

变化。但综合而论，东方诸国青铜器中的周文化因素仍占据优势地位，其特性只是相较于西周早中期而言。可见，周文化的青铜器对于东方的影响是显著而深刻的。

第三节　西周青铜文化在北方诸国的传播

西周时期其"北土"主要包括汾河谷地、太行山东麓、太行山西麓等区域。本节按区域逐一进行青铜器的对比分析。

一、汾河谷地区域诸侯国青铜器的周文化因素分析

西周时期的汾河谷地为中原通往北方诸国族的必经信道，战略位置极其重要，其"左右武王，□□百蛮，广治四方，至于大廷，莫不事王"（晋公盆，《集成》10342），是华夏农耕文明的屏障与防卫北方族群的重要节点。该地部落众多，既有夏商移民，又有戎狄部落聚居，社会经济、文化水平发展极不均衡。为加强对该区域的控制，西周王朝在平定三监之乱后灭古唐国，并将唐叔"命以《唐诰》，而封于夏虚"（《左传·定公四年》），以扼守北方部族南进的通道，使这一地区成为周室在北方的屏障。据《左传·僖公二十四年》载，周王室在汾河谷地除分封唐（晋）国外，还分封了如霍、雍、郇等国，加强周王朝在此地的经略。下面对出土青铜器数量与族属明确的晋国、倗国、霸国以及杨国等诸侯国进行研究，分析周文化青铜器在这一区域的传播与影响。

晋国为西周在北方分封的重要姬姓侯国。西周初建后封唐叔于唐地，其地在"河、汾之东，方百里"，唐叔之子燮即位后称晋侯。（《史记·晋世家》）晋国都城曾有数次迁徙，其始封地在今山西翼城，后又迁今山西闻喜，最后迁至今山西翼城。晋国的周文化青铜器主要集中于晋南和晋东南地区，除挖掘较早的洪洞与闻喜外，曲沃曲村—天马遗址、绛县横水墓地和翼城县大河口墓地也出土了大量青铜器，这为晋国青铜器的类型化研究提供了充足的分析样本。

倗国为西周的异姓封国，未见于先秦史籍，直到2004年山西绛县横水西周墓发掘才还原了倗国的部分史实。根据现有的金文资料，可能与怀姓九宗有关[①]，李学勤认为倗国就是文献中记载的地在虞、苗之间的郇

[①]　韩炳华：《倗国及其相关问题》，《中国文物报》2006年1月30日。

国，并推测媿姓的倗国就是《国语·郑语》记载的"当成周者……西有虞、虢、晋、隗、霍、杨、魏、芮"中的隗国。① 马保春十分赞成李说，认为倗国的历史可以上溯到商代晚期，其地理位置在虞、芮两国之间，即今山西绛县一带。② 倗国在西周晚期被晋国所灭。③

霸国与倗国类似，也未见于先秦文献，发现于山西临汾翼城县大河口西周墓地。其紧邻晋国，与晋国关系紧密，可能属于媿姓族群，后为晋国所吞并。

杨国最初为姞姓国，据四十二年逨鼎铭文载"余建长父侯于杨"，可知宣王时期改封为姬姓封国。《国语·郑语》记述"当成周者……西有虞、虢、晋、隗、霍、杨、魏、芮"，韦昭注："八国，姬姓也。"徐元诰《集解》："杨，今山西洪洞县东南有杨城。"又据《左传·襄公二十九年》记载："虞、虢、焦、滑、霍、杨、韩、魏，皆姬姓也。"姬姓杨国后为晋所灭，其地望在今山西洪洞。

---

① 李学勤：《绛县横北村大墓与倗国》，《中国文物报》2005 年 12 月 30 日。

② 马保春：《山西绛县横水西周倗国大墓的相关历史地理问题》，《考古与文物》2007 年第 6 期。

③ 田建文等：《横水墓地的发现与晋文化研究》，《中国文物报》2005 年 12 月 16 日。

表4-5　汾河谷地诸侯国青铜器特征

	形制	纹饰	器类组合	整体评价
晋国	与王畿地区器型基本一致，差别不明显①	前期以周文化特征为主，后期开始出现地方文化特征②	与王畿地区相比既体现了一致性，又表现出了一定的差异性③	体现了北方戎狄文化与本土地方文化等诸多文化要素④

---

① 晋国出土的青铜器中鼎、簋、鬲多数与王畿地区形制相同，仅有极少数量略有差异；其余铺、簠、觯、罍、盆、盘、匜也与王畿地区的器型相近，差别不明显。此外，晋国青铜器类出现的时间也与王畿地区基本接近。

② 晋国青铜器以龙纹、重环纹、窃曲纹、弦纹等王畿地区常见青铜器纹饰为主，在西周前期青铜器中还可见兽面纹，西周中后期以后逐渐减少，直到西周晚期被龙纹、窃曲纹等纹饰取代。整体上来看，在西周早中期，晋国的青铜器纹饰与王畿地区保持了较高的一致性，但从西周晚期开始，带有地方文化特色的穿山甲纹、短线纹及箭镞纹等青铜器纹饰开始出现，并在西周晚期、春秋前期开始逐渐形成自身特色。此外，西周青铜器中素面器也占有一定比重，这也有异于王畿地区与邻近王畿的应、虢等诸侯国。

③ 晋国墓葬中酒器的使用时间较长，从西周早期延续到两周之际，盛行于西周中期。西周早期，觯卣出现的频率最高；西周中期，单个器类中爵、觯、尊出现的频率最高。两种器类组合中，出现频率最高的是爵尊、尊卣；三种器类组合中，出现频率最高的是觯尊卣。西周晚期，单个器类出现频率最高的是壶；两种器类组合中，出现频率最高的是爵尊、爵壶和尊壶。两周之际，都随葬爵觯壶壶尊。晋国墓地西周中晚期的墓葬仍随葬较多的酒器，表明殷商礼制在晋国高层贵族等级中仍有较大影响，显示出晋国诸侯保守落后的一面。参见张懋镕：《晋侯墓地文化解读二题》，《晋侯墓出土青铜器国际学术研讨会论文集》，上海书画出版社，2002年，第146页。

④ 晋国青铜器在形制、纹饰方面与王畿地区保持了较高的一致性，特殊器所占比重较低，只是在器类组合方面颇为特殊，如酒器在王畿地区西周中期以后逐渐减少甚至消失，但晋国墓葬中尊、卣、觯酒类青铜器一直延续到西周晚期。由于晋国所在区域部族较多，文化构成也具有多元化的特征，这也在晋国青铜器的特征中有所反映。从晋国墓葬出土的特殊器来看，其中包含了北方戎狄文化与本土地方文化等诸多文化要素，这也是晋国区别于邻近王畿的如应、虢等国的不同之处。但其中来源于周文化传统的因素仍是晋国青铜器的突出特征，这一点是毫无疑问的。其原因在于，晋国虽然周边族群状况复杂，但毕竟中心地区与西周王畿相距不远，两地之间的交流更加方便、快捷，所以受周王室文化的影响更广泛，因此，其青铜器中周文化的因素最为显著。

续表

	形制	纹饰	器类组合	整体评价
佣国	与王畿地区相似度高，但也有戎狄文化与本土地方文化的因素①	多可从王畿地区找到原型，仅少数具有地方文化特色②	与王畿地区保持较高的一致性，鼎簋固定搭配的形成时间早于其他诸侯国③	区域文化特征较为明显④，但整体上仍然是周文化因素占据主导地位⑤

---

① 具体来说，佣国鼎簋与王畿地区基本相同（仅两件簋具有地方特色）；尊的形制与王畿地区基本相同，仅个别具有地方特色，哲学特殊器主要以动物形尊较特殊，貘的造型不见于王畿地区，时代为西周早期之际；铜盆发现两件，形制与王畿地区不同。其他器类如甗、鬲、爵、觚、方彝、觥、壶、盨等都与王畿地区相同，尤其是劲尔三器，形制与1963年在陕西周原齐家村东发现的日己三器几乎完全相同。总体来看，目前出土的佣国青铜器的形制与王畿地区相似度很高，75%的青铜器的类型与形制与王畿地区相同，但与晋国类似，也有北方戎狄文化与本土地方文化的因素，其中周文化因素占据绝对主导地位。

② 从目前出土的佣国青铜器的纹饰来看，其纹饰多为弦纹、瓦棱纹等几何纹，以及夔龙纹、凤鸟纹与兽面纹，部分青铜器上有乳钉纹、火龙纹，还有少量的素面器，少数具有地方文化特色。如M2058弦纹簋腹部四组双斜弦纹，未见于其他地区；与凤鸟纹尊同时期的器物上，不带扉棱的觯形尊少见。此外佣国立雕装饰较有特色，如M1盉上有立鸟钮、佣季鸟形尊、貘尊等。参见刘树满：《西周时期黄河中下游诸侯国青铜容器整理与研究》，陕西师范大学2019年博士学位论文，第258页。

③ 西周早期佣国墓葬中出土的青铜器数量较少。西周中期以后佣国青铜器中各类青铜器的数目与类型才趋于丰富，青铜器类组合以鼎簋等食器为中心，水器多以盘盉组合的形式出现，酒器多在西周中期墓葬中，约占随葬酒器组合墓葬的86%，西周晚期仅见于M1013，西周早期未见。总体而言，佣国墓葬中青铜器类组合与王畿地区具有较高的一致性，如食器组合发达，西周晚期以后酒器组合比重降低等，如M2165的四鼎四簋、M1006的三鼎四簋、M2的三鼎一簋等。参见马保春：《山西绛县横水西周棚国大墓的相关历史地理问题》，《考古与文物》2007年第6期。

④ 如器物组合中出现了八鼎二簋、五鼎五簋以及四鼎八簋的形式，不见于其他诸侯国。

⑤ 其原因在于，佣国距离西周王畿不远，彼此经济文化往来密切，处于周文化的辐射范围之中，因此其青铜器在形制、纹饰与器类组合方面受周文化影响也就不足为奇了。

续表

	形制	纹饰	器类组合	整体评价
霸国	形制和演变特征与王畿地区基本相同或相近，部分有戎狄文化的因素①	与王畿地区保有很高的相似度，少数较为特殊②	鼎簋组合与王畿地区具有一致性，但酒器较为常见，带有一定的殷商文化残余③	整体上以周文化因素为主导，同时也保留了其他文化要素
杨国	与王畿地区保持了高度的一致性	与王畿地区保持了高度的一致性	与王畿地区保持了高度的一致性	目前出土的数量不多，整体上周文化因素显著

　　西周时期汾河谷地的各诸侯国的青铜器无论在形制、纹饰、器类组合方面，还是在青铜器的总体演变趋势上，都与王畿地区呈现出了较高的一致性，尽管诸国在程度上有所差异，有些封国出现了一定的地域文化或北方草原文化的特征，但在整体文化因素上却无一例外是以周文化风格的青铜器为主导，这也显示了在这一区域西周王朝的青铜文化传播实践取得了良好的成效。

二、太行山西麓诸侯国青铜器的周文化因素分析

　　太行山西麓地处山西高原之东，其范围北至恒山、五台山，南抵王屋山，东面以太行山为界，西界大致在忻州盆地西缘（吕梁山北端）、系舟山、太岳山、王屋山一线。太行山西麓族群复杂，戎狄部落杂居其间，并不时进犯关中地区，对西周政权形成了极大的威胁。为防范来自北方的威胁，西周王朝分封了原国（今山西沁水境内）、黎国（今山西长治境内）加强对于太行山西麓的经略，以屏障周人北方的疆域。

----

① 多数青铜礼器形制与王畿地区基本相同或相近，仅少数较为特殊，如鸟形盉、单耳罐等青铜器具有地方特色，然而自西周青铜器演化而来的特点仍是有据可考。值得注意的是，霸国出土的不少器物（如三角援戈、带铃剑）有北方戎狄文化的因素。

② 大河口墓地出土的青铜器素面铜器所占的比重较大，其余纹饰多为西周同时期常见的纹饰，如有兽面纹、夔龙纹、凤鸟纹、弦纹等，但也有少数青铜器纹饰较为特殊，如铜罐上出现的竖线纹，似有北方戎狄文化特征。

③ 只是其鼎簋搭配数量未形成固定模式，并不难据此判断其确立了鼎簋制度。与王畿地区不同的是，霸国墓地出土的青铜器中酒器较为常见，而且类型多样，以爵觯与尊卣组合为主，可见其仍带有一定的殷商文化残余。

根据《国语·郑语》的记载，太行山西麓的国族还有"潞、洛、泉、徐、蒲"等，其属"赤狄，隗姓也"。这一区域整体上出土青铜器数量较少，难以完整反映多数国族青铜文化的概貌，因此根据目前出土青铜器的实际情况，这里仅对黎国青铜器进行类型学分析。

黎国原为殷商古国，在《尚书》中被称为"耆"。武王戡黎之后，"封帝尧之后于黎"（《吕氏春秋·慎大》），为西周在北方防御戎狄、慑服殷遗民的重要姬姓封国。① 山西黎城西关墓地出土的青铜器表明黎国在西周封建诸侯中具有较高的地位。据《说文解字》，其地望在"上党东北"（今山西黎城）。

黎国青铜器从西周早期便已出现，延续至西周晚期。② 形制上，多数与王畿地区一致，仅少数稍异。③ 纹饰上，多为王畿地区流行样式。④ 器类组合方面，与王畿地区基本相同。无论形制、纹饰都与同时期王畿地区的青铜器近同，表明了太行山西翼地区青铜文化与王畿地区保持着高度的一致性。

整体而言，由于太行山西麓出土的青铜器数量较为稀少，这使得研究该区域青铜器的整体文化特征存在较大的困难。从青铜器的形制、纹饰与器类组合来看，黎国与王畿地区表现出高度的一致性，其本土文化因素几可忽略不计。这或是因为太行山西麓战略地位突出，西周自武王时即已开始对这一区域的经营。作为姬姓封国，黎国自然成为西周王朝在该区域强化控制、扩张势力的重要阵地，二者青铜器的文化特征趋同便是其政治、文化交往密切的曲折反映。

三、太行山东麓诸侯国青铜器的周文化因素分析

太行山东麓地区范围主要在太行山以东、古黄河（西周时期）以西，

---

① 《尚书》中有《西伯戡黎》篇，传世文献中也一直将戡黎归之于文王之功，但清华简《耆夜》中有不同的记载。其文第一句谓"武王八年，征伐耆，大戡之"，此处"耆"即为黎国。结合文武之际殷周的实力对比，武王戡黎更加符合史实。

② 张懋镕指出："无论在形制、纹饰、铭文字形书体方面，与周王室铜器并无二致。"参见张懋镕：《新见西周金文丛考》，朱凤瀚主编：《新出金文与两周历史》，上海古籍出版社，2011年，第29~32页。

③ 西关墓地出土的黎国青铜器包括鼎、簋、鬲、盨、壶、尊、盉等，除四件青铜簋中有一件方形簋盖和楷仲簋稍异外，其余形制与王畿地区都保持一致性。

④ 从目前黎城西关墓地出土的黎国青铜器的纹饰来看，其整体风格简约，以重环纹、瓦棱纹最为常见，另在少数青铜器上发现有环带纹、窃曲纹等纹饰，都是西周王畿地区流行的纹饰类型。

为呈南北走向的狭长地带，其北至燕山，南抵黄河。①这一区域包括燕、邢、卫等国，属于西周王朝重点控制的地区，从青铜文化的传播来说，该地虽然是西周青铜文化的核心覆盖区域，但由于北方少数民族部族错居其间，因此北方草原文化与周文化的碰撞与融合也成为太行山东麓青铜器的文化特色之一。

卫国为周初分封的姬姓诸侯国，周公平定三监之乱后封康叔于卫，成为西周屏障周邦、治理殷移民的重要支柱。西周时都于朝歌（今河南鹤壁），辖地大致为今河南北部。

邢国始封于成王，金文中也被写作"井"，其首任国君为周公四子姬苴，为西周初期分封屏障周邦的重要姬姓诸侯国。传世文献中对邢国记载较少，关于邢国地望也有争议②，多数学者倾向于认为其在今河北邢台。根据西周金文可知，邢国是西周时期一直活跃于政治舞台的重要诸侯国，春秋时期为卫国所灭。目前传世及邢台出土的邢国西周铜器虽然数量较少，但横跨整个西周时代，从周初延续至两周之际，从目前资料看，邢国青铜器以西周早期为主，个别器物或进入西周中期前段。

燕（金文中也写作"匽"）国为西周王朝分封的屏障周邦、防御戎狄进犯的重要姬姓封国。传世文献中关于燕国的历史主要集中在春秋以后，西周时期则少有记载。其首任国君召公姬奭为周文王庶长子，"自召公已下九世至惠侯"（《史记·燕召公世家》）。西周燕国青铜器主要出土于 20 世纪 60 年代发现的北京琉璃河燕国墓地，这也使得对燕国青铜器的文化因素分析有据可依。

---

① 太行山东麓地区作为文化区域概念最早由段宏振提出，他指出其为"太行山脉以东，北起永定河，南至黄河北岸的山前狭长的低山丘陵和平原地区"。随后，段宏振、张翠莲两人对其范围，尤其是对南界作了明确的界定，"西依太行山，东临古黄河，北起北京潮白河，南至河南省北部卫河上游的南北狭长的海河平原地区"。"北据燕山，南望嵩山，自成一个相对独立的地理单元。我们认为，太行山东麓的范围东、西、北界基本可以明确，但南界的范围值得商榷。无论从地形地貌的特点，还是西周政治文化的结构关系，其南界应以古黄河为界，包括焦作、新乡、鹤壁、安阳市在内的豫北地区。"参见段宏振：《太行山东麓地区新石器时代早期文化的新认识》，《文物春秋》1992 年第 3 期；段宏振、张翠莲：《试论太行山东麓地区的西周文化》，《环渤海考古国际学术讨论会论文集》，知识出版社，1996 年，第 217～233 页；张渭莲、段宏振：《中原与北方之间的文化走廊——太行山东麓地区先秦文化的演变格局》，文物出版社，2015 年，第 2～10 页。

② 许慎以为邢国"地近河内怀"，即今河南温县；而班固、杜预等却认为在"广平襄国县"即今河北邢台。

表 4-6 太行山东麓诸侯国青铜器特征

	形制	纹饰	器类组合	整体评价
卫国	多数与王畿地区保持一致①	纹饰种类与样式多见于王畿地区	以食器为中心,酒器组合也占有重要地位②	与王畿地区同类器相似度较高,特殊器占比较小
邢国	与王畿地区一致性较高③	与王畿地区类似④	酒器比重高,受商人墓葬习俗影响明显⑤	周文化风格明显,但器类组合方面体现了商文化特征
燕国	多数与王畿地区保持一致⑥	商文化影响较深⑦	与同时期王畿地区同等级墓葬基本一致⑧	呈现多元化特征,但以周文化因素为主

---

① 目前发现的卫国青铜器,包括鼎、簋、鬲、甗、豆、盂、爵、觶、觥、卣、壶、斗,其形制与王畿地区相同。仅盨形制与王畿地区稍异。但另一方面,邢国对传统器型有所创新,如麦方鼎、臣谏簋(或邢侯簋)等,早于或不见于同时期王畿地区。

② 从随葬器物组合看,卫国西周墓葬形成了以鼎、簋、鬲等食器为中心的器类组合模式,爵、觶、尊等酒器组合也占有重要地位,但水器不发达,发现较少。

③ 爵、觶、尊、卣、方彝、壶、盂与王畿地区相同,鼎多数形制与王畿地区基本相同,仅个别较特殊,其中西周早期的麦方鼎兽腿足较罕见;簋形制与王畿地区基本相同,仅成康时期的邢公簋、臣谏簋较有特色;甗,共三件(形制不明者一件),形制与王畿地区基本相同,但西周铜砖甗裆部较宽,粗柱足跟外撇,制作较粗糙,不见于王畿地区。

④ 主要以兽面纹、鸟纹、夔纹、瓦棱纹以及弦纹为主,另有数量较多的素面器。

⑤ 邢国墓地出土资料大部分尚未公布,目前仅元氏西张墓和南小汪 M28 两座墓葬的材料可供分析。就目前来看,两座墓葬的墓主人级别不高,应是士一级的贵族。食器都有鼎,与西周时期随葬形式相同,但酒器数量较多,保留有一定的殷商文化色彩。

⑥ 甗、觶、瓿、罍、盘、盉、匜等器物的形制和演变与王畿地区基本相同或相近。其他如鼎,多数形制与王畿地区基本相同,仅四件存少许差异;簋的形制多数与王畿地区基本相同,仅两件略有差异;鬲多数形制与王畿地区基本相同,仅西周早期的伯矩鬲不见于王畿地区;尊的形制多数与王畿地区基本相同,仅两件略有差异;卣的形制多数与王畿地区相同,仅西周早期的太保卣不见于王畿地区;卣的形制多数与王畿地区相同,仅西周中期伯矩壶稍异。只有盂差异较大,仅土匮侯盂与王畿地区相同,其余两件西周早期盂不见于王畿地区。

⑦ 燕国青铜器使用的纹饰种类较多,其中以兽面纹的使用频率最高,装饰于器腹、颈部、口沿以及足部,其次是夔纹、弦纹。可见燕国受商文化影响较深,较多地保留了商文化传统,如普遍使用商代晚期延续的兽面纹、夔纹、云雷纹等。

⑧ 西周燕国随葬青铜礼器以食器为主,鼎是基本因素,鼎甗出现的频率稍高于鼎簋,青铜甗在燕国具有特殊意义;酒器中,以爵觶出现的次数最多,水器主要随葬于高等级墓葬中。

　　从文化因素分析，这一区域诸侯国的青铜文化呈现出多元化的特征，周文化、殷商文化与北方草原文化都在青铜器的形制、纹饰与器类组合方面有所体现。但总的来说，虽然该区域青铜器中多元文化因素的比例稍高于其他地区，但仍以周文化因素为主体，其在以西周文化为宗的同时也有文化创新，在吸收殷商文化与北方草原文化因素的基础上融合一定的本土文化特色。其原因在于太行山东麓是连接中原与北方民族的重要通道，在地理上与西周王畿相距较远，且戎狄部族错杂而居，这也造成了其青铜器发展的进程中周文化的辐射相对减弱，这可能是其最早开始出现融合型铜器的原因之一。

四、晋陕高原地区西周青铜器的周文化因素分析

　　晋陕高原地理范围大体包括今陕北、晋中北、河北西北部、内蒙古中南部地区。因该地区出土的不少青铜器国（族）别难以确定，所以从整体概貌上将之与西周王畿地区进行对比。

（一）晋陕高原地区青铜器形制分析

　　在西周前期，晋陕高原地区出土的青铜器的形制与西周王畿地区基本一致，少有体现区域文化特色的青铜器形制出现，周文化因素居于绝对主导地位；到了西周后期，在北方文化因素的影响下，晋陕高原地区的青铜器的文化因素呈现出多元化的风格，一方面其中多数青铜器继续保持中原地区青铜器的形制特点，另一方面，诸如六联豆、单耳盘等融合周文化特征与北方青铜文化特征的青铜器开始出现。但整体来说，周文化因素的器形仍然占据优势地位，但带有本土文化特征的青铜器数量开始增多。

（二）晋陕高原地区青铜器纹饰分析

　　相较于晋陕高原青铜器在后期出现的区域文化特征，其青铜器纹饰体现的文化因素则较为单一。该地区出土的青铜器纹饰与同时期王畿、中原地区大体一致，晋陕高原的青铜纹饰多数可在中原地区找到原型。

（三）晋陕高原地区青铜器器类组合分析

　　西周前期该地区墓葬中随葬的中原系青铜礼器在器类组合方面表现出了较高的统一性，主要是以鼎簋搭配的食器组合为中心，酒器、水器在墓葬中也是常见的组合形式。但在食器组合方面鼎与簋的搭配还未表现出制度化、规范化的特征，就现有的墓葬青铜器的组合来看，很难判断西周的列鼎制度在该地区已经形成并普遍遵守。从西周后期晚段开始，大型墓葬中器类组合一方面继续沿用西周王畿地区的食器、酒器、水器的组合模式，另一方面也表现出了与周文化因素不同的特征，地域文化的影响也较

为明显。

整体上,晋陕高原地区青铜礼器在形制、纹饰与组合方面与西周文化既保持了较高的同步性,同时又具有地方色彩。而周文化风格青铜器出土的墓葬分布也反映出西周王朝与晋陕高原少数民族部族之间的文化传播路径,其基本方向是自西往东逐渐推进,而且时有反复。这种传播势能强弱与西周时期中原王朝、各诸侯国以及北方各部族势力在不同时期的消长密切相关。

五、陇东地区西周青铜器

本书所说的陇东地区是指广义上的甘肃东部地区,大体包括渭河及泾河的上游地区,相当于关中地区的西部和西北部地区,位于六盘山及其余脉陇山的东西两侧,西南界在陇山鸟鼠山,东至大散关,东北达子午岭,以六盘山为界,大致可分为泾河上游和渭河上游两区。① 其中泾河上游地区被认为是周代王畿从渭河谷地向西北高地的一个自然延伸,至晚在西周早期,泾河上游地区已经被纳入王室行政管理的地域之内,并且与渭河谷地的王畿地区结为一体。② 而渭河上游地区情形却异于泾河上游,该地华夏族与戎狄部落交错而居,对于西周王朝的治乱关系重大,尽管该区域确曾受到周文化的影响,而且西周军队或移民也间或到达这个地区,但因这两个地区的地理环境复杂,周王朝并没有在这里形成持久的控制。结合传世文献与出土资料,该地区可能存在阮、共、密、申、彭、卢等国(族)。其中共的地望在今泾川共池附近;密须国的地望虽具体地点有争论,但在灵台无疑;申为西申,地望在陇东一带,李峰认为可能位于今平凉地区;③ 卢据《史记集解》引孔安国曰:"八国皆蛮夷戎……卢、彭在西北。"曹定云认为径河上游的平凉市为卢的活动中心。④ 该地区的青铜器年代主要为西周早期,西周中期前段和晚期前段也有部分出土,但西周中期后段的青铜器则较为罕见。由于出土材料的有限性,陇东地区发现的西

---

① 刘树满:《西周时期黄河中下游诸侯国青铜容器整理与研究》,陕西师范大学 2019 年博士学位论文,第 287 页。

② 〔美〕李峰:《西周的灭亡——中国早期国家的地理和政治危机》,徐峰译,上海古籍出版社,2007 年,第 68 页。

③ 〔美〕李峰:《西周的灭亡——中国早期国家的地理和政治危机》,徐峰译,上海古籍出版社,2007 年,第 258~260 页。

④ 曹定云:《殷代的"卢方"——从殷墟"妇好"墓玉戈铭文论及灵台白草坡"潶白"墓》,《社会科学战线》1982 年第 2 期。

周遗存的族属大多数无法判断，除白草坡 Ml、M2 可确定为㳕伯、溪伯墓外，其余墓主人的族属尚不明朗。鉴于此，本部分将以区域为单位，对陇东地区出土的西周青铜器进行分析。

（一）形制

该地区出土的青铜礼器数量不多，但种类较全，包括鼎、簋、甗、爵、觯、斝、觚、尊、斗等，其年代主要为西周早期，下限不晚于宣王世。其中鼎、簋的形制特征与商代晚期同类器有较多相似之处，演变趋势与王畿地区相同，卣形制较特殊，但其渊源尚不清晰，其余青铜器形制与王畿地区几近相同。

（二）纹饰

陇东地区西周青铜器装饰的纹饰种类较多，但主要以兽面纹、夔纹、弦纹为主，装饰于器物的颈、腹以及圈足等位置，纹饰的形制与同时期王畿地区近同，个别青铜器如宇村 M1：1 中生父禹纹饰较为特殊，不见于其他地区。

（三）器类组合

该地区随葬青铜礼器以炊食器为主，酒器次之，水器较少，个别墓葬青铜兵器数量庞大。随葬的食器以鼎簋为基本组合形式，未见王畿及其他地区流行的青铜盘。此外，于家湾墓地青铜盆的受重视程度高于传统意义上的鼎、簋等食器，与王畿地区周人墓葬稍异，类似情况似不见于其他地区。

整体上来看，陇东地区的青铜器从形制、纹饰、器物组合及器形演变等方面虽然较之其他地区具有一定的特色，但整体上与王畿地区仍然保持了较高的一致性，这与西周中期后重点经略的政治背景有关。

之所以在西周不同阶段周文化因素在陇东地区青铜器中的反映程度不一，并时有反复，这与周代在西北地区的势力消长有关。陇东地区是西周王朝在西方的重要屏障，其中泾河上游地区西周早期便已被周人完全控制，这是周文化在该地区传播的权力基础。而陇东的渭河上游地区则一直是华夏族与北方少数民族势力角逐的重要战场。在殷商之时，犬戎与猃狁一直活跃于该地区，成为中原王朝的重要威胁。武王克商后，密、阮、共等方国或灭，或归顺于周，此时周人实力占据明显优势。到周公东征、平定叛乱以后，周王朝经营的重点转向东方，犬戎、猃狁等西北少数民族与周人保持着时战时和的关系。从穆王征犬戎开始，到共王灭密，西周王朝西部边境便一直处于不稳定状态。这种政治实力的对比也体现在了西周青铜文化的传播效能方面。

然而仍要注意的是，即使是在西周早期由于周人对陇东地区的刻意经略使得周文化因素的青铜器在该地区占据主导地位，但该地区的地方文化特色仍然在其青铜器风格上有所体现，并一直贯穿整个西周时期，长期与周文化共存。[①] 综上，西周北方诸国青铜器在整体文化风格上与西周王畿地区保持一致的同时，又在形制、纹饰方面显现出一定的地方特色。这种特殊性的原因在于西周早期周文化青铜器风格尚未形成，北方诸国的青铜器主要是承袭殷商青铜文化，包括王畿地区的青铜器也有较为浓厚的商文化因素。在西周中期周文化青铜器风格形成之后，北方诸国的青铜器在形制、纹饰与组合方面明显受到周文化影响，其程度与各国与周室的亲缘远近与地理距离有关。具体而言，倗、霸等国与周室关系密切，因此青铜器在形制、纹饰与组合方面与王畿地区相似度更高。到了西周晚期，周文化对北方诸国的影响进一步加深。随着晋、燕实力的上升，在这些国家也出现了一些不见于王畿的特殊青铜器类，但整体上来看周文化的优势地位却是毋庸置疑的。

第四节　西周青铜文化在南方诸国的传播

西周时期"南土"主要包括吴越地区、汉水流域的一些诸侯国。西周时期周王室对南方的控制力整体上要弱于东方与北方，虽然西周在东方统治渐趋巩固之后也刻意加强对长江流域的经略，有时也取得一定成效，但南方诸国与西周王朝的关系并不稳固。然而也要看到，周文化作为当时最为先进的文化形态，依然对处于长江、汉江流域的南方诸国产生了广泛而长期的影响，这从长江流域各地出土的青铜器可见一斑。

一、吴越地区青铜器的文化因素分析

吴国为西周姬姓封国，孔颖达疏《左传·宣公八年》"盟吴、越而还"谓"武王克殷而因封其曾孙周章于吴，为吴子"。吴为周室在南方的重要封国，也是西周控制南方诸国的重要据点，长江下游一段也成为西周在东南方向势力所及的边界。吴国在鲁哀公二十二年为越所灭，其地望在今江苏无锡东南。

---

① 刘树满：《西周时期黄河中下游诸侯国青铜容器整理与研究》，陕西师范大学 2019 年博士学位论文，第 271 页。

　　越为西周姒姓国。据孔颖达疏《左传·宣公八年》云越"封于会稽"，其"滨在南海，不与中国通"，后为楚所灭。其地望在今浙江绍兴。

　　本书所谓的"吴越地区"，指的是两周之际吴越两国所治下的区域，范围包括今安徽南部、江苏南部、江西东北部、浙江全境、上海和福建北部在内的广大地区。

（一）形制

表 4-7　吴越与王畿地区青铜器形制对比[①]

器类	与王畿形制对比分析
簋	有斜腹、直腹、垂腹、鼓腹、浅腹簋五种。已发现直腹簋四件，其中除宜侯夨簋非本地铸器外，其他为仿自王畿地区；垂腹簋除大港母子墩簋非本地铸器外，其他传自中原地区
甗	虽然与中原同类器形略有差异，但仿制的痕迹明显
盉	垂腹三足形盉仿自西周早期同类器
尊	吴越地区出土的尊数量较大，形制多。其中圆鼓腹尊仿自中原同类器，扁鼓腹尊纹饰方面有浓厚的本土文化特色，但从形制来看系圆鼓腹尊发展而来。垂腹尊、鸟兽形尊形制、纹饰与西周早中期中原地区类似，只是在吴越地区延续时间更长
卣	鼓腹圆卣形制、纹饰具有西周早中期特色
壶	在形制、装饰方面周文化色彩浓厚，但也保留了一定的本地文化特色
盘	形制与中原地区周初同类器相似
鉴	形制与中原地区青铜鉴相似，其源头当来自中原地区

　　吴越地区的青铜鼎需要特别注意，其在吴越地区出土的数量大，且形制多，种类繁杂。根据鼎腹的形态大致可分为盆形鼎、球腹鼎、方鼎等，还有一种带有较强的吴越地方文化特色的越式鼎。从越式鼎的形制上既可看到中原文化的因素，又带有强烈的地方文化色彩。

　　吴越地区出土的盆形鼎当是仿自中原地区，将江苏仪征出土的盆形鼎与西周早期的宪鼎与攸鼎对比，可以看到二者形制相似程度很高。类似的情况还有江苏六合程桥二号墓出土的青铜鼎，其与山西临猗程村墓地M0020 号墓出土的青铜鼎形制也颇为类似，二者之间的渊源关系比较明

---

　　① 关于吴越地区青铜器详细的类型学分析参见郎剑锋：《吴越地区出土商周青铜器研究》，山东大学 2012 年博士学位论文，第 73~94 页。

显。吴越地区的球腹鼎也在中原地区可以找到原型，具有鲜明的西周中期周文化特征。

吴越地区青铜方鼎是西周早中期中原地区常见的青铜器形制，多见于高等级贵族墓葬中。从形制上来看，其与西周早期流行于王畿地区的方鼎非常类似，只是在鼎的长宽等方面略有出入，而且这种鼎在吴越地区一直沿用到春秋之际。

（二）纹饰

吴越地区青铜器纹饰具有较为显著的地方文化特色，但周文化因素依然在一定程度上有所保留。以鼎为例，吴越地区的盆形鼎装饰纹样，如双弦纹、顾首龙纹等都是中原西周早中期常见的纹样。尊在纹饰上也可以看到周文化因素，如屯溪M3所出西周中期的四足兽形尊，其上纹饰常见于同时期其他铜器中；屯溪M1：90发现的两件西周早期的觚形尊，腹部饰独立兽面纹，两侧有倒立夔纹，这在西周王畿地区常见到。再看卣，屯溪M3出土的两件垂腹卣，宁乡回龙铺出土的一件西周早期圆鼓腹卣，盖饰夔纹和云雷纹，都是王畿地区常见类型。还有匜，在丹徒大港磨盘墩出土的一件西周后期铜匜，腹饰S形顾首夔龙纹，也常见于王畿地区。

整体上来看，在西周前期，吴越地区青铜器纹饰除受中原文化的影响之外（如云雷纹、窃曲纹），还带有区域文化的特色，如几何纹中的棘刺纹、交连纹，动物纹中的蟠螭纹、蛙纹的出现都要早于中原地区。到了西周晚期，重环纹、交连纹在青铜器上逐渐流行，而龙纹、鸟纹等早期流行的纹饰逐渐消失，这表明吴越地区在吸收周文化的基础上逐渐形成自身青铜文化特色。

（三）器类组合

从安徽黄山屯溪地区出土的铜器来看，其主体器物组合鼎、簋、盉、盘与中原诸国类似，但不同的是剑、矛等青铜武器数量较多。类似情况也出现在其他区域墓葬器类中，尊、簋、盉都有发现，其中尊还较普遍，整体上吴越地区器类组合中青铜兵器数量比重较高，这与王畿地区有较大区别。

中原器物组合中最重要的列鼎制度在吴越地区墓葬中未能充分体现，其器物组合多以偶数形式的面貌出现。① 这种双数排列的组合一直影响到

---

① 如屯溪M3有圆鼎四、方鼎二、有耳簋四、无耳簋二、双层簋二、卣二、圆盘二、方盘二、单柱器二、剑二；屯M1有圆鼎四、有耳鼎二、尊二、卣二、圆盘二、五柱器二等。参见支小勇：《皖南地区出土商周青铜器研究》，南京大学2008年博士学位论文，第133页。

了后世，直到春秋前期仍有这种情况出现。但仅从器类组合的形式来看，仍受周文化因素的影响。

西周晚期大多数青铜器类多数保持不变，但青铜卣则从组合中消失，且单独的青铜卣少见于吴越地区。青铜簋、盂在西周晚期墓葬中也出现较少，其中铜簋的形制与前期相比也有变化。

整体上看相较于其他地区，吴越地区在西周中期以前继受周文化青铜器有一个明显的滞后期，其原因在于该区域远离王畿地区，已经属于周文化传播的边缘地带，但周文化因素在吴越地区青铜器的形制与纹饰方面仍在一定程度上得以呈现。到了西周晚期，吴越地区地方文化开始兴起，出现了不少具有地方文化特色与周文化因素融合的器物，这也显示出该地区西周青铜文化规范的约束已经逐渐松弛，间接反映了西周王朝国力的下降趋势。

综上，吴越地区出土青铜器具有两面性，一方面其受到周文化的显著影响，吴越地区出土的青铜器，绝大多数的青铜器在形制、纹饰方面与西周王畿地区具有明显的相似性，而且，愈是早期的器物，这种相似性愈是强烈。另一方面，吴越地区的青铜器较之西周北方或东方诸国体现了较多的地方特色，具有一定的原创性。① 但就吴越地区青铜器的整体文化属性而言，其周文化因素要远超地方文化特征，因此，吴越地区的青铜器在西周时期对周文化的接受与模仿是其突出的特征。

二、汉水流域诸国青铜器的文化因素分析

（一）曾国

曾国，西周早期在江汉流域分封的姬姓诸侯国，也即文献中的随国，始封地在汉水随地（今湖北随州），是西周王朝向南方扩张势力的重要据点，属于西周经略南方、控制江汉流域战略的重要部分。西周晚期鄂国被周王伐灭之后，曾国遂成为汉东实力最为强大的国家。曾国西周时期的青铜器主要出土于湖北随州叶家山西周墓地与随州安居镇羊子山墓地。目前出土的曾国西周青铜器主要是西周早期与晚期，尚未发现有西周中期的青铜器。

1. 曾国青铜器形制分析

曾国青铜器在西周早期在形制方面与其他诸侯国类似，多数可在西周王畿地区找到原型，未表现较多的区域特色。西周晚期曾国青铜礼器多可

---

① 郎剑锋：《吴越地区出土商周青铜器研究》，山东大学 2012 年博士学位论文，第 113 页。

见于王畿地区，受周文化影响，其中酒器在青铜器中比例下降明显，其形制也多与王畿地区保持一致，如圆底鼎形制与王畿地区基本一致，叶家山出土的方甗、壶等青铜器也是王畿地区比较流行的形制。到了西周晚期曾国出现了诸如蹄足鼎、分裆鬲等带有地域文化特征的青铜器，显示此阶段曾国青铜器在继受西周文化的基础上有了一定程度的发展。

2. 曾国青铜器纹饰分析

整体上曾国青铜器纹饰以兽面纹、鸟纹、涡纹为主，与王畿地区流行的纹饰基本一致，周文化风格明显。① 到了西周晚期，整体上青铜礼器在纹饰方面与中原地区仍然保持有很大的一致性，如该阶段曾国青铜器上装饰的诸如窃曲纹、重环纹、垂鳞纹等纹饰亦是西周王畿地区流行的青铜纹饰，纹饰的本土文化特色不突出。

3. 曾国青铜器器类组合分析

从曾国出土的青铜器来看，其在器类组合方面与宗周、成周保持较高的同步性，曾国的青铜器在器类组合方面受王畿地区影响明显，但有部分器型未在王畿地区墓葬中发现，这表明曾国的青铜器文化可能也受到楚国等南方诸侯国的影响。

因此，相较于王畿地区的青铜器，西周早期曾国青铜器在形制、纹饰、器类组合方面符合这一时期周文化青铜器的典型特征，虽然在西周晚期时曾国青铜器在形制、组合方面出现了一些地方文化的因素，但周文化仍然占据着明显的优势地位，由此也可以推断，一直到西周晚期，曾国与西周仍然保持着密切的政治文化联系。

（二）鄂国

鄂国的鄂在甲骨卜辞中作"噩"，其历史最早可追溯至殷商时期，徐少华通过对甲骨资料的研究认为殷商时的鄂应为《史记·殷本纪》中的鄂侯之国。② 鄂国西周初年南迁到河南南阳一带，西周中因为楚国的压力又转迁于湖北鄂州，后为楚所灭。③ 由于曾国与鄂国地理位置接近，政治、文化关联密切，因此两国青铜器所表现出的文化特征较为相似。如在青铜

---

① 以羊子山铜器群与中原地区河南浚县辛村 M60 相比较，便能更清楚地看出随枣走廊文化与中原地区文化的密切关系。如叶家山的师方鼎与西周成王时德方鼎通过纹饰等判断应属于同一类型。另外，洛阳北窑出土的师方鼎及纸坊头 1 号墓出土的伯方鼎的形制、纹饰也与上述师方鼎、德方鼎颇为相似。这表明随州叶家山、周原遗址与洛邑成周地区出土方鼎存在着一致性。

② 徐少华：《鄂国铜器及其历史地理综考》，《考古与文物》1994 年第 2 期。

③ 李学勤：《论周初的鄂国》，《中华文史论丛》2008 年第 4 期。

器形制与器类组合方面，鄂国明显受周文化青铜器影响，特殊器型较少，周文化特色明显。但在青铜器的纹饰方面，鄂国则表现出了一定的区域文化特征，但整体上，鄂国的青铜器在文化属性上仍属于周文化范畴。

从曾、鄂两国青铜器所表现出的周文化因素来看，西周时期周王朝的势力曾一度达到汉水流域，并对该区域进行过一定程度的控制，只是西周后期国力衰退楚国势力趁机崛起，从而也使汉水流域诸国的青铜文化逐渐呈现出多元化的特征。

第五节　率土宅心：西周王朝的
青铜文化传播与治理秩序构建

一、西周青铜文化传播的特点

通过前文的分析，可以发现作为当时最先进的文化形态，西周的青铜器文化对四方国族都有显著影响，只是在不同区域的诸侯国之间存在程度上的差异。

首先，在近邻王畿、与西周王朝关系比较紧密的东方（齐、鲁等国）、北方诸国（燕、晋等国），西周王朝青铜文化以缓慢而持续的方式对区域文化进行渗透与重塑，最终使得诸国地方文化因素基本被纳入周王朝文化体系内，虽然在各区域还存在一定的差异性，某些地方还保留有一定的地方文化因素，但到西周中后期之后，西周文化的主体地位已经确立无疑。

其次，由于分封的诸侯国的族属及所处地理位置的差异，诸国青铜文化整合的程度呈现出非一致性的特征。如鲁国、滕国等国青铜器器物表现出与宗周地区文化面貌的高度一致性，这说明这些封国与周室关系较为亲密；而陇东地区与汉江、淮河流域的诸侯国与宗周地区的典型周文化面貌存在一定的差异，这表明这些封国与周室关系相对疏远，因而处于周文化辐射圈的边缘地带。

最后，西周青铜文化在四方诸国的传播与西周王朝的疆土拓展表现出非同步性，前者总是滞后于后者的步伐。西周青铜文化在东方、北方与南方的传播是一个缓慢的、渐进的过程，其对应到考古遗存上体现的现象是周王朝文化规范到来→整合地方文化→向周边区域拓展这样的过程。从考古学文化的发展特点看，周文化规范的到来其实体现的是地方文化被周文化整合的结果，而这种过程的开始应在规范到来之前。也就是说，西周中期规范周文化到达的区域，王朝对当地必然早有经营。① 从秩序构建的层级来说，在王朝凭借武力建立政治秩序之后，以意识形态为基础推行与政治秩序一致的文化秩序是维系其政权的应有之义。当然，相较于前者，文化秩序的构建过程是一个缓慢的、渐进的过程，不可能出现疾风骤雨般的突进式扩张。而且，文化秩序的构建具有滞后性，它与政治秩序的构建也并不完全同步，当旧的王朝被推翻覆灭，其文化秩序的影响并不随着旧王朝即刻消失。在新王朝的文化秩序完全形成之前，旧王朝的文化特征仍然发挥影响力，这点在铜器上表现得更为明显。如西周早期甚至某些区域直到中期，仍可发现具有殷商文化特征的青铜器。

另一方面，文化秩序的整合程度可以反映政治秩序的构建进程。② 青铜器上体现的王朝文化规范③在某个区域的出现，代表的就是王朝政治力量在该区域的介入。这种介入映射政治版图的变化，或者说，标志着该区域开始受到王朝势力的影响。

二、西周青铜文化形成的媒介学分析

器物作为特定社会生态环境的产物，是这个社会政治、经济与文化因素的综合体现。古代器物的外在形态可以视为一个符号编码的过程。以西周社会而论，其青铜器形制、组合、纹饰的演变同样也映射西周社会政治、经济与文化因素的变革。

从功能上来说，三代时期的青铜器主要作为实用器具与祭祀器物之用，其中作为礼器是其主要功能。而礼从起源来说与宗教相关。所谓礼者，"履也，所以事神致福也"（《说文解字》），作为礼仪祭器的青铜器也成为沟通人与神灵世界之间的媒介，连接天人、祈求福佑是其原初属性。因此，虽然诸如食器、酒器、水器等青铜器物本身也具有实用工具的

---

① 傅玥：《长江中游地区西周时期考古学文化研究》，武汉大学 2010 年博士学位论文，第 241 页。

② 一般意义上的文化整合，是指不同文化相互吸收、融化、调和而趋于一体化的过程。王朝文化整合，是指地方文化被王朝文化规范改变，最后融入王朝文化体系中的过程。它可以用来观察地方文化被王朝文化规范化的过程和方式。在这里提出文化整合这一概念，主要的目的是观察西周王朝文化规范在各诸侯国推进的过程。王朝文化体系，是指所有受到王朝文化规范影响，并在遗存中出现王朝文化规范的遗存共同体。同一体系下各遗存的聚类，便于我们观察遗存间的差别以及这种差别背后代表的意义。

③ 王朝文化规范，是指在某个成熟王朝文化到达的区域内，受其影响的遗存表现出的一种共同的、稳态的特征。它的出现是王朝政治实体对考古学文化作用的结果。

属性，但这些实用性从属于其祭祀的功能属性，通过青铜器盛放的食物祭祀天地神灵，在借由青铜符号营造的仪式空间中主祭者获得神灵的肯认而获得天子、诸侯身份，从而理顺人间的政治秩序，这才是西周的青铜器的首要功能所在。因此，青铜器上精致典雅的造型、神秘庄严的纹饰，以及不同器类之间的规律组合，都将人间的权力结构与神圣世界相关联，使得世俗世界的秩序有了超越性的基础，变成了无须追问、天经地义的宇宙整体秩序中的一部分。因此从这个意义上说，商、周王朝通过青铜器的媒介沟通天人、构建人间政治秩序的思路是一致的。其差别在于，商人的宗教观念更强，"殷人尊神，率民以事神"，但因为神灵形象无从考据，这给商人青铜器铸造提供了极大的想象空间，这使得商人青铜器在形制与纹饰方面呈现出神秘、庄重的风格①，由此显示出人间政治对天地鬼神意志的单向服从。周人在政权建立之初，尚未形成完备的文化体系，这一阶段西周的青铜器在形制、纹饰等方面也沿袭了殷商时期的文化特征，周文化风格的青铜器尚处于萌芽之中。

但是另一方面，在小邦周战胜大邦殷、取得政权之后，周人深刻反思商纣王因不修德行，致使众叛亲离、亡国覆家的教训，这种反思也带来了周人制度、思想和文化的大变革，中国文化的人文转型也正肇始于这一阶段。具体来说，周人在继承殷商制度的基础上进行大刀阔斧的革新，在政治领域形成了以周礼为核心的礼乐制度；在思想文化领域，周人提出了"皇天无亲，惟德是辅"的理念，将商人"我生有命在天"的统治思想发展为"以德配天"的合法性理论，在意识形态领域实现了由"君权天授"到充满人文色彩的"天祚明德"的巨大转变。这种意识形态领域的变化在西周青铜器的文化风格层面也有所反映。相较于商代青铜器充满神秘、庄重的宗教氛围，西周青铜器的整体风格更显示出古朴稚拙的风格，更倾向于通过青铜器的纹饰、形制来凸显敬天保民的人文理念。

通过以上对商周青铜器风格转换的分析也可以看出，作为媒介的青铜器，受制于其所依存的社会权力结构与意识形态等媒介生态环境，当后者的某一具体要素发生改变，总会作用于具体媒介领域之中来。当然，这种

---

① 如商晚期四兽首龙纹方尊，将圆柱形的口颈部与方形的腹部以协调的比例有机结合，使器物的重心落在了理想的位置，庄重之感油然而生。而在此基础上，商人还会通过器物某些部分的夸张，烘托出一种难以言说的神秘感。商代酒器的庄重与神秘感在纹饰上表现得更为突出，商晚期父子觯就是以腹部双目圆睁、龇牙咧嘴的兽面纹为主体纹饰。而且，在商代晚期，工匠们会有意地夸大兽面的眼部、獠牙、爪子等部分，以更凶狠的形象强化神灵的威慑力而彰显其力量。

作用并非总是立竿见影、一蹴而就的，而且不同于军事领域的东进与封国领土的变迁，文化意识形态领域的推进与改变是一个温缓浸濡的渐进过程，西周媒介领域的缓慢变革在西周中后期才最终完成。在青铜器领域的表现就是以鼎簋为中心的食器组合取代了商人以爵尊为中心的酒类组合，酒器在西周祭祀体系中的地位大为降低，诸如觚、斝等青铜酒器在西周中后期甚至逐渐消失；殷商时期充满神秘庄严色彩的神话动物纹饰被简约、质朴的窃曲纹、环带纹等纹饰取代，这也标志着周文化青铜器的正式确立。① 到这一阶段，作为权力符号的西周青铜器被纳入政治权力的宏大叙事之中。这个时候，殷商青铜器中神秘的宗教色彩大为消退，它不仅承担着周王与天命的宗教联结功能，而且更是作为承载权力的中介，成为西周国家权力观念的表达。

从上述分析来看，作为媒介的青铜器与西周的政治思想变迁类似，同样也经历了从宗教媒介到权力媒介的功能转换，作为器物的青铜器也遵循着"器以藏礼"到"礼以济政"的功能演变。当然，需要说明的是，青铜器的宗教媒介的属性在商周时期是一直存在的，只是媒介属性的侧重点有所区别而已，因此这种转变并不是由此及彼的功能变更，而是西周青铜器的媒介属性的丰富与扩展。在这个进程中，可以发现媒介的生态环境改变所造成的媒介功能与意义表征的相应变化。但同时不能忽视的一点是，青铜器媒介的功能与意义的转变固然是由殷周社会转型带来的后果之一，但媒介也并非只是社会单方塑造的被动承受物，作为一种文化基因，"媒介中的内容生成、表现形态、传递方式所构成的社会运行轨迹，能够转化成一种社会秩序"②。以青铜器为例，当其功能与价值被认可之后，它又反过来可以作为主流文化与王朝意识形态工具，承担整合思想文化观念、建构社会秩序的功能。

青铜器从媒介类型来看属于时间偏向型媒介，其不易在空间中作快速移动，但质地耐久，可以在纵向的时间长河中"垂直交流"，成为"人与鬼神及后代子孙间联系的工具"。因此不同于空间偏向型媒介的扩张性特征，时间偏向型媒介"偏爱关系亲近的团体、形而上学的思考和传统的权威"，它更关注时间要素，"时间问题既是朝代问题和人生寿命问题，也是

---

① 参见潘祥辉：《传播史上的青铜时代：殷周青铜器的文化与政治传播功能考》，《新闻与传播研究》2015 年第 2 期。

② 陈卫星：《媒介域的方法论意义》，《国际新闻界》2018 年第 2 期。

宗教问题"。① 通过对西周青铜器的分析，很容易发现青铜器的这一特质，及其在当时社会秩序构建中的特殊功用。

三、西周青铜器文化的传播与治理秩序构建

西周是中国青铜器史上的鼎盛时期，它在继承商代青铜器铸造工艺的同时又有重大创新，具有数量大、种类多、艺术价值高等特点。根据郭沫若的研究，西周的青铜器发展可分为两个阶段。② 第一阶段为商代及西周初年，这一阶段"有铭之器少，无铭之器多"，青铜器主要是作为沟通神人之间的祭器；第二阶段，青铜器"与竹帛同科，直古人之书史矣"，其在礼器之外，兼具书写媒介功能。可以想象，青铜器制作工序繁复，文字铸刻殊为不易，其上所镌刻文字必然是重要又期望长久保存的内容。如西周邦国之间的盟书。③ 据《周礼》的记载，邦国之间的"大约剂"须"书于宗彝"，也就是青铜器上，并累世流传。如散氏盘就记载了矢人攻袭散氏并造成损失，后矢人割让田地作为赔偿，勘界交割完田地之后，双方最后盟誓守约，并由散氏最后将过程与双方约剂内容铭之于青铜器物之上。从西周的青铜铭文来看，记录祖上的文治武功也是各类青铜器当中的常见内容。如禹鼎铭文就记录了禹奉周王命剿灭鄂国的功绩，其文如下：

禹曰：不（丕）显趄趄（桓桓）皇且（祖）穆公，克夹绍先王，莫四方。肆武公亦弗叚望（忘）剩（朕）圣且（祖）考幽大吊（叔）、懿吊（叔），命禹屖（肖）剩（朕）且（祖）考，政于井邦。肆禹亦弗敢忝（耄），賜（惕）共剩（朕）辟之命。乌虖哀哉，用天降大丧于下或（国），亦唯噩（鄂）侯驭方率南淮尸（夷）、东尸（夷），广伐南或（国）、东或（国），至于历内。王乃命西六𠂤（师）、殷八𠂤（师），曰："剢（扑）伐噩（鄂）侯驭方，勿遗寿幼。"肆𠂤（师）弥宋（怵）𠂤匚（恇），弗克伐噩（鄂）。肆武公乃遣禹率公戎车百乘，斯（厮）驭二百，徒千，曰："于匡（将）朕肃慕，叀（惟）西六𠂤（师）、殷八𠂤（师），伐噩（鄂）侯驭方，勿遗

---

① 〔加〕哈罗德·伊尼斯：《帝国与传播》，何道宽译，中国传媒大学出版社，2013 年，第 19 页。
② 郭沫若曾将青铜器的发展演变分成四个阶段，其中前两个阶段都发生在西周时期。参见郭沫若：《周代彝铭进化观》，《青铜时代》，中国人民大学出版社，2009 年，第 239 页。
③ 参见潘祥辉：《传播史上的青铜时代：殷周青铜器的文化与政治传播功能考》，《新闻与传播研究》2015 年第 2 期。

寿幼。"霝禹曰（以）武公徒驭至于噩（鄂），毫（敦）伐噩（鄂），休只（获）氒（厥）君驭方。肆禹又（有）成，敢对扬武公不（丕）显耿光，用乍（作）大宝鼎，禹其万年子子孙孙宝用。

该铭文字数较多，且铭刻于最具有权力象征的铜鼎之上，显然对于禹而言其事弥足珍贵，值得"其万年子子孙孙宝用"。类似铭文西周还有很多，格式大体类似。这类铭文也显示了青铜器作为书写媒介的重要功能。将青铜器作为铭记功勋的记录载体与书写媒介是西周王朝宣言政治合法性的需要，西周大量的这一类型的媒介形态"发挥着建构、改变或者维系权力实践的作用"①。因此"青铜器作为上古的一种礼器与传播媒介，不仅承载着丰富的历史文化信息，连接着广泛的社会意义"②，而且对于西周治理秩序的形成关联重大。

所谓"信以守器，器以藏礼"（《左传·成公二年》），而"礼以济政""国之大事，在祀与戎"，这里的"祀"就是西周的各种礼仪活动。西周建立之初制礼作乐，礼乐文化构成了西周文化的核心，而最能体现西周礼乐文化的自然是各种名目繁多、形态各异，却又不失庄重肃穆的青铜器。这些青铜器的独特形制、纹饰与器类组合成为周文化的象征，它将西周原本抽象的政治原则与价值理念具化为可观瞻、可触摸的青铜器。因此，各类青铜器成为西周礼仪活动的物质载体，同时也承载了周人由礼致政的权力合法性诉求③，作为青铜器的礼器又能辅助国家政治目标的实现。

---

① 〔美〕哈罗德·D. 拉斯韦尔、阿伯拉罕·卡普兰：《权力与社会：一项政治研究的框架》，王菲易译，上海人民出版社，2012 年，第 106 页。

② 潘祥辉：《传播史上的青铜时代：殷周青铜器的文化与政治传播功能考》，《新闻与传播研究》2015 年第 2 期。

③ 张光直将青铜器看作古代贵族威权的象征。他指出，在三代期间，尽管青铜器在形式与装饰纹样上发生了许多显著的变化，但它们的主要功能即作为"贵族统治之合法性的象征"始终未变，每一件青铜器"都是在每一等级随着贵族地位而来的象征性的徽章与道具"。不仅如此，其甚至作为各类青铜器装饰的纹饰也包含着权力的合法性信息，杨晓能指出："青铜器表纹饰传播以兽面纹为代表的包罗万物的众神动物崇拜，有效地宣传王朝宗教，为王朝统治的合法性和凝聚力服务；它不仅肩负装饰的功能，又承担传播宗教信仰和政治教化的责任。"参见张光直：《中国青铜时代》，生活·读书·新知三联书店，2013 年，第 23 页；〔美〕杨晓能：《另一种古史：青铜器纹饰、图形文字与图像铭文的解读》，唐际根、孙亚冰译，生活·读书·新知三联书店，2008 年，第 222 页。关于青铜器与权力合法性的详细论述，参见潘祥辉：《传播史上的青铜时代：殷周青铜器的文化与政治传播功能考》，《新闻与传播研究》2015 年第 2 期。

　　不仅如此，青铜器本身就含有丰富的权力意涵。青铜器的形制大小、墓葬数量、器类都与权力相关。从目前发掘的西周墓葬来看，青铜器形制越大、数量越多，往往就意味着墓葬等级越高。从青铜器的器类来说，鼎的权力意味尤其突出，其中又以九鼎的组合直接与最高统治权相关，九鼎在国表示天命所归。如周人克殷后便"迁九鼎于雒邑"，这也象征着天命自此由商而转移到周，周人成为天下主权的合法性所有者。

　　青铜器还是西周的权力符号。可以借用索绪尔（Saussure）的符号理论来说明此问题。在索绪尔看来，一个语符的组成包括能指和所指两个部分。能指即该语符的音像或书写形式，后者则指该语符意义或概念上的对应物。西周青铜器作为权力的符号，也可分为能指与所指两部分。前者指的是作为物质形态的青铜器，包括形制、纹饰等外在特征；后者则指其背后的礼制原则与周王权威。因此青铜器作为权力符号，就是借助其外显的、易被感知的如形制、纹饰等外在信息，来表征国家的权力，以获得更多深层次认同的手段或媒介物。权力符号的运作正是在内涵意义的层面上发生的，但这两个层次却又是彼此相关、不可割裂的。如西周青铜器是通过其外在的形态来传递其意识形态的价值内涵，表达其权力秩序的隐喻。通过西周史实的考察，西周的政治活动就是一个符号交换活动的过程，推而广之，西周社会充斥着符号使用者之间进行符号权力相互碰撞的场域。周王室掌握着最为丰富的符号资源，它凭借这种优势，不断将权力的意识形态随着军事征伐的步伐传播到天下诸邦，所谓"国之大事，在祀与戎"，也可从这个视角得到新的解读。周王通过将青铜器符号运用到国家各种政治仪式中，于是本身具备强烈权力暗示的青铜器被符号化，其所蕴含的权力秩序在这一特定的仪式空间中被参与者感知、理解与内化，符号的所指意涵通过仪式进行传播，将仪式的参与者引入一个新的空间，并在这里实现情感的共通，从而共享这些符号所指的国家意识形态与价值，由是西周的青铜器所包含的天命在兹、惟王懿德的理念被认同与强化，从而构建西周的思想秩序。因此，作为符号的西周青铜器既是建构现实的权力，也是朝向建构思想秩序的权力。

　　从传播的视角来看，西周以礼为中心的邦国之间的政治交往实际也成为一种承载周王朝意识形态的文化传播活动。其逻辑在于，它是传播主体将国家意识形态以符号和媒介为途径的信息流动过程①，各种仪式是权力与意识形态的符号，而青铜礼器则是沟通权力主体与受众之间的媒介。伊

　　① 郭剑：《"政治传播"定义发展探究》，《中国科技术语》2014 年第 6 期。

尼斯在《帝国与传播》中认为，媒介维护着帝国文化的传播和疆域的稳固。西周王朝的秩序构建正是依靠青铜媒介的黏合作用，从而将周王天下共主的认知传递至四方之国，使之成为诸国共同的意识形态。① 西周青铜器文化的传播包括两个方面：一方面是伴随着西周王朝的军事扩张，西周的礼仪文化也随之传播到天下诸国，所谓"周礼尽在，南化流行"。当然，因为周王朝的控制力在不同区域有所区别，其青铜文化传播的深度与广度在各邦国中不尽相同，这也是各诸侯国出土青铜器周文化因素比重出现差异的重要原因；另一方面，虽然西周时代不像后世的专制帝国对其他区域享有各种政治、经济权力，但周文化仍代表着当时最先进的文化形态，各诸侯国自发地在青铜器的铸造方面学习西周文化，这也是西周文化因素的青铜器在势力尚未深入的诸如淮夷、南淮夷地区被大量发现的原因。

西周晚期以前，周王朝卓越的文治武功使得整个西周天下都成为周王朝媒介实践的空间场域，它通过青铜器媒介向不同方位的邦国传播礼文化的价值观。西周这种全方位的媒介传播实践，以一种"润物细无声"的方式全方位参与王朝社会秩序与思想观念的构建进程，西周以其军事、文化的优势为基础，依靠一种"部分有意识，部分无意识的学习过程"，通过文化的濡化作用，将青铜器以册封、赏赐、聘问等方式流通到各诸侯国，从而使得浸润周文化的青铜器成为诸邦国模范、珍藏、传播的对象，引导诸邦国接受附着在这些青铜器之上的西周政治理念与文化价值，从而整合原本杂乱无章、野蛮生长的各类思想形态，构建与西周礼制秩序一致的精神秩序。

再做进一步分析，从青铜器的外在形态来说，其形制、纹饰与不同器类的组合是最容易被观察到的特征。在礼制的规范情境中，社会等级身份与青铜器的外在特征存在一种逐级对应的关系，或者说，前者受到后者的制度性约束。青铜器使得等级身份具有可视化特质，它使得权力的等级与从属关系外在化，因此在实践中也易于被观测与整合，于是，礼与非礼，不再只是一个内在道德判断问题，而成为一种权力秩序与社会秩序的服从问题，作为礼制的外在形态，青铜器的形制、纹饰与组合是一种可以测量的合礼与否的工具。在周天子还是众邦国承认的天下共主的情况下，各邦国内部对于青铜器的使用与礼制规范的适用渐成自觉自发状态，礼制秩序

① 李正柏：《作为媒介的古代器物与礼的传播》，《中国设计理论与社会变迁学术研讨会——第三届中国设计理论暨第三届全国"中国工匠"培育高峰论坛论文集》，2019年，第64~70页。

内的个体身份阶层与青铜器使用场景的礼制规范契合，将权力的外部强制化为一种内在规训状态，使礼制秩序的监督者与执行者趋于多元化。从这个意义上说，原本抽象的权力控制、秩序构建问题，通过青铜器的中介而变得实体化而具有可操作性。周王朝的天下秩序建立在这种以礼为中心的等级秩序之上，如果青铜器的外在特征规范在西周社会生活实践中得到遵守，则说明西周的礼制原则得到天下诸国的认可，则天下以礼为中心的秩序构建也得到承认，从而达到对于社会等级秩序维系的功效。

此外，青铜器作为礼仪的载体，体现了礼仪的制度与精神要求。礼除了具有纵向沟通天人的功能之外，其还具有横向交往的功能，所谓"礼尚往来"，其意强调礼仪在相互交往中体现其基本价值原则。在西周的多数时期，周邦及其确定的制度规范为天下诸邦公认的准则，在这套准则下，周邦与诸侯国、邦国之间的每次礼仪互动都是一种仪式传播，并被其他诸国所模仿与遵守，这种互动构成了西周时期的礼仪世界，也成为西周国家之间与内部秩序的价值基础。这个礼仪世界又成为西周媒介实践的生活生态，反过来又推动西周的媒介实践朝着有利于西周王朝期望的社会秩序的形成。

综上，西周青铜器不仅是一种礼器，更是一种重要的文化和政治传播媒介，它不仅传播了周王朝的意识形态与文化理念，而且促成了西周治理格局的形成。

小　结

青铜器不仅是西周国家最重要的政治、经济与宗教资源，同时也是权力的象征符号，直接与统治合法性相关，因此从青铜矿料的开采到青铜器的冶炼、制作、流通在内的各环节都处于西周王朝的严格管控之下。这种管控造成的后果就是西周四方之内出土的青铜器都表现出显著的周文化特征。通过对西周早期中央王朝与各封国出土铜器的对比研究发现，不仅洛邑与燕、晋、齐、鲁等诸侯国青铜器在纹饰、形制等方面存在较高程度的趋同性，甚至在远离王畿的江汉流域、淮河流域与少数民族部族聚居的陇东地区都出土了大量周文化特征的青铜器。而且，西周王畿地区与周边主要诸侯国青铜器风格的演进历程也保持了明显的同步性，显然这并不简单是各诸侯国青铜器文化自然发展的结果，而是西周王朝在掌控青铜器的生产、制造各环节之后主动推动的结果。这种文化扩张局面一直持续到西周中后期。可以说，周王朝的青铜器文化就是以燕、晋国这些区域性的青铜器铸造中心为节点，逐次往天下四方传播周人的价值理念与意识形态，强化西周国家在政治传播中的文化输出功能。

具体来说，西周青铜文化传播是由周王室、诸侯国、采邑和士族等若干层级组成。其中周王室主要由两大王畿（宗周与成周）构成，也就是西周内服地区的青铜文化传播系统，是西周国家媒介实践的中枢部分，包括畿内诸侯、贵族采邑与一般士族；这一体系的外围部分是由外服诸侯、贵族采邑与士族构成，这是西周文化传播在外服区域的基本架构，他们在接受西周王朝的青铜铸造技术之后形成区域青铜中心，负责将西周的青铜文化逐次向四方扩展，共同构建西周天下的青铜文化系统。在西周的不同青铜文化传播层级中，其主要驱动力来自西周王朝青铜文化自内而外的推动，内外服区域之间、邦国内部与邦国之间也存在较为密切的青铜文化的交流。由是西周天下形成一个以西周内服区域为中心、自内而外不断向四方扩展的青铜文化传播网络。

因为青铜媒介可以抵御漫长岁月的侵蚀，因此其传播诉求的重点是突出社会的黏合力与谨守神圣的信仰和道德传统，意在纵向地生成、维系某种传统和创造共享的文化价值。西周媒介实践的路径实际是意识形态的实体化过程，借助于青铜器，统治者将一种抽象的思想或价值观念变成控制社会的物质性力量，从而促成治理秩序的达成。

第五章　国之大事：作为媒介的西周礼仪实践与西周治理秩序的构建

仪式从来就不仅适用于宗教领域，而且是社会整合与秩序构建的重要手段，"社会集团凭借这一手段来定期地重新肯定自身，认为自己是被一个有一致利益和传统的团体所联合一起的人们，会聚在一起并转而意识到他们在道德上的一致性"①。它通过对仪式空间的布置陈列与各类符号的排列组合，将仪式组织者的特定价值体系或思想观念传递给受众，从这个意义上来说，仪式天然具有媒介的功能属性。从传播学角度看，仪式本身即是人类一种渊源久远、寓意深刻的媒介实践行为。通过一系列相对定型化的、固定的诸如仪式符号设置形成强大的"感染域"与"情绪场"，主体置身其中，在情绪感染、情境体验、关系认知中共享群体的特定价值，强化共同体认同，并确认参与者之间的地位，形成或维持某种特定的社会关系，从而达到整合社会秩序的功用。

西周国家的"礼"是一个涵摄性极强的综合系统，它既是一套权力架构形式（如周礼），本身又承担着国家意识形态的功能（如"亲亲""尊尊"的等级观念与合法性的构建），同时还是一套完备的仪式体系（册命等仪式）。而这三者又彼此关联、相互依存，共同服务于西周王权统治秩序的整体目标。物理意义上的、具有一定空间表现形态的仪式之礼，它集中体现了西周国家的社会整合与文化传播特质，正是凭借礼仪的媒介化过程，西周国家将官方的意识形态实体化，并使抽象的思想成为一种显性的物质力量。不仅如此，西周礼仪还成为权力的媒介符号，周王通过这一媒介符号象征赋予其特殊的地位、传达确立其对王土与人民的支配权力。本章通过对西周册命、朝聘与盟誓仪式的研究，揭示西周礼制仪式在论证王权合法性、构建社会秩序方面发挥着重大作用。

---

① 〔法〕涂尔干：《宗教生活的基本形式》，渠东、汲喆译，上海人民出版社，1999 年，第 119 页。

第一节 天子授命：册命仪式与西周君臣秩序的构建

册命，又称锡命，指周王或诸侯国君册封贵族或官员，并赏赐土地、人民及车马礼器的仪式。册命的主体包括周王与各国诸侯。其表现形式为"宣读王的命册（命书）"①。册命包括两个层面的含义，首先是周王对贵族官员的任命，它明确周王与内外服的职责权属，确立诸侯贵族在权力上对周王的从属地位；其次是通过册命赋予诸侯贵族、官员等受命者权力来源的合法性，使之成为周王在天下四方治理权力的具体体现者。② 这一程序之所以重要，是因为周王至少在理论上是天下人民与土地的合法所有权者，所谓"溥天之下，莫非王土；率土之滨，莫非王臣"。但这种理念层面的权力演变成现实的政治秩序必须有相应的制度配置来实现。西周的册命之制部分地承担了这一功能。通过册命的形式，周王将土地与人民册封给诸侯与臣僚，后者合法取得对于土地及其人民的占有权，并对周王室承担相应的义务。周王仍是名义上的主权者，对王畿以外的土地与人民实行一种委托—代理式的间接统治模式。因此，册命仪式使西周诸侯、贵族在区域范围内的治理权力获得了合法性，并进一步确认了西周以周王为中心的政治权力结构。

册命礼是金文中最常见、最重要的政治仪式之一，对于西周的政治秩序有重大影响。目前学界关于册命仪式的研究成果丰硕。如陈梦家对册命地点、右者、史官进行了系统的梳理。③ 另外，较为系统的研究有黄然伟、陈汉平、何树环、齐思和、张光裕及黄盛璋等学者。④ 已有成果对西

---

① 陈梦家：《西周铜器断代》，中华书局，2004 年，第 400 页。

② 陈梦家认为："西周金文的'命'又可以分为三大类：第一类是王的策命与赏赐，第二类是王令其大吏舍命于成周，第三类是君后、伯侯的命、赐。"这三类"命"中，又以第一类最为重要，且数量最多。综合各家观点概括为上述两大类。参见陈梦家：《西周铜器断代》，中华书局，2004 年，第 407~408 页。

③ 陈梦家：《西周铜器断代（三）》，《考古学报》1956 年第 1 期。

④ 黄然伟：《殷周青铜器赏赐铭文研究》，香港龙门书店，1979 年；陈汉平：《西周册命制度研究》，学林出版社，1986 年；何树环：《西周册命铭文新研》，台北文津出版社，2007 年；齐思和：《周代册命礼考》，《中国史探研》，中华书局，1981 年；张光裕：《金文中册命之典》，《雪斋学术论文集》，台北艺文印书馆，1989 年；黄盛璋：《西周铜器中册命制度及其关键问题新考》，地理研究所，1988 年，第 402~427 页；黄盛璋：《西周铜器中服饰赏赐与职官及册命制度关系》，《传统文化与现代化》1997 年第 1 期。

周册命礼的时间、地点、仪式程序、赏赐物品等问题进行了深入的探讨，然而，西周册命礼仪为何如此频繁？册命仪式对当时社会秩序有何影响？册命仪式的媒介学意义如何？相关问题的研究或尚未开始，或还有深入的空间。西周册命礼不仅是一种仪式性制度，同时也是西周国家权力实现的媒介形态，并对西周国家的治理产生重大影响。本章对册命仪式的探讨将在充分吸收前辈学者成果的基础上，从媒介的视角探讨其对西周权力秩序构建的功能与影响。

一、西周册命仪式的演变与程序要素

（一）西周册命仪式的演进

册命仪式是西周册命之礼的仪式形态。单就册命礼而言，其又包含诸多不同类型，前贤已对此问题作过很多有益的探索。[①] 本书在吸收前贤研究成果的基础上，根据册命者身份的不同，将册命分为周王册命、诸侯册命与摄主册命天子三种类型，这种册命主体身份的差别也体现了西周权力结构中的等级秩序的特质。

传统文献对册命礼的仪式过程多有反映。根据《礼记·祭统》的记载，古之明君须"爵有德而禄有功"，而且封爵禄功必须于大庙举行，以"示不敢专也"，其一般步骤为至册命日"一献，君降立阼阶之南，南乡，所命北面，史由君右执策命之，再拜稽首，受书以归，而舍奠于其庙。此爵赏之施也"。周礼中对册命的程序记述较为简略："王命诸侯则傧。"郑玄对该条注解中的册命仪式程序与《礼记》相仿："王将出命，假祖庙，立依前，南乡。傧者进当命者，延之命使登，内史由王右以策命之。降，再拜稽首；登，受策以出。"（《周礼·春官·大宗伯》）。《仪礼·觐礼》

---

① 清人朱为弼曾将周王册命礼分为侯氏人觐册命礼、王亲册命礼、巡狩册命礼、诸侯嗣位册命礼、公侯册命作牧伯礼等。齐思和也将册命礼分为册命工臣之典礼、册命诸侯之典礼、册命嗣位诸侯之典礼、春秋时代王室之册命等。以上这些分类所取标准不一，类别界限不够严格。因而，尚存在交叉现象，且又有所遗漏。陈梦家从内容上将册命分成赏赐、任命与告诫三种，其中又以赏赐与任命最为常见。陈汉平据册命缘由与受命对象的不同，将册命分为始命、袭命、重命、增命、改命、追命；又据册命的形式不同分为朝觐册命、遣使册命、巡狩册命、考绩册命；又据册命系统的不同分为天子册命诸侯和王室册命臣宰两个系统。其中王室册命系统，包括周王册命王臣，而王臣又册命其臣属；诸侯册命系统，包括周王册命诸侯，而诸侯又册命其卿、大夫。陈氏对册命类别之划分虽略显烦苛，但相较而言，这种纵向系统的划分更能看出周王内外兼治的政治统治结构，更能体现出册命的政治文化功能。相关研究参见叶修成：《论〈尚书〉"命"体及其文化功能》，《上海交通大学学报（哲学社会科学版）》2009年第3期。

叙述的则更为详细：

> 天子赐侯氏以车服。迎于外门外，再拜。路先设，西上，路下四，亚之，重赐无数，在车南。诸公奉箧服，加命书于其上，升自西阶，东面，大史是右。侯氏升，西面立。大史述命。侯氏降两阶之间，北面再拜稽首，升成拜。大史加书于服上，侯氏受。使者出。侯氏送，再拜，傧使者，诸公赐服者，束帛、四马，傧大史亦如之。

在已发现的西周时期青铜器铭文中，关于册命记载甚多。如铸于西周康王时期的大盂鼎，记述了周康王二十三年九月贵族盂"受命"之事，其文如下：

> 隹（唯）九月，王才（在）宗周，令盂。王若曰："盂，丕（丕）显玟（文）王，受天有（佑）大令，在珷（武）王嗣玟（文）乍（作）邦，闢（辟）氒（厥）匿（慝），匍（敷）有四方，畍（畯）正氒（厥）民，在雩（于）卸（御）事，叞，酉（酒）无敢酖（酣），有髭（祡）莽（蒸）祀，无敢醻（醻）。古（故）天异（翼）临子，法保先王，□有四方。我闻殷述（坠）令，隹（唯）殷边侯、田（甸）雩（与）殷正百辟，率肄于酉（酒），古（故）丧𠂤（师）巳。女（汝）妹（昧）辰（晨）又（有）大服。余隹（唯）即朕小学，女（汝）勿𫪯余乃辟一人，今我隹（唯）即井（型）畣于玟（文）王正德，若玟（文）王令二三正。今余隹（唯）令女（汝）盂绍燹（荣）肟（敬）雍德巠（经）。敏朝夕入讕（谏），享奔走，畏天畏（威）。"王曰："而，令女（汝）盂井（型）乃嗣且（祖）南公。"王曰："盂，乃绍夹死嗣（司）戎，敏谏罚讼，夙夕召我一人聋（烝）四方，雩我其遹省先王受民受强（疆）土。易（赐）女（汝）鬯一卣、冂衣、市、舄、车马。易（赐）乃且（祖）南公旂，用遒。易（赐）女（汝）邦嗣（司）四白（伯），人鬲自驭至于庶人六百又五十又九夫，易（赐）尸（夷）嗣（司）王臣十又三白（伯），人鬲千又五十夫，𢓊毕迁自氒（厥）土。"王曰："盂，若肟（敬）乃正，勿法（废）朕令。"盂用对王休，用乍（作）且（祖）南公宝鼎。隹（唯）王廿又三祀。

铭文中"隹（唯）九月，王才（在）宗周，命盂"，交代了册命的时间、地点与事由。铭中之"命"，对作器者"盂"而言，即为"受命"。铭文自"王若曰"至"勿法（废）朕令"部分为册命文的具体内容，其包括四个部分：首先是康王向盂讲述文王、武王的立国经验与商内外臣僚因沉湎于酒以致亡国的教训；接着周康王告诫盂要效法其祖先，忠心辅佐王室，并对盂授予职司（"绍夹死司戎，敏谏罚讼"）并进行赏赐（鬯、命服、车马、邦司、人鬲、庶人等）；最后告诫盂须"若芍（敬）乃正，勿法（废）朕令"，此部分为册命仪式中的核心内容。铭文结尾为西周铭文中常见的受命者对周王的感谢并制作宝鼎，其中"隹（唯）王廿又三祀"系盂"受命"之年，与篇首"九月"均为时间。需要注意的是，此部分内容不是西周册命文的必需，不少金文册命仪式中都缺少此项。

最能完整体现西周册命仪式的是西周晚期的颂鼎，其所载程序也最为完备。录其文如下：

> 隹（唯）三年五月既死霸甲戌，王才（在）周康邵宫。旦，王各大室，即立（位）。宰引右颂，入门，立中廷，尹氏受王令（命）书，王乎（呼）史虢生册令（命）颂。王曰："颂，令女（汝）官嗣（司）成周贮（贾）廿家，监嗣（司）新寤（造），贮（贾）用宫御，易（赐）女（汝）玄衣黹屯（纯）、赤市、朱黄（衡）、銮旗、攸（鋚）勒，用事。"颂拜頴首，受令，册佩㠯（以）出，反（返）入（纳）堇（瑾）章（璋）。颂敢对扬天子不（丕）显鲁休，用乍（作）朕皇考龏（恭）吊（叔）、皇母龏（恭）始（姒）宝障（尊）鼎，用追孝祈介康�屯（纯）右（佑）通录（禄）永令（命）。颂其万年黌（眉）寿，睃（畯）臣天子霝冬（终），子子孙孙宝用。

该铭文记述了周王册命颂之事。铭文包括五个部分的内容：一是册命时间、地点；二是宰引为右，引导颂"入门，立中廷"；继而尹氏受王命书，转由史虢生宣读册命；三是册命的具体内容，包括颂所受职司与赏赐物事；四是颂对王行稽首礼，接受命书，并"反（返）入（纳）堇（瑾）章（璋）"；五是颂为纪念受命而作宝鼎。

将该铭对照早期的大盂鼎可知，西周的册命仪式整体上愈趋于繁复，仪式程序也渐趋于完备，并最终在西周晚期形成较为固定的程序。

（二）西周册命仪式的程序

对照《礼记·祭统》及清华简《摄命》的内容，可以发现三者程序大体相当，内容可以相互印证。① 综合起来，西周的册命仪式要素包括如下内容：

1. 册命时间、地点

册命的时间、地点是册命程序中最基础的要素，但西周早期的青铜器铭文的记述较为简略，只是简单记录册命的大致时间与地点，如记为"隹（唯）九月，王才（在）宗周"（大盂鼎，《集成》2837）或"隹（唯）四月，辰才（在）丁未，王立于宜宗土"（宜侯夨簋，《集成》4320）等。西周中期以后的册命铭文中对于时间地点的信息记载更为详细，如西周中期的师奎父鼎"隹（唯）六月既生霸庚寅，王各于大室"（《集成》2813），不仅记录了册命的时间与地点，还专门标明了月相。又如元年师旋簋："隹（唯）王元年四月既生霸，王才（在）减阽。甲寅，王各庙，即立（位）。"（《集成》4280），类似的还有颂簋［"隹（唯）三年五月既死霸甲戌"］、此鼎［"隹（唯）十又七年，十又二月，既生霸乙卯，王在周康宫梓宫"］等，在清华简中也有反映。② 在册命时间中加入月相信息，有将人间政治活动与天象关联之意，突出了册命仪式的合法性。

2. 册命过程

西周金文中对于册命程序的记载也经历了一个由简及繁的过程。西周早期如大盂鼎、宜侯夨簋等对于仪式等的记载较为简略，直到西周晚期的此鼎、颂簋等铭文才逐渐将册命仪式的完整过程还原。这可能是由于册命仪式到西周后期才开始逐渐以制度的形式规范化。以西周后期的金文资料为例，册命仪式涉及册命程序有参与者、受命者"入门"、命书交接、仪式参与者站立方位等内容。西周金文所记载的册命仪式的参与者包括册命者、受命者、右者、史等。受命者"入门"则是由右者引导，后由史官从周王接受命书，再转由另一位史官宣读。对于仪式参与者的站立方位，参照善夫山及四十二年逨鼎铭文"立中庭，北向"的记录，可知颂是"北向"，周王与史官南向。这也与"君降立阼阶之南，南乡，所命北面，史

---

① 于成龙：《索隐金文说"册命"，钩沉匡正古今疏 ——由"颂"器铭文考察西周时期"册命"之仪节，兼论〈左传·僖公二十八年〉所载周襄王策命晋侯文句"出入三觐"之古今注疏》，《紫禁城》2013年第1期。

② 清华简《摄命》云："唯九月既望壬申，王在镐京，格于大室，即位，咸。"

由君右"一致。因此，综合传世文献与金文记载，这一阶段的程序为：受命者先由右者引导入门，立于中庭，面北；周王面南，尹氏受领命书，并交由另一史官宣读。①

3. 宣读命书

命书一般是由史官根据周王的命令提前书写完成，到了西周后期，其文体格式趋于统一。其主体内容由三个步骤构成：一为直呼受命者名；二为册封受命者职司及相应职责；三为赏赐土地、人民、礼器等物品。

4. 受命者礼仪

在史官宣读命书完毕，受命者须行稽首礼再接受命书而出，后再"纳瑾璋"而返，并赞颂周王德行（"对扬王休"）。② 受命者等仪式在西周后期也已形成制度化规范。

以上为西周册命礼仪式的一般环节。其他如王臣册命、诸侯册命的仪式，均与此相仿。当然在西周铭文中册命仪式并不总得到完整呈现，如大盂鼎、吕簋中就未记录右者，大克鼎中也没有反映册命仪式的时间，这反映了西周册命仪式与铭文记录格式的制度化经历了一个长期的发展过程。

册命仪式中还有一种比较特殊的类型，即太子接受册命成为周王。该类仪式金文中未见，仅在《尚书·顾命》中保留康王受命仪式的记录。其文如下：

> 越七日癸酉，伯相命士须材。狄设黼扆、缀衣。牖间南向，敷重篾席，黼纯，华玉，仍几。西序东向，敷重厎席，缀纯，文贝，仍几。东序西向，敷重丰席，画纯，雕玉，仍几。西夹南向，敷重笋席，玄纷纯，漆，仍几。越玉五重，陈宝，赤刀、大训、弘璧、琬琰，在西序。大玉、夷玉、天球、河图，在东序。胤之舞衣、大贝、鼖鼓，在西房；兑之戈、和之弓、垂之竹矢，在东房。大辂在宾阶

---

① 于成龙：《索隐金文说"册命"，钩沉匡正古今疏 ——由"颂"器铭文考察西周时期"册命"之仪节，兼论〈左传·僖公二十八年〉所载周襄王策命晋侯文句"出入三觐"之古今注疏》，《紫禁城》2013 年第 1 期。

② 西周早期的铭文对此记载比较简单，一般为"对扬王休"，大盂鼎铭记为"盂用对王休"，宜侯夨簋铭文为"宜侯夨扬王休"，即对王的册命表示赞颂的语辞。到了西周后期，虽大意仍未变，但具体辞藻则更加规范，对整个过程记述更加具体，如颂簋铭文记述为"颂拜稽首，受命册，配以出，反入堇璋，颂敢对扬天子丕显鲁休"，师道簋为"道鍆（拜）稽首，对扬天子不（丕）显休命"，师西簋为"师西拜稽首，对扬天子不（丕）显休令（命）"。

面，缀辂在阼阶面，先辂在左塾之前，次辂在右塾之前。

二人雀弁，执惠，立于毕门之内。四人綦弁，执戈上刃，夹两阶戺。一人冕，执刘，立于东堂，一人冕，执钺，立于西堂。一人冕，执戣，立于东垂。一人冕，执瞿，立于西垂。一人冕，执锐，立于侧阶。

王麻冕黼裳，由宾阶隮。卿士邦君麻冕蚁裳，入即位。太保、太史、太宗皆麻冕彤裳。太保承介圭，上宗奉同瑁，由阼阶隮。太史秉书，由宾阶隮，御王册命。曰："皇后凭玉几，道扬末命，命汝嗣训，临君周邦，率循大卞，燮和天下，用答扬文、武之光训。"王再拜，兴，答曰："眇眇予末小子，其能而乱四方以敬忌天威。"乃受同瑁，王三宿，三祭，三咤。上宗曰："飨！"太保受同，降，盥，以异同秉璋以酢。授宗人同，拜。王答拜。太保受同，祭，哜，宅，授宗人同，拜。王答拜。太保降，收。诸侯出庙门俟。

从程序过程来看非常繁复，根据贾海生的研究，康王的受命仪式依次包括：（1）堂上户牖之间置屏风、幢帐，户牖之间、东西序、西厢夹室设成王生时四座，东西序、东西房及堂下两阶、左右塾前陈列宝物、兵器、辂车。（2）九名宿卫执兵器就位于门内、两阶东西侧、东西厢前堂、东西垂、北阶。（3）康王从宾阶升堂。太保奉介圭，太宗奉同（酒器）、瑁从阼阶升堂；太史持命书从宾阶升堂；卿士、邦君入门就堂下位。（4）太史宣读命书，命康王继体为君。康王再拜，起立，答册命。（5）康王从太宗手中接过同，三次进酒祭神。太宗向康王进酒，赞王饮酒。康王尝酒，再拜。（6）太保从康王手中接过同，降自阼阶，将同放入堂下筐中，盥手，洗另一同，执璋升堂，酌酒自酢，将同交给太宗，拜神，告神已册命康王。康王答拜，敬受册命。（7）太保又接过同，祭神，尝酒，奠酒，拜神，告册命之礼毕。康王答拜，敬其告神。（8）康王、太保降阶下堂，有司撤去诸器物。（9）诸侯出庙门，康王出门立于应门之内。太保、毕公率东西方诸侯入即位，陈庭实，再拜稽首。康王答拜，受庭实。太保等戒康王要敬王位，继承先王之业。康王告群臣当辅己发扬光大先王之业。（10）群臣退下，康王复服丧服。① 其中，除（9）和（10）项为册命康王之后，群臣朝见进诫康王和康王遍诰群臣之外，（1）至（8）项即为册命康王之礼的仪式全过程，其仪节隆重且繁缛。因而，王国维《周书·顾命考》

---

① 贾海生：《周代礼乐文明实证》，中华书局，2010年，第189~190页。

说："其册命之礼质而重，文而不失其情。……古《礼经》既佚，后世得考周室一代之大典者，惟此篇而已。"较之周王册命之礼，册命天子之礼的仪式主持人不是周王而是摄主太保，其他诸如史官宣读命书、受命者再拜、接受册命等仪节均大致相同，只不过规格最高。

综上，作为西周礼仪的重要组成部分，册命仪式的规范化经历了一个缓慢的发展过程，它服务于西周以周王为中心的权力结构，并在西周的政治秩序与等级观念构建中发挥着重要的作用。①

二、册命仪式的政治功能

册命仪式在西周的政治实践中有重要的政治功能，它建立在西周册命制度的基础之上，册命仪式是册命制度的具体表现形式。因此探讨西周册命仪式的政治功能，离不开对西周册命制度的探讨。以下详细论述之。

（一）强化对贵族阶层的管控

西周的政治建立在宗法制度的基础之上，西周时期血缘家族组织仍然是社会最基层的政治单位，这也使得王朝的统治只能以家族为中介，进而控制人民与土地。另一方面，宗法制度中大小宗的身份差别使得小宗家族必须臣服大宗，随着宗族的血缘关系分化，小宗家族不断远离权力中心，甚至最后流入平民阶层，西周中期以后，被贵族宗族分离出的小宗人数开始增多，这种家族内部秩序的演变可能造成西周统治集团内部的离心离德，甚至威胁王朝的政治秩序。② 因此，周王室将小宗家族整合进王朝政治秩序之中，以一种新型的政治关系弥补原有宗法政治的不足就显得势在必行。在这种情况下，西周的册命制度开始有了用武之地。册命制度的实质是周王以册命的形式将土地与人民赏赐给各类贵族，其中自然也包括小宗家族，由是在周王与这些各级贵族之间建立起一种新型的、以权利义务为内容的政治关系。

册命制度及册命仪式在西周后期的大量适用在很大程度上补足了西周宗法政治的缺陷，缓解了西周血缘淡化与小宗家族成员溢出统治集团所造成的政治危机，深刻影响了西周的政治秩序。

（二）构建君臣之间权责契约

商、周的国家的政治结构形态有很大不同。根据王国维的研究，殷商

---

① 即使在礼崩乐坏的春秋时期，诸侯权力的合法性仍须由周天子册封，如小邾国国君，虽实为一国之主，但未受王命，在其青铜器铭文中，仍只能称名称君，并不具有一方诸侯的合法席位，可见春秋时期虽然周王室衰微，但在册命形式上仍需由周天子来主持实施。

② 黄明磊：《册命礼与西周官制研究》，陕西师范大学 2018 年博士学位论文，第 210 页。

时期天子诸侯并无明显等级之别，其国家形态颇类似于松散的国家联盟。西周在平乱之后在总结前代国家治理的经验之后以"亲亲""尊尊"为理念建立起具有一定程度集权性质的新型国家形态，而分封制则是这一国家形态的制度体现。而西周早期的封建诸侯就是通过册命仪式实现的。如金文中的"受令，册佩以出"（史颂鼎）、"受册佩以出"（山鼎）；传世文献中的"受策以出"（《左传·僖公二十八年》）、"受书以归"（《礼记·祭统》），这说明西周初期封建诸侯过程中有周王授予受命者以册书的程序。从性质上来看，册命仪式中周王所授之命书可视为划定君臣权责的政治契约。在这份契约中，周王授予受命者以地位和权力，受命者据此需承担屏障周邦、效忠周室的义务。这在西周的册命金文中多有体现。①这也表明西周的国家权力组成方式相较于殷商，已有本质的不同。

西周册命仪式的实质是以命官授爵的形式构建西周国家的新型的君臣秩序。为了保证仪式中权力义务关系的实现，西周册命仪式中借用了祝册告上帝神祇的宗教仪式。册命仪式中的命也就是《周礼》中大祝"六辞"之一②，其本为"以事鬼神示，祈福祥，求永贞"之辞章，西周册命仪式改由史官在册命典礼上宣读命书。这是由史官权能的演进和地位上升所决定的。西周史官也是宗教神职人员，因而，史官宣读命书，实际上具有邀唤祖先神灵以监督和庇护的功能。如此借助宗教仪式的神圣性和权威性，也就强化了受命者对册命者的臣属关系和义务，有利于宗法等级制结构体制的巩固和稳定。③

（三）建立"帅型祖考"式的主从关系

西周册命仪式中有一项重要内容，就是册命仪式完成之后，受命者

① 关于这点，可以从命辞中看出。《文侯之命》虽然没有明确说出周王册封给晋文侯以什么官职，但是周王所赐之物则表明了晋文侯被授予的权力和爵位。在周代，"分封策命的赐物品类主要被用作地位与权力的授予标志"，晋文侯被赐物中有"彤弓一，彤矢百，卢弓一，卢矢百"。《荀子·大略篇》云："天子雕弓，诸侯彤弓，大夫黑弓，礼也。"彤弓是为诸侯爵位的象征。据《礼记·王制》"诸侯赐弓矢，然后征"可知，诸侯被赐予弓矢，就是被授予征讨大权。晋文侯被赐弓矢，表明了周平王对他诸侯地位的再认，同时授予他征讨大权以辅助王室，所以说册书是一份权力和义务相统一的法律文书。又如前引大盂鼎，康王要求盂早晚规谏，勤政王事。又命盂继承其祖父腆季的爵位，并授予他职责，兼管司戎，整饬刑法和诉讼，早晚辅助君王治理四方政务。康王既授予了盂以权力和爵位，但也规定了他的职责和义务。

② 《周礼·春官·大祝》云："作六辞，以通上下亲疏远近，一曰祠，二曰命，三曰诰，四曰会，五曰祷，六曰诔。"

③ 张亚初、刘雨：《西周金文官制研究》，中华书局，2004年，第104~109、148页。

"受书以归，而舍奠于其庙"（《礼记·祭统》），即将册命文书与册命过程镌刻于青铜器陈列于家族宗庙献祭先祖神灵并子孙永保，用以光耀后世、彰显家族荣誉。这种做法实际上是将册命仪式的影响从个体扩展到受命者整个家族，并上追孝于父考先祖，下延续至于后代子孙，将周王的册命恩典在宗法家族中世代传播。

西周的重要职官有相当一部分是自先祖世袭传承而来，因此先祖成为受命者获得权力的重要因素。在不少金文中都记录了周王册命时追思受命者先祖功勋，并要求受命者当"帅型祖考"，继续效忠周室。如西周晚期的四十二年逨鼎册命逨时周王同样先提及逨先祖"考夹绍先王，爵董（勤）大令（命），奠周邦"的功勋，并表示"余弗叚忘圣人孙子，余佳（唯）闻乃先且（祖）考，有爵于周邦"，对逨进行了册命，并要求其"佳（唯）克井（型）乃先且（祖）考"，此处"井（型）"释作效法，意为周王要求逨效法先祖继续效忠王室（器号 NA0745）。又如西周中期的师𩛥鼎铭在册命师𩛥要求其当"用井（型）乃圣且（祖）考，階（邻）明齡（令）辟前王，事余一人"（《集成》2830）。类似的还有西周早期的盂鼎，周王在命书中要求盂当"井（型）乃嗣且（祖）南公"，即盂要效法其先祖南公，"乃绍夹死嗣（司）戎，敏谏罚讼，夙夕召我一人登（烝）四方，雩我其遹省先王受民受强（疆）土"（《集成》2837）。西周中期的师虎簋中也有类似记载，周王在命书中先追思师虎先祖"考事啻（适）官，嗣（司）广（左）右戏鯀（繁）荆（荆）"的功勋，要求师虎"更（赓）乃（祖）考啻（适）官，嗣（司）广右戏鯀（繁）荆（荆），敬夙夜，勿法（废）朕（朕）令"（《集成》4316）。这些铭文表明周王通过册命仪式赋予贵族官僚权力的同时，还设置了其效忠王室的义务。与周王在命书中要求受命者"帅型祖考"的程序相对应，受命者所作尊彝中也有盟誓当效法先祖辅佐周王的描述。如西周晚期的录伯𢦆簋盖铭文记载周王在册命录伯𢦆时谓其祖考"又（有）爵于周邦邦，右辟三（四）方，畜天令"，录伯𢦆在铭文最后表示"子子孙孙其帅井（型）受丝（兹）休"（《集成》4302）。类似的还有番生簋盖铭文，番生受册命后自述"不敢弗帅井（型）皇且（祖）考不（丕）杯（丕）元德，用申绍大令，覒（屏）王立（位）"（《集成》4326），意谓受命者子孙后代当效法先祖尽忠周室，从而将对周室的忠诚延及子孙后代。

可见，确立不同权力位阶者对周室的服从关系是西周册命仪式的重要政治功能之一。西周的政治权力格局具有浓厚的宗族色彩，通过"帅型祖考"来确立现实中君臣之间的主从关系，实际也是将宗法背景下的家族伦理秩序延展至国家治理领域，其要旨在于受命者权力与其祖考功勋直接相关，而其祖考的功勋主要是辅佐先王、建功周邦，周王将权力来源层级关系以册命仪式的方式予以展示与凸显，意在通过宗族纽带凝聚统治阶层合力，在统治阶层内部建立"帅型祖考"式的主从关系，从而服从于社会治理秩序构建的整体目标，反映了宗法社会背景下国家治理的特点。① 此外，册命仪式还可以弥补建立在血缘基础之上的宗法政治的不足。从史实来看，西周到了中期穆王时期，之前建立在作为邦国间联系纽带的血缘关系经过数代的演变已逐渐稀释淡化，王室与各方诸侯基于亲缘的纽带无疑也逐渐削弱，② 册命制度通过册立新君或嗣君等形式划分权责，重新确定受册者与周王室的统属关系，在过去基于血缘的宗族政治中注入权责对应的契约因素。这也揭示了西周中期以后册命铭文剧增的原因。

综上，册命不仅是一种空间的仪式表演，而且是西周国家政治秩序与权力关系的构建模式，体现着周人的国家治理理念。从诸侯臣僚的角度而言，册命仪式不仅显示了诸侯、贵族及臣僚的祭祀、征伐、职事的权力为周王所授予，具有毋庸置疑的合法性，而且，通过周王的册命仪式，这些治理四方的诸侯或贵族展示了其与周王之间"犹衣服之有冠冕，木水之有本原"（《左传·昭公九年》）式的依存关系，使得整个西周政治体制都笼罩在一种温情脉脉的伦理面纱之中。册命仪式对于君主权威的塑造更是不遗余力。在册命仪式的仪式操演与身体实践中，作为册命者的周王与受命者的诸侯、贵族等群体的权力与义务得以明确，权力的委托—代理关系在仪式空间中也得以证成。③ 正是通过册命仪式的媒介，周王天下共主的身份得到反复的传播与确认，使得周王—诸侯—卿大夫的权力架构转化为具有共同价值认同的政治共同体，使得权力的等级与从属原则从制度形态进入到观念层面，从而形成西周国家社会秩序的基础。

---

① 王沛：《西周邦国的法秩序构建——以新出金文为中心》，《法学研究》2016 年第 6 期。

② 对于该问题，夏含夷做过深入分析，他认为"成王所建的东方诸侯至穆王时已历二至三代，他们与渭河流域王庭之间的联系毫无疑问在减弱。穆王的统治无法继续以私人纽带为号召，却不得不创立一种无个性的官僚制度"，西周册命仪式的频繁发生，也与血缘纽带的弱化有关。参见 Michael Loewe & Edward L. Shaughnessy, *The Cambridge History of Ancient China: From the Origins of Civilization to 221 B. C.*, Cambridge University Press, 1999, p323.

③ 惠翔宇、彭邦本：《册命制度与周王"正统"及"天子"信仰》，《西南民族大学学报》2016 年第 4 期。

第二节　诸侯宾服：朝聘仪式与西周邦国秩序的构建

朝聘仪式属于五礼中的宾礼，是西周王朝构建邦国秩序的重要仪式。从概念上来说，它包括两个层面：其一是朝觐，指的是诸侯按照西周礼仪制度定期朝见周王的仪式；其二为聘问，为天子或内服重臣遣使问候诸侯的仪式。朝聘之礼的目的是"正班爵之义，帅长幼之序，训上下之则"（《国语·鲁语上》），因此是西周国家构建君臣秩序、确立权力结构的政治仪式。① 本节拟通过对西周铭文中记录的朝聘仪式的形式及程序考察，来揭示其与当时社会秩序构建之间的关系。

一、朝觐礼与西周治理秩序

（一）金文中的朝觐仪式

朝觐礼是诸侯、贵族朝见周天子之礼，尽管三礼记载的朝与觐并不完全相同，但多数学者认为朝、觐同为诸侯拜见天子之礼，二者在仪式上并没有太大的差异。② 朝觐又被称为"见""献"等。如《尔雅·释诂》释觐为"见也"，贾公彦疏《仪礼·觐礼》亦云"觐，见也"。《左传·昭公二十七年》载："羞者献体改服于门外。"杨伯峻注："献为呈见。"在金文中，朝觐也作"见服""见事""进事"等。

西周早期的子黄尊③铭曾涉及西周的朝觐礼，其文如下：

---

① 钱玄、钱兴奇编著：《三礼辞典》，江苏古籍出版社，1998年，第939页。

② 如清人金鹗云："朝觐宗遇特以时而异其名，其礼必不有异。"是将"朝、宗、觐、遇"四时之礼统称为朝觐之礼，而且它们之间的礼仪是相同的。钱玄、钱奇兴在《三礼辞典》中也认为朝、觐并无区别："诸侯春朝于天子称朝，又四时朝于王，均得称朝，朝为通称，亦称觐，觐为诸侯朝天子之专称。"参见金鹗：《求古录礼说》，山东友谊书社，1992年，第920页；钱玄、钱兴奇编著：《三礼辞典》，江苏古籍出版社，1998年，第818页。因此诸侯臣属拜见天子，既可用朝表示，也可用觐表示，两者之间并无差别。《诗经》中所记朝觐诗，有称朝者，也有称觐者，可证明朝、觐无别。如《诗经·大雅·韩奕》："四牡奕奕，孔修且张。韩侯入觐，以其介圭，入觐于王。"毛《序》："觐，见也。"郑笺："诸侯秋见天子曰觐。"《诗经·小雅·渐渐之石》："武人东征，不皇朝矣。"孔颖达疏："朝者，诸侯见王之辞。"其中，《韩奕》所用朝觐之词为觐，而《渐渐之石》和《采薇》记载君子朝觐周王为朝，虽然用词不同，但都表示诸侯臣属来朝拜见周王，两者并无区别。

③ 对该器年代有争议，学界有商末与西周初期两种观点，笔者采后说。

乙卯，子见才（在）大室，白囗一、耴琅九，出百牢。王商
（赏）子黄瓒一、贝百朋。子光商（赏）姒贝。用乍（作）己宝囗。
（《集成》6000）。

该铭文大意为某年某月乙卯日，子于大室朝见周王，携带了礼品若干
作为贡献。周王赏赐子黄瓒、贝等物品作为回馈。

又如燕侯旨鼎记述了燕侯旨于宗周"见事"周王并获赏赐的史实：
"匽（燕）侯旨初见事于宗周，王赏旨贝廿朋，用乍（作）（姒）宝尊
彝"（《集成》2269）。另如作册䰧卣也记载了西周的朝觐礼仪：

佳公大史见服于宗周年，才（在）二月既望乙亥，公大史咸见服
于辟王，辨于多正。雩四月既生霸庚午，王遣公大史，公大史在丰，
赏乍（作）册䰧马，扬公休，用乍（作）日己旅障（尊）彝。（《集
成》5432）

铭文记述公大史在宗周朝见周王并述职，后获周王赏赐并作尊彝纪
念。金文中涉及诸侯朝见周王的还有九年卫鼎（"眉敖者肤卓事见于王"，
《集成》2831）、乖伯簋（"眉敖至见，献帛"，《集成》4331）、史墙盘
["敾史剌（烈）且（祖）乃来见武王"，《集成》10175]、癭钟（"微史
列祖回见武王"，《集成》247）与㝈钟（"南夷东夷俱见廿六邦"，《集成》
260）五铭。其中史墙盘与癭钟记录了微氏家族先祖朝觐武王的史
实；九年卫鼎与乖伯簋记录了眉敖朝觐周王并获得周王赏赐的事迹，㝈钟
记录了周王征讨南国，并使南夷和东夷共26国臣服周王并行朝觐之礼。
这五铭也集中体现了西周通过朝觐仪式构建邦国秩序的政治意图。

金文中的朝觐还包括"献"，如䰧卣记载某王九月己亥日，"丙公献
王饎器"，即丙公朝见天子并贡献饎器，后获周王"赐䰧马"；西周早期
的寓鼎记录了某年十二月丁丑日，寓"献佩于王姒"，并获王姒赏赐寓曼
丝作为回报；而西周中晚期的任鼎记录了某年正月时，任遣人朝觐周王并
"献货于王"，获得周王赏赐太牢等物品的史实。此三铭中的"献"都为
朝觐之意，内容为向周王献纳贡物。

另有召器记录召"进事"周王：

佳（唯）十又二月初吉丁卯，召启（肇）进事，旋（旋）走事
皇辟君，休。王自教事（使）赏毕土方五十里，召弗敢忘王休异，

用乍（作）枞宫旅彝。（《集成》10360）

铭文大意是十二月初吉丁卯这一天，召向王觐见述职，受到王的赏赐而作器纪念。此外麦方尊载：

> 王令辟井（邢）侯出坯，侯于井（邢），粤若二月，侯见于宗周，亡述（尤），逌（会）王飨奔京，彭祀。粤若暨（翌），才（在）璧（辟）雍，王乘于舟，为大豊（礼），王射大龏禽，侯乘于赤旗舟，从，奴，咸。之日，王目（以）侯内（入）于帝（寝），侯易（赐）玄周（珥）戈。粤王才（在）𣏟，巳（已）夕，侯易（赐）者（赭）𤔲臣二百家，剂（赍）用王乘车马、金勒、门衣、市、舄，唯归，将天子休，告亡尤，用龏（恭）义（仪）宁侯，覒考于井（邢）侯。乍（作）册麦易（赐）金于辟侯，麦扬，用乍（作）宝障（尊）彝，用鬲侯逆遭（造），将明令，唯天子休于麦辟侯之年铸，孙孙子子其永亡冬（终），冬（终）用遹（造）值（德），妥（绥）多友，享旋走令。（《集成》6015）

该铭文记录了邢侯在受命后的来年二月前往宗周朝觐周王，并向周王奏报施政得失状况。

以上诸铭反映了西周诸侯、贵族朝觐周王之礼。值得注意的是前引燕侯旨铭中的"初见事"，同于《尚书·康诰》中"见士于周"之"见士"，其意为述职，《孟子·告子》"诸侯朝于天子，曰述职，述职者，述所职也"，即向周天子呈报履职工作得失。与召器的"进事"、作册𪾖卣中"见服"意思类似。燕侯旨鼎与麦方尊都为西周初期作器，铭文表明朝觐制度在西周早期便已存在，诸侯需要通过朝觐仪式向周王述职。这也说明朝觐在西周之初已作为周室控制诸侯、构建邦国秩序的仪式使用。

金文中的"遗王"也是指诸侯朝觐周王，如西周中期的应侯视工钟铭：

> 隹（唯）正二月初吉，王归自成周，雁（应）侯见工遗王于周。辛未，王各于康，焚（荣）白（伯）内（入）右雁（应）侯见工，易（赐）彤（彤弓）一、彤（彤矢）百、马四匹，见工敢对扬天子休，用乍朕（朕）皇且（祖）雁（应）侯大蓍（林）钟，用易（赐）

䁶（眉）寿永命，子子孙孙永宝用。（《集成》3860）

此铭"遗"当释作"见"，该铭记录了应侯视工前往宗周朝见周王，并获周王赏赐的史实。

（二）朝觐仪式的程序

朝觐仪式举行的时间在金文文献与传世文献中略有出入。根据《周礼》《礼记》的记载，朝见天子一般在春季（"春见曰朝"），觐见则多在秋季（"秋见曰觐"），此外还有夏见、冬见、时见、殷见（《周礼·春官·大宗伯》）与遇见（"未及期相见"，见《礼记·曲礼下》）的区分。但金文中的时间则不确定，如应侯视工钟所记应侯朝见时间为"二月初吉"，虤卣为"二月既望乙亥"，麦方尊记载邢侯朝觐时间为"雩若二月"，鲁卣记载为九月己亥日，寓鼎记录的是十二月丁丑日，召器记录召"进事"周王为"十又二月初吉"。可见金文中朝觐不限于春秋二季，在冬季十二月的记录也不在少数。《周礼》将其定于春秋两季，当是后世撰者附会之论。

金文资料中关于诸侯朝觐周王的记录，对于周王赏赐的物品记载较为详细，而对朝觐仪式的程序、言辞答对则较少涉及。传世三礼等文献中较多地保留了朝觐仪式的程序。如《礼记·曲礼下》将朝觐仪式分为两类。朝的仪式为"天子当宁而立，诸公东面，诸侯西面"；觐的仪式为"天子当依而立，诸侯北面而见天子"。《礼记·郊特牲》记载行觐礼时，天子"不下堂而见诸侯"，如天子"下堂而见诸侯"，则天子属"失礼"。《仪礼·觐礼》中对于朝聘仪式的记录则更为详细。根据《仪礼》的记载，诸侯朝见天子可分为五个部分：

一是诸侯朝见抵达王都近郊时，天子遣使慰劳。

二是诸侯在使者引导下朝会天子，"天子赐舍"并使大夫告知朝觐仪式具体时间。

三是众诸侯在朝觐仪式前日"受舍于朝"。其中同姓诸侯西面北上，异姓诸侯东面北上。

四是朝觐仪式程序。（1）诸侯"乘墨车，载龙旗"等往朝天子，"天子设斧依于户牖之间"，传令召诸侯入朝嘉奖。（2）诸侯自右门入，"坐奠圭，再拜稽首"，并将圭跪呈天子；天子受玉圭后，诸侯下堂并在西阶东边面朝北再拜稽首；诸侯在傧者宴请后再登堂"拜，乃出"。（3）诸侯向天子进献礼物。（4）诸侯袒露右臂，面北而立，向天子述职，天子答对"伯父无事，归宁乃邦"，诸侯再拜稽首而出。（5）天子遣三公回赠诸侯车服等物品并宣读诏书，诸侯亲至大门外迎接，再拜稽首，并赠送三公礼物。

五是诸侯行过飨礼、食礼、燕礼后，归国。

从《仪礼》所见诸侯朝聘仪式来看，其过程烦琐庄重，将诸侯对于周王的权力附属关系体现得淋漓尽致，也集中诠释了"朝觐然后诸侯知所以臣""明君臣之义"的政治功能。关于这一点，在诸侯权力的承继方面也有体现。如伯晨鼎铭载伯晨朝见周王，王命垣侯伯晨"嗣乃祖考侯于垣"，赐鬯酒官服，并勉励伯晨"用夙夜事，勿废朕命"。伯晨鼎铭的记录与传世文献的记载可互证。如《诗经·韩奕》记载："韩侯受命，王亲命之：缵戎祖考，无废朕命。夙夜匪解，虔共尔位，朕命不易。"这表明诸侯国新居嗣位需到王都朝见天子，只有天子肯认才能合法从父祖承袭诸侯国的治理权力。

二、聘问礼与西周治理秩序

如果说朝觐礼主要是诸侯自下位视角礼敬周王的仪式，聘问礼则是从西周王朝的上位视角慰问诸侯的仪式。根据聘问的主题，大致可分为王使臣于诸侯、王朝内服大臣聘诸侯两种类型。下文分述之。

（一）王使臣于诸侯

这是西周聘问仪式中最为常见的形式。如小臣守簋铭载：

> 佳（唯）五月既死霸辛未，王吏（使）小臣守吏（事）于夷，宾马两、金十钧。守敢对扬天子休令，用乍（作）铸引中（仲）宝殷（簋），子子孙孙永宝用。（《集成》4179）

该铭记载了西周早期周王派遣小臣守使于夷[1]，守在夷获赠马、铜等物品的史实。类似的还有芇簋：

> 唯六月既生霸辛巳，王命芇罘吊（叔）䚕父归（馈）吴姬怡器，𠂤（师）黄宾芇章（璋）一、马两，吴姬宾帛束，芇对扬天子休，用乍（作）障（尊）殷（簋）季姜。（《集成》4195）

该铭大意为某年六月既生霸辛巳时，周王命芇罘和叔䚕父聘问吴姬并

---

① 马承源主编：《商周青铜器铭文选》，文物出版社，1990年，第235页。

赠送饴器，师黄则回赠一璋、二马，吴姬回赠帛束。此两铭都是周王派遣使臣聘问诸侯的记录。根据西周金文的记载，周王聘问诸侯还可进一步细分为省、宁、安诸侯三种形式。①

1. 省诸侯

指的是周王遣使省问诸侯，如史颂鼎记载：

> 佳（唯）三年五月丁子（巳），王才（在）宗周，令史颂省穌（苏），㵣友里君、百生（姓），帅偶盨于成周，休又（有）成事，穌（苏）宾章（璋）、马四匹、吉金，用乍（作）𪔪彝。颂其万年无强（疆），日将天子覭令，子子孙孙永宝用。（《集成》2787）

该铭记录了宣王三年五月丁巳日，周王在宗周派遣史颂聘问苏地的诸侯贵族与百姓，苏侯向史颂赠送礼物的史实。此铭中"史颂省穌（苏）"中的"省"为周王聘问形式中的一种，有看望之意。根据《周礼·秋官·大行人》的记载，周王省诸侯一般为"五岁遍省"，此聘礼中的省诸侯即周王通过派遣使臣安抚诸侯之礼。又据昭王时期的中甗：

> 王令中先省南或（国）贯行，䢔（执）屃在屮（曾），史儿至，㠯（以）王令曰：余令女（汝）史（使）小大邦，㫃（厥）又舍女（汝）斗却量至于女，庸小多□。中省自方、登（邓），遹□邦，在㲃㠯（师）䢉（次）。白（伯）买父乃以㫃（厥）人戍汉中州，曰段、曰旟，㫃（厥）人□廿夫，㫃（厥）贾鼒言曰：宾□贝，曰传□王□休，肆㫃又（有）羞余□□，用乍（作）父乙宝彝。（《集成》949）

该铭记载了周王派遣中前往南国以"省"的方式聘问各诸侯的史实。不同于王都附近的苏地，南国远离王畿地区，周王遣中聘问南国诸侯也说明在西周昭王世时王畿地区与南部诸国已有较为密切的政治联系，而且西周王朝对该区域诸侯国已经形成了较为有效的控制力。

2. 宁诸侯

周王聘问诸侯的形式还包括宁。如作于成王时期的盂爵记载成王"初贲于成周"时令"盂宁翆（邓）白（伯），宾（傧）贝"（《集成》

---

① 李春艳：《西周金文中的天子礼仪研究》，陕西师范大学 2016 年博士学位论文，第 147~158 页。

9104）。此铭中的"宁"，《说文解字》释为"安也"，为安宁之意，是西周时期周王对诸侯的一般性问候。①

3. 安诸侯

金文中还可看到周室遣使安诸侯的记录。如西周早期的作册睘尊载：

> 佳十有九年，王才（在）序，君令余乍（作）册睘安尸白（夷伯），尸白（夷伯）宾用贝、布，用乍（作）朕文考日癸旅宝。（《集成》5989）

该铭与作册睘卣（《集成》5407）为同套青铜器物，可参照对读。铭文中的"君"即为作册睘卣中的"王姜"，作册睘尊铭文记载了王后派遣睘问安夷伯的史实。

综上，聘问仪式中的省、宁、安诸侯在金文中表述各异，但都属周室沟通诸侯关系、强化对诸侯控制的政治仪式，三者之间并无显著差异。

（二）王朝内服大臣聘诸侯

一般而言，聘问礼主要是天子派使者出使诸侯，西周铭文中省诸侯、宁诸侯等，其所指主要是周天子派使者慰问诸侯，是"王使臣于诸侯之礼"。金文中还有内服重臣聘问诸侯的记录。金文材料显示，西周时期王朝重臣常遣使出使诸侯。如仲几父簋"中（仲）几父事（使）几史（使）于者（诸）侯、者（诸）监"（《集成》3954）、生史簋"召伯令生史使于楚"（《集成》4101）、遇甗"师雍父屑史遇事于戜（胡）侯"（《集成》948）记录了仲几父、召伯及师雍父遣人聘问诸侯国的史实。这三人都属于西周王朝内服重臣。此外，匍盉也记录了穆王某年四月既生霸戊申时，匍将军队驻扎于沶水，青公"吏（使）嗣（司）史（使）钍曾（赠）匍于柬"（器号 NA0062），即青公遣史钍聘问于匍。金文中的这些记载表明王朝内服大臣也可成为聘问礼的主体。

金文中还有内服重臣安诸侯的记录。如公貿鼎记录十又一月初吉壬午时，"叔氏使布安纪伯"（《集成》2719）。这里的叔氏也是内服臣僚，他有权派遣布安诸侯纪伯。

上述金文中王朝重要内服大臣与各诸侯国交往密切，在西周邦国秩序构建中发挥着重要作用。

---

① 唐兰：《西周青铜器铭文分代史征》，中华书局，1986 年，第 131 页。

（三）聘问仪式的程序

目前关于聘问仪式的记录在传世文献《仪礼·聘礼》及山西大河口墓地的霸伯盂中都有详细的记录。我们先将霸伯盂铭文列举如下：

> 佳（唯）三月，王史（使）白（伯）考蔑尚历，归柔樾（郁）、旁邕、臧（浆），尚拜稽首。既稽首，延宾，嚻（赞），宾用虎皮再（称）毁（馈），用章（璋）奏。翌日，命宾曰：拜稽首，天子蔑其臣历，敢敏。用章（璋），遣宾，嚻（赞），用鱼皮两，侧毁（馈），用章（璋）先马，邐（原）毁（馈），用玉。宾出，以胆或（又）延，白（伯）或（又）邐（原）毁（馈），用玉先车。宾出，白（伯）遣宾于郊，或（又）舍宾马。霸白（伯）拜稽首，对扬王休，用乍（作）宝盂，孙子子其万年永宝。（器号 NB0893）

黄益飞曾对霸伯盂中的聘问仪式做过详细考证，并将西周聘问仪式分成七个部分：（1）赐物仪式。（2）拜仪。（3）宾主对答。（4）傧相之仪。（5）宾出与延宾。（6）迎宾之仪。（7）赠物之仪。[①] 其中拜仪、宾主对答、宾出与延宾等仪式部分与《仪礼》中颇为相合，其余部分则略有出入。整个仪式程序繁杂冗长，所涉仪节异常烦琐庄重，其宗旨与朝见仪式类似，都是以仪式的形式将诸侯附属于周王的权力结构以仪式的形式彰显出来，使周王天下共主的理念成为西周统治阶层内部的广泛共识。

三、朝聘仪式的政治功能

西周朝聘仪式是西周国家朝聘礼制的仪式表达。因此，探讨其政治功能须结合西周的朝聘礼制来进行综合考察。如前文所述，西周的朝觐礼中也有见、献、遗之分，聘问礼中有安、宁、省的区别，其具体仪式的施用主要视西周国家的政治目的而定。就朝觐礼来看，史墙盘、子黄尊、乖伯簋、癫钟、九年卫鼎、𫗧钟等铭中为"见"周王，意为向周王述职并献纳贡物；而䚟卣、寓鼎中诸侯朝觐周室的方式为"献"，其内容主要为纳贡，不包含述职；应侯视工钟铭中的"遗王"主要内容是向周王赠送礼物。再看聘问之礼。作册睘尊载王后派遣睘"安"夷伯，此处"安"为问安之意；盂爵载成王"宁"邓伯，此处"宁"有抚慰之意；而史颂簋中周王遣史颂"省"苏地，则有王朝使臣巡视之意。朝觐、聘问礼制中这

些仪式之间的细微差别，也从侧面反映了朝聘仪式在强化周王与诸侯政治联结方面的重要价值。

从政治功能的发挥来看，朝聘仪式与册命仪式颇为不同，它的效力发挥不仅局限于具体仪式实践的空间场域，更在于日常邦国之间的交往与互动。故《礼记·乐记》云礼者"报也"，孔颖达疏之为"礼尚往来，受人礼事，必当报之也"。因此，通过仪式加强天子诸侯之间的政治沟通是朝聘仪式的应有之义。① 其具体体现为在朝觐与聘问仪式中参与各方都会有礼物互馈的程序设置。如在朝觐仪式中诸侯向周王述职朝贡之后，周王须相应赏赐礼品作为回赠，这在燕侯旨鼎、麦方尊、召圜器、应侯视工钟等铭中都有所体现。在聘问仪式中，天子遣使聘问诸侯须赏赐礼品，而诸侯也须对周王使者回馈礼品。如兩簋中周王命兩枲和叔䌛父聘问吴姬赠送饴器，而受赠方师黄则回赠一璋、二马，吴姬回赠帛束；霸伯盂中周王令使臣赏赐霸伯"柔鬯（郁）、旁罍、㦰（浆）"等，霸伯则回馈虎皮、璋、鱼皮、玉、马等物。

朝觐与聘问过程中的礼物也体现了朝聘礼仪的政治目的。从周王对诸侯臣属的赏赐物品名目来看，这一方面是周王对朝臣过往政绩的认可，另一方面则象征周王授予其某项具体权能。如前述麦方尊中记载的周王赐予邢侯的礼物包括玄周戈、命服及迅臣等，其中命服与迅臣意味着周王对于邢侯在邢地统治权力合法性的承认，玄周戈为兵器，象征着邢侯为王戍守疆土、屏障周邦的职能，这与应侯视工钟中周王赏赐给视工的弓矢、马匹的含义类似。由周王所赏赐的物品中也反映诸侯的权力源于周王、周王乃天下主权者的理念，因此，诸侯的治理权限需要得到周王的认可方具备合法性，相应地，屏卫周邦、股肱周室也是诸侯臣属不容推辞的义务。

可见，朝聘是西周国家体现君臣关系的重要政治仪式，对于确认周邦与诸侯国的主从关系、构建西周天下邦国秩序发挥着重要作用。因此《左传·庄公二十三年》谓朝聘之礼目的在于"正班爵之义，帅长幼之序"，从而彰显周王为天下共主的独尊地位。另一方面，朝觐仪式中设置有诸侯臣属向周王述职的程序，虽然其象征意义大于实际内容，但这也表明诸侯等群体在封邑内的治理权力形式上须接受周室的考核与监管，表达了"率土之滨，莫非王臣"的政治理念。

还应注意的是，西周朝聘仪式不仅反映出周王为天下主权者的政治理念，同时还是西周国家实力盛衰的晴雨表。通过综合考察西周不同时期朝

---

① 黎虎：《周代交聘礼中的"礼尚往来"原则》，《文史哲》2009 年第 3 期。

聘仪式的频次，可以看到朝聘仪式的举行经历了一个从高峰到低谷的动态过程，这种趋势与西周国家势力的消长体现出了很高的一致性，这也象征着西周国家的组织权威和中央王权从强到弱的转变。

综上，朝聘仪式是西周国家沟通诸侯关系、理顺邦国秩序的重要政治性仪式，其对于西周国家政治秩序的构建发挥重要作用。一方面，在朝聘礼仪中，周王以天下共主的身份接受诸侯的朝觐，周王与诸侯、贵族之间的主客关系得到确认与强化；另一方面，天子以君道临于内朝的仪式实践，充分体现朝聘仪式"制诸侯、帅长幼、训上下"的邦国秩序构建功能。朝聘仪式在为西周的邦国秩序披上了温情的伦理面纱的同时，突出了君主在君臣关系中的主导地位。[1] 从传播的角度而言，礼仪具有表演性，西周时期的朝聘场合还存在着观礼或观乐现象。朝聘通过仪式化的场景呈现推动了周文化向四方诸侯国的传播，加强了西周时期各区域之间的文化交流，促成了华夏文化认同观念的生成。

第三节　神道立教：盟誓仪式与西周宗法秩序的构建

从严格概念上来说，盟誓包括盟与誓两部分，盟指天子巡狩时与诸侯盟于方岳之下；誓则表达了自己强烈的、不可更改的决意。[2] 而作为仪式的盟誓主要指的是在神灵之前以某种固定仪式的方式表示遵守所立之誓言，并期望神灵对违反者施以惩罚的仪式行为。盟誓的产生与宗教观念及神灵崇拜有关，后来逐渐适用于各类需要强力行为规范，却又难以对背盟者实施现实惩罚的场所，尤其在早期国家不同主体之间政治关系的建立与维系中发挥着重要作用。其要旨在于存在一个各方都共同信仰的神灵以一种隐性在场的方式见证、监督誓言的践行，并能以神秘力量对背盟者施以惩罚。从目前西周铭文中涉及盟誓的文献来看，其一般模式为在不同主体之间设定特定的权利义务关系，如有某方不能完整兑现承诺，则须承担相应的后果。需要注意的是，西周金文盟誓中的后果既包括诉诸某种神灵的惩罚，也可以是请求国家权力机关的介入（如倗匜铭）来实现权利的救济诉求。

---

[1] 李无未将其功能概括为四个方面：（1）突出西周天子的至尊地位；（2）调节天子与诸侯的关系；（3）调整诸侯与诸侯之间的关系；（4）维护等级制体制。参见李无未：《周代朝聘制度研究》，吉林人民出版社，2005年，第171~183页。

[2] 吕静：《春秋时期盟誓研究——神灵崇拜下的社会秩序再构建》，上海古籍出版社，2007年，第69页。

一、西周礼制体系中的盟誓仪式

盟誓并不属于传统五礼的内容之一，而属于诸多礼制中的仪式部分。如册命礼中常伴有受册命人"对扬王休"，并宣誓效忠。这在西周金文中有较多体现。如在克罍铭中，燕侯克受册命时周王要求其"隹（唯）乃明乃心"（器号 NA1368），此处"明"即盟誓之意。周王册命燕侯克，赋予其在燕国合法的治理权限，相应地，燕侯克须在仪式中宣誓对周王效忠并昭告神灵。又如周公簋中记载了周王册命邢侯并赐三种臣仆——州人、重人、庸人，邢侯受命后表示"拜頴首，鲁天子艁（造）氒（厥）瀕福，克奔走上下，帝无冬（终）令（命）于有周，追考（孝），对不敢象（坠），卲（昭）朕（朕）福盟，朕（朕）臣天子，用册王令"（《集成》4241）。这段话的情境与燕侯克受命时类似，在接受册命后须向周王宣誓效忠。具体来说，铭文中的"帝无冬（终）令（命）于有周"指的是邢侯在受命后禘祭天帝当永远听命于周。"不敢象（坠）"意为不敢废弃王命，"卲（昭）朕（朕）福盟"表示定当遵循神前之盟誓。又如蔡簋中周王册命蔡承袭世职担任宰，管理王家事务，蔡受命后亦盟誓"毋敢又（有）不闻"（《集成》4340）。在各诸侯国内，诸侯册命卿大夫时，受封者也须向诸侯盟誓效忠。如《师毃簋》载："白龢父若曰：余今命女（汝）死（尸）我家……敬乃夙夜用事。毃拜稽首，敢对扬皇君休。"由此可知，册命仪式上的盟誓一般先由周王对受命者提出义务履行的要求，然后由受命者对神盟誓。可见盟誓也是西周册命礼中的一个常见程序。

除了册命礼常伴有盟誓，朝聘礼也包含盟誓的仪式，因此有时朝聘也作朝聘会盟。① 以上例证说明，西周时期的盟誓仪式是西周政治礼仪中的重要程序，对于西周国家政治秩序的构建发挥着重要作用。

二、盟誓的程序与原则

盟誓在中国渊源久远，其最初是以口头形式出现，当盟誓应用到政治领域以后，用文字的方式将盟誓内容记录下来便更多地被盟誓各方所采用。这种形诸文字的盟誓在周礼中被称为"盟书"。所谓"凡邦之大盟约，莅其盟书而登之于天府"（《周礼·秋官·大司寇》），可见盟书为邦国之间盟约的文字记载，由专人职掌（"司盟掌盟载之法"），且必须与

---

① 参见雒有仓、梁彦民：《论商周时代盟誓习俗的发展与演变》，《陕西师范大学学报》2007 年第 4 期。

国之禁令一起藏于"天府"。① 盟书有时也被称为"载书",如《左传·襄公九年》"晋士庄子为载书",又《左传·襄公十年》"子孔当国,为载书,以位序,听政辟"。此两处"载书",据《周礼·司盟》郑玄注:"载,盟辞也。盟者书其辞于策,杀牲取血,坎其牲,加书于上而埋之,谓之载书。"可知载书即盟书。盟誓中的权利和义务以文字形式记录,根据春秋时期的侯马盟书来看,盟书为一式多份,其中一份藏在天府,一份"杀牲取血"并"加书于上而埋之",以为神鬼见证,有以天地鬼神的力量监督盟约执行的宗教含义。

从盟誓仪式的演变来看,商人重鬼神,不太重视盟誓形式,盟誓的一般方式为在神前诅咒发誓。周人较为重视盟誓的庄重感,如郑玄所谓仪式还有"杀牲取血,坎其牲"的内容。从现有文献来看,西周时期的盟誓仪式举行频繁。按照盟誓内容分为诉讼盟誓与天子诸侯会盟两类。第一种与诉讼相关的盟誓形式多见于金文,如山西翼城大河口墓葬群 2002 号墓出土的鸟形盉铭与倗匜铭等,将在下文进行叙述。第二种盟誓为周王与诸侯权利义务相关的要约。如成王册封齐侯、鲁侯时与之相约二侯"股肱周室,以夹辅先王",然后便可赐其土地,"质之以牺牲,世世子孙无相害也"(《国语·鲁语上》)。这一盟誓实际就是对周王与齐、鲁二侯设立权利("赐女土地")与义务("股肱周室,以夹辅先王")。此外,由于宗法制度贯穿于西周政治始终,这也影响了西周的盟誓仪式。按照西周的制度设计,西周周王为大宗一支所世袭,小宗则封为诸侯屏障周邦。因此在西周周王会同诸侯的盟誓也被称为"大盟",即作为大宗的周王之盟。它既包括周王与姬姓诸侯的盟誓,也包括诸侯与其他异姓诸侯的盟誓。

(一)西周盟誓仪式的程序

根据陈梦家等学者的研究②,西周盟誓仪式的程序一般包括八部分:

(1)写盟书。西周时盟书由诅祝来负责撰写("作盟诅之载辞"),盟书的功能在于"以叙国之信用,以质邦国之剂信"(《周礼·春官·诅祝》)。这在传世文献中也有反映,如《左传·哀公二十六年》宋大尹欲盟六卿,"使祝为载书"。

(2)确定仪式场所。盟誓的场地是仪式进行的空间场域,乃"信之

---

① 据《周礼·春官》:"天府掌祖庙之守藏,与其禁令,凡国之玉镇、大宝器藏焉。"

② 陈梦家分为写盟书、凿坎、用牲、盟主执牛耳、献血、昭神、读盟书、加书牲上、埋盟书、藏盟书于盟府十个步骤。参见陈梦家:《东周盟誓与出土载书》,《考古》1966 年第5 期。

始也"（《左传·成公十一年》），其对于盟誓仪式的效果也具有重要意义。根据现有文献等记载来看，盟誓仪式的地点包括宗庙、方岳等场所。前者如《左传·昭公四年》记载"周幽为太室之盟"，这里的"太室"即为宗庙。① 后者如《礼记·曲礼下》"约信曰誓，莅牲曰盟"，孔颖达疏"天子巡守至方岳之下，会毕，然后乃与诸侯相盟"。

（3）用牲。西周举行盟誓仪式时需要献上牺牲，如《说苑·奉使篇》记载齐、鲁之先君立盟约时以羊为牲。不仅如此，西周盟誓所用之牺牲与权力秩序相关。如许慎《五经异义》中论及天子诸侯所用之牺牲谓"天子、诸侯以牛、豕，大夫以犬，庶人以鸡"，《毛诗》所列之牺牲与《五经异义》稍有区别，其为："君以豕，臣以犬，民以鸡。"牺牲的不同彰显权力位阶的差异，这也说明盟誓仪式具有政治秩序构建的功能。

（4）执牛耳。杜预注《周礼·天官·玉府》"若合诸侯"云"合诸侯者，必割牛耳，取其血，献之以盟"。又据《周礼·夏官·戎右》谓："赞牛耳，桃茢。"郑玄注："尸盟者割牛耳取血助为之，及血在敦中，以桃茢沸之又助之也。"即盟誓歃血时需主盟者手执牛耳，西周天子会诸侯的会盟须由周王执牛耳，以体现周王天下共主的独尊地位。

（5）昭神。昭神意为将盟约在神前昭示。据《周礼·秋官·司盟》的记载，由司盟"掌其盟约之载及其礼仪，北面诏明神"。郑玄注："诏之者，读其载书以告之也。"

（6）宣盟书。与昭神环节相扣。将盟书在神灵前进行宣读，使神灵见证盟书内容。《礼记·曲礼下》："约信曰誓，莅牲曰盟。"郑玄注之"临而读其盟书"。可知，宣读盟书是盟誓仪式中的重要环节。

（7）歃血。据《周礼》，歃血由戎右辅佐掌管，负责将敦血在仪式参加者之间进行传递。盟誓仪式中歃血的先后也与权力位阶对应，在天子会诸侯的盟誓仪式中，由周王先歃，再由地位高下逐次相传。身份高者先歃血这一原则在考古中也已被证实。②

（8）埋盟书。天子与诸侯会盟之盟书一般为一式多份，一份"登之于天府"（《周礼·秋官·大司寇》），收藏于王家，便于日后查阅，一份

---

① 关于太室之所指，杜预注为"中岳也"，即今河南登封嵩山，但其距离宗周丰镐京过远，周幽王于此会盟诸侯似不太合理。又据《尚书·洛诰》："王入太室，裸。"孔传："太室，清庙。"孔颖达疏："太室，室之大者，故为清庙。庙有五室，中央曰太室。"《春秋·文公十三年》："大室屋坏。"杜预注："大庙之室。"此处太室指宗周周室太庙更为妥帖。

② 郝本性：《河南温县东周盟誓遗址发掘与整理情况》，艾兰、邢文编：《新出简帛研究》，文物出版社，2004年，第78页。

"加书于上而埋之"，昭告于天地鬼神。① 山西侯马盟书的出土也印证了这一套程序具有很高的可靠性。②

从上述盟誓的仪式过程来看，程序繁复又不失庄重，既通过会盟的形式扩大了西周国家的统治基础，又在程序安排上凸显了王权的独尊地位与权力等级次序（如执牛耳与歃血）。③ 据《左传·隐公十一年》载"周之宗盟，异姓为后"，这一原则的存在说明西周盟誓仪式中参与者既包括姬姓诸侯，也包括异姓诸侯。其原因一方面在于原有的西周以姬姓家族为中心的宗法政治联盟将大量异姓诸侯贵族排斥在国家的权力中心之外，不利于西周国家统治力量的凝聚，另一方面即使在姬姓诸侯中伴随着权力的代际传承，其与周室之间的血缘纽带也趋于疏远松弛。因此，周初三监之乱

① 关于盟书的份数，在先秦文献中也有反映。如《吕氏春秋·诚廉》记载了周与胶鬲、微子启的两次盟誓，"王使叔旦就胶鬲于次四内，而与之盟曰：'加富三等，就官一列。'为三书，同辞，血之以牲，埋一于四内，皆以一归。又使保召公就微子开于共头之下，而与之盟曰：'世为长侯，守殷常祀，相奉桑林，宜私孟诸。'为三书，同辞，血之以牲，埋一于共头之下，皆以一归"。即盟书为一式三份，一份埋于地下，双方各执一份。又据《左传·僖公二十六年》，周初齐、鲁盟誓，"载在盟府，大师职之"；又据《左传·定公四年》，晋文公为践土之盟，"藏在周府，可覆视也"。《周礼·大司寇》载："凡邦之大盟约，莅其盟书而登之于天府，大史、内史、司会及六官皆受其贰而藏之。"《周礼·春官·大史》载："凡邦国都鄙及万民之有约剂者，藏焉，以贰六官。"综合这些说法，可知盟书有一式多份。《周礼·秋官·司盟》曰："既盟，则贰之。"又说："凡民之有约剂者，其贰在司盟。"说明盟书副本一般是由司盟负责抄写，分别授予有关官员收藏，"以防遗失，备检勘，慎重之至也"。当然，西周时期对于盟书的管理是否达到如此规范的程度，这还有待金文资料的佐证。参见雒有仓、梁彦民：《论商周时代盟誓习俗的发展与演变》，《陕西师范大学学报》2007年第4期。

② 侯马盟书出土情况大体相同，可证实原先的记载是比较可信的，但是侯马盟书的礼仪有些特殊情况，一是在凿地为坎后，先在壁龛中存放璧或璋一类玉币，而后埋盟书与牲；二是文献记录盟誓所用之牲为牛、豕或牛、豕、犬、鸡，但是侯马盟誓遗址所用牲却是以羊为主，兼用牛、马，并无用豕。郑玄说古人"用血为盟书"，而侯马盟书用毛笔书写，字迹一般为朱红色，少数黑墨色，与记载不同。参见吴承学：《先秦盟誓及其文化意蕴》，《文学评论》2001年第1期。

③ 西周礼制规定盟誓时不能越级而盟。如《左传·僖公二十九年》说："在礼，卿不会公侯，会伯子男可也。"《公羊传·文公七年》曰："诸侯不可使与公盟。"由于西周史料的缺乏，今天难以知道当时的具体规定，但从《左传》还是可以依稀洞察到它的大概。如《左传·文公二年》公不朝晋，晋人来讨，公如晋，"晋人使阳处父盟公以耻之。书曰'及晋处父盟'，以厌之也。适晋不书，讳之也"。后来，文公三年，"晋人惧其无礼于公也，请改盟"。所以"公如晋，及晋侯盟"。《左传·文公十六年》："（鲁）及齐平。公有疾，使季文子会齐侯于阳谷。请盟，齐侯不肯，曰：'请侯君间。'"后来，夏五月，"纳赂于齐侯"，才得与齐侯盟于郪丘。《左传·哀公二十五年》，卫侯"使优狡盟拳弥"。杜注曰："优狡，俳优也。拳弥，卫大夫；使俳优盟之，欲耻辱也。"这些材料都可以说明西周时期盟誓仪式中蕴含鲜明的权力等级意识。

后西周王朝在封建诸侯、册命职官的仪式中要求受封者在神灵前盟誓世代屏障周邦、效忠周室，其要旨在于以神明血盟的形式缔结仪式各方的权利义务关系，促进西周不同血缘部族之间的沟通与合作。

（二）西周盟誓仪式的原则

虽然非姬姓诸侯可以参与盟誓仪式，但为强调姬姓在国家政治生活中的优势地位，西周在仪式程序设置上突出姬姓诸侯的优先性。① 如程序上周王执牛耳，其余与盟诸侯依据同姓在前、异姓为后的顺序依次歃血。如此一来，西周的盟誓仪式既将异姓诸侯纳入统治阶层之中，在一定程度上解决了分封制度囿于血缘而产生的封闭性弊端，强化了统治集团的力量对比优势，又在遵守宗法原则的基础上，确保姬姓宗族在国家政治秩序中的主导地位。此外，盟誓仪式中诸侯的位次又与其对西周王室所承担的义务相对应，所谓"昔天子班贡，轻重以列。列尊贡重，周之制也"（《左传·昭公十三年》），即盟誓中班列于前者意味着其与周室关系紧密，需要承担更重的效忠义务，于是由亲而疏，以周王为中心的政治秩序由是构建。

盟誓仪式的规范效果与周人的宗教观念相关。在周人看来，盟誓仪式中歃血所用牲血具有某种类似于巫术的属性。歃血的仪式程序在仪式参与者之间建立了某种关联性。一方面，不同血缘关系的主体通过牲血的媒介作用而彼此血脉相通，形成了基于仪式血缘的亲缘关系；另一方面，盟誓者的诅咒可通过牲血的中介作用于背盟者身体或所在团体，从而达到惩罚的目的。② 如《左传·成公元年》论及背盟后果"必败"，其原因是"背盟不祥，欺大国不义，神人弗助，将何以胜"，孔颖达疏《毛诗》"民不相信则盟诅之"句也谓"杀牲歃血告誓明神，后若背违，令神加其祸，使

---

① 《史记·太史公自序》中说："管蔡相武庚，将宁旧商；及旦摄政，二叔不飨；杀鲜放度，周公为盟。"自此以后，"大任十子，周以宗强"。同时，"周公为盟"以后，对诸侯参与盟誓的班位和等级都有明确的规定。《左传·定公四年》记述了诸侯在践土之盟时各诸侯的位次："王若曰：晋重、鲁申、卫武、蔡甲午、郑捷、齐潘、宋王臣、莒期。"齐、宋、莒在最后，这是完全符合"周之宗盟，异姓为后"原则的。所以巴新生说："盖周代诸侯之位次须依班爵，而班爵之依据应是周班，而周班之尊则应是'周之宗盟，异姓为后'的原则，也就是说须依宗盟与宗法秩序的原则。"参见巴新生：《西周"宗盟"初探》，《东北师范大学学报》1997年第2期。

② 〔日〕滋贺秀三：《中国上古刑罚考》，刘俊文主编：《日本学者研究中国史论著选译》第八卷，中华书局，1992年，第1~30页。

民畏而不敢犯也"。因此在先秦盟约中常有"明神殛之"之套语。① 虽然此二例成书年代不同，但这种观念却是自西周一脉相承，这也是盟誓能够得到遵守，并成为构建邦国秩序重要仪式的思想基础。

三、盟誓与西周政治秩序构建

盟誓仪式通过设立义务的方式来约束会盟各方的行为，从而确保盟约目的的实现。其对于维系周王天下共主的支配地位、构建以周室为中心的权力秩序发挥着重要作用。尤其是盟誓后参与方将盟书妥善保管，这表明盟书本身可作为日后一方背叛盟约，另一方可以之作为声讨之依据，这也使得这一套政治秩序的维持有了可操作的规范基础。具体来说，盟誓仪式对西周政治秩序构建的影响体现在下述几个方面。

（一）使邦国间的血缘关系扩展为契约关系

如前所述，盟誓仪式是通过神明血盟的形式缔结仪式各方的权利义务关系，以此弥补西周时建立在宗法基础上的封建制度之不足，从而促进西周不同血缘的部族之间的沟通与合作，扩大西周宗法统治秩序的基础。所谓"誓，相要以言也"（《集韵》），此处"要"即"约"②，也就是仪式参与者各方在神灵见证下所订立的政治契约。盟书的一般格式包括三部分：（1）缘由。一般在盟书开篇部分交代盟誓缘起。（2）盟誓义务。主要是仪式各方所要履行的义务，这是盟书的核心条款。（3）背盟后果。违反盟约义务所要接受的惩罚，这里惩罚的实施者多为鬼神。从盟书的内容构成来说，意味着这是周王和诸侯必须共同遵循的条款，无论与盟者各方的权力等级，都须对等地履行盟约之义务。这无异于在周王与诸侯贵族间形成了一种建立在权力委托—代理基础之上的政治契约关系，从而在传统的宗法政治秩序中注入了政治契约的要素，强化周王与诸侯的政治联结。

最能体现周王与诸侯间的关系的盟誓仪式为与诉讼相关的盟誓形式。

---

① 《左传》中此类记载甚多，如"王子虎盟诸侯于王庭，要言曰：'皆奖王室，无相害也。有渝此盟，明神殛之。俾队其师，无克祚国。及其玄孙，无有老幼！'"（《左传·僖公二十八年》）"'……自今日以往，既盟之后，行者无保其力，居者无惧其罪。有渝此盟，以相及也。明神先君，是纠是殛。'国人闻此盟也，而后不贰。"（《左传·僖公二十八年》）"有渝此盟，明神殛之，俾队其师，无克胙国。"（《左传·成公十二年》）"凡我同盟，毋蕴年，毋壅利，毋保奸，毋留慝，救灾患，恤祸乱，同好恶，奖王室。或间兹命，司慎司盟，名山名川，群神群祀，先王先公，七姓十二国之祖，明神殛之，俾失其民，队命亡氏，踣其国家。"（《左传·襄公十一年》）

② 杨伯峻谓："要，约也。"参见杨伯峻：《春秋左传注》，中华书局，1981年，第969页。

这在山西翼城大河口墓葬群 2002 号墓出土的鸟形盉铭文中得到充分的体现。其铭摘录如下：

气（乞）誓曰：余某（无）弗再（称）公命，余自无则便身，笰传出。报氒（厥）誓曰：余既曰余再（称）公命，倘余亦改朕辞，出弃。对公命，用乍（作）宝般（盘）盉，孙子其迈（万）年用。

结合前贤的相关研究，该铭文第一部分大意为某贵族乞盟誓说："我定会奉行公之命令，如我违犯法则，愿接受鞭打、流放的处罚。"铭文第二部分是对第一段内容的强调，继续保证定会履行公之命令，如他日更改誓词，愿处以流放刑罚。最后是对公的赞颂，并作宝盘传诸子孙。该铭的重要之处在于贵族向公保证执行其命令，并立下违反誓言的处罚条款。类似的还有㑇匜铭：

佳（唯）三月既死霸甲申，王在荙上宫，白（伯）扬父乃成劾，曰：牧牛，叔，乃可（苛）湛（甚），女（汝）敢昌（以）乃师讼，女（汝）上邘先誓，今女（汝）亦既又（有）钔（御）誓，専（薄）趍啻覩儞，旉（造）亦兹五夫，亦既钔乃誓，女（汝）亦既从辞从誓。弋（式）可（苛），我义（宜）便（鞭）女（汝）千，黜墨女（汝）。今我赦女（汝），义（宜）便（鞭）女（汝）千，黜墨女（汝）。今大赦。（《集成》10285）

该铭主要记述了贵族牧牛因违反誓言与其师争讼被处以鞭五百，罚铜三百锊的处罚，并让他重新盟誓。

以上两则铭文中的盟誓都发生在贵族之间，未见有其具体仪式的记录，而且与天子诸侯之盟誓不同的是，违背誓言的后果是施以盟誓者所约定的刑罚。金文中的诉讼盟誓在传世文献中也有所反映。如《周礼》所谓："有狱讼者，则使之盟诅。凡盟诅，各以其地域之众庶共其牲而致焉。"可见，在西周统治阶层内部不同的贵族之间的政治关系与建立在血缘基础上的宗法秩序已经有所不同。鸟形盉铭与㑇匜铭中的乞与公、牧牛与师都属于统治阶层中处于不同权力位阶的贵族，尤其是鸟形盉铭中的公从名称来看或为霸国的诸侯，乞与牧牛通过盟誓的形式确定本人与国君/上级贵族的权利义务关系，并规定违反这一约定的政治后果，这与建立在单向支配基础上的权力控制关系有很大差异。虽然从这两则铭文中未见作为上位者的公与师其在盟誓中的义务内容，显示出高等级贵族对于低等级贵族仍具有权力位阶上的优势地位，但这种以盟誓形式确定上下级之间的权利义务分属的做法已然是一种具有契约性质的新型的政治秩序构建模式。这也是西周时期分封制与后世中央集权制度在政治秩序构建领域的重大区别之一。

可见，所誓者为当事人自行设定，因恐事后纠纷时空口无凭，所以对于重要的誓言，铸于铭彝，传于子孙，以备核查，就是相当必要的，这大概也是金文中屡见誓言的原因。这也解释了将盟誓铸刻于礼器之上的原因。因为盟誓从其本质上来看属于口头传播，是诸侯之间或有统属关系的主体之间就某些重大政治事项的口头保证，其传播范围也主要是在会盟的参与者之间，为了确保盟誓被严格遵守，一方或多方将盟誓的经过、事由刻诸"子孙永保永之"的金属器皿之上，使盟誓者受盟誓内容的规约。从而在传统的宗法政治秩序中注入了政治契约的要素，强化周王与诸侯的政治联结。

（二）建立以信为基础的邦国交往准则

西周制礼作乐，并以礼乐作为社会秩序的制度基础，礼乐精神所蕴含的德性价值观也成为西周构建思想秩序与邦国交往的一般规范。西周天子与诸侯的盟誓仪式中对于信的追求，也是这一价值观的具体体现。就盟誓的内涵而言，其要旨在于各方的彼此互信，如《礼记·曲礼下》释"誓"为"约信"，《左传·成公十一年》谓"齐盟，所以质信也"，《左传·昭公十六年》亦言"世有盟誓，以相信也"。又《左传·哀公十二年》记子贡对于盟誓的解释道："盟所以周信也，故心以制之，玉帛以奉之，言以结之，明神以要之。寡君以为苟有盟焉，弗可改也已。"可见，西周将盟誓仪式作为调整周邦与诸侯国之间关系的政治仪式，其意图就是将原本具有浓厚宗教祈祷意味的盟誓适用于人间的政治秩序与社会秩序的构建领域，在神灵的监临下确保盟誓义务的完整履行，所谓"作盟诅之载辞，以叙国之信用，以质邦国之剂信"（《周礼·春官·诅祝》），可见，西周王朝试图通过盟誓等仪式建立一种以信为基础的邦国交往准则。

由以上分析可知，作为西周重要的政治仪式，盟誓不仅凸显了王权的独尊地位与权力等级次序，而且在周王与诸侯贵族间形成了一种建立在权力委托—代理基础之上的政治契约关系，建立以信为基础的邦国交往准则，促进西周不同血缘的部族之间的沟通与合作，从而扩大西周宗法统治秩序的基础。

综上，从西周的历史来看，通过仪式的中介来联结神灵世界和人间秩序，是西周统治者进行社会整合的基本模式，而册命、聘问等仪式都是这一理念的具体体现。如周王在宗庙向受命者册封职司、赏赐物品或遣使聘问，同时为受命者设立义务，要求其追随先祖步伐（"帅型祖考"），效忠王室；受命者则"对扬王休"，感谢周王的册命聘问，对王室做出效忠的承诺，并作尊彝子孙永保。盟誓仪式稍有不同，其背后更加凸显了神灵的参与，鬼神天地以盟誓这种西周时期人们普遍相信的方式与其沟通，听从礼仪参与者的召唤，见证人间政治秩序的构建契约，并接受奉献牺牲，因此，不仅仪式的直接参与方，甚至神灵自身亦有义务以其神秘的力量保证盟约的执行，如有不践约者，即可对之施以神秘惩罚（可引用前文盟约程序）。因此，盟誓仪式的宗教属性较为强烈，其通过奉献祭品达成与神灵间互惠的象征行为为人间的政治契约背书，从而使社会政治结构获得一种神圣性的资源和根基。

第四节　礼以济政：作为媒介的仪式 与西周国家秩序构建

作为媒介的仪式，是将仪式视作传递某种信息的媒介。显然，这里的媒介不同于一般意义上的物质媒介的范畴。在探讨仪式媒介与西周治理秩序的关系前，不能不提德布雷的媒介学研究。按照德布雷的观点，所谓媒介，是"在特定技术和社会条件下，象征传递和流通的手段的集合"①。在德布雷看来，媒介并不限于物，而是传递一种观念或者思想的手段，是内在的精神变成实际作用于人的物质性载体。② 因此，媒介也可以是一个动态的、可转换的中介化过程。德布雷对于媒介的界定极具启发性，他认为媒介是介于两种关系之间的中介，从而"将这里和那里连接起来，形成网络（即社会）"或"将以前和现在连接起来，形成延续性"。③ 就西周

---

① 〔法〕雷吉斯·德布雷：《普通媒介学教程》，陈卫星、王杨泽，清华大学出版社，2014年，第4页。

② 德布雷的原话是："精神只有通过在一个可感知的物质性中获得实体，通过沉淀于一个载体之上，才能作用于另一个人，没有这种客观化或发表，任何事情都不可能成为事件，也不能产生俘获力或抵消力的作用。"参见〔法〕雷吉斯·德布雷：《普通媒介学教程》，陈卫星、王杨泽，清华大学出版社，2014年，第314页。

③ 〔法〕雷吉斯·德布雷：《普通媒介学教程》，陈卫星、王杨泽，清华大学出版社，2014年，第4~5页。

的礼仪而言，它在多个层面上都具有连接两种关系中介的内涵。一方面，它是中国古代沟通了神灵世界与世俗世界，成为天人之间的中介，这是古代中国礼仪的原初含义；另一方面，礼仪是中国古代权力的中介，王朝权力要直接作用于社会，成为政治秩序构建的关键因素，如果仅仅依靠横暴性权力的强制性特征，会成倍提高社会控制成本，且难以持久。通过仪式的中介之后，国家横暴性权力转换为同意权力，统治方式也化刑为礼，于是社会秩序的构建不再是自上而下的单方面推动的结果，而变成多方合力共同作用的过程，因此，礼仪将权力意识外化为一种社会的秩序形态（礼治）。需要说明的是，礼仪的这两种媒介属性并非简单并列，而是具有因果关联，因为礼仪被视为是天人之间的中介，所以才具有权力中介的属性，前者是礼仪媒介的原生属性，后者则由其派生而来，二者共同服务于西周国家治理秩序的构建目标。

一、法天象地：西周仪式媒介的权威之源

"国之大事，在祀与戎"，祀与戎是西周控制社会的主要方式，简单来说，就是西周国家用军事与礼仪两种手段进行治理秩序的构建。周公制礼作乐，礼制仪式不仅成为国家政治生活的基本准则，而且还成为王朝权力的媒介，其原因也在于礼与天之间具有紧密关联。

中国古代世界没有形成一个类似西方超越世俗政权之上的、有着严密组织机构的普遍宗教信仰，但自殷商时代起，上至君主官僚，下至平民百姓，都存在着对于天道的广泛信仰。因此，世俗的政权要建立统治合法性，将政权与神秘的天命关联，是中国古代历代统治者都在做的事情，而流行在古代世界的各类礼仪形式，成为沟通天人之际的媒介，构成了中国传统政治合法性论证的超验维度。

在古人观念中，礼是天的体现，是对天道的拟制，《周易·系辞上》说："圣人有以见天下之动，而观其会通，以行其典礼。"意思是说礼制来源于天道。这种观念在古代中国是一以贯之的。在先秦典籍中有不少类似的表述，所谓"夫礼，天之经也，地之义也"（《左传·昭公二十五年》），说的就是这个意思。在儒家看来，礼乃法天而作，是天的具体化。由此也可以看出，作为秩序象征的礼，实际上有一个很广阔很深厚的背景在支持它，作为它不言自明的依据，这一背景就是天，上古圣人将人类社会的礼，与天之经、地之义作了贯通的联系，无非就是借助天的权威性来证明礼的权威：因为礼乃"禀于天地"，那么礼的权威是天所赋予的，不

变的，因此，为天地所生成，则天地以行之礼，也是永恒的，"违礼即违天"①，这是其权威性与合理性的终极依据。于是乎，礼成了"天地万物和人类共同遵循的规则"②，是"上帝的意志、整个宇宙的结构相一致的东西"③。因为礼是对天的模仿和拟制，所以，礼和天的关系用通俗的话可以表述为："礼是对天的人为复制。"甚至可以说，"礼就是世俗化的天"④。天的形象在古礼中随处可见，礼仪也就成为天道的一种具体化形式。如古代的宾礼，如《礼记·乡饮酒义》记载乡饮酒仪式，其文曰："宾主，象天地也。介僎，象阴阳也。三宾，象三光也。让之三也，象月之三日而成魄也。四面之坐，象四时也。"这段话描述的是宾主落座之道，体现的乡饮酒仪式乃是象天地形义而作的理念。这种观念也渗透到作为君主的日常生活中，作为中国传统政治秩序的枢纽，君主本人的日常生活也须仪式化，以顺应天时节律："天子居青阳左个，乘鸾辂，驾苍龙，载青旗，衣青衣，服青玉，食麦与羊。"是说天子居于象征天的明堂中，依时序节气改变其在明堂中的居所，其服饰、饮食与其他器用。不仅如此，君主巡视天下也依照节气的性质，以对应天的运行规律："春，天子驾仓龙，载青旗，衣青衣；夏，天子乘朱路，载赤旗，衣朱衣；秋，天子驾白骆，载白旗，衣白衣；冬，天子乘玄路，载玄旗，衣黑衣。"描绘的是一幅天子四季巡视天下的图景，以车马、旌旗、服饰的不同色彩昭示天下，告知天下人遵守天道。相应地，天子出行乘舆也须经过仪式化设计，以上契天象："古之为路车也，盖圆以象天，二十八橑以象列星，轸方以象地，三十辐以象月。故仰则观天文，俯则察地理，前视则睹鸾和之声，侧听则观四时之运，此巾车之道也。"（《大戴礼记·保傅第四十八》）天子的车舆，车盖与车辐，都是天的形象的体现。因此，中国古代的王权，正如马克斯·韦伯所说的，乃是由"巫术的神性中发展出来"，这导致中国"世俗的权威与神灵的权威统一于一人之手，皇帝为了获得神性必须具有的个人品质，被仪式主义者与哲学家加以仪式化，继而加以伦理化"⑤，中国古代君王必须按照儒家经典中的仪式来生活与行事。

---

① 张晋藩：《论礼——中国法文化的核心》，《政法论坛》1995 年第 3 期。

② 刘瑞筝：《〈左传〉礼意研究》，台湾师范大学 1997 年博士学位论文，第 13 页。

③ 〔英〕李约瑟：《中华科学文明史（第 1 卷）》，上海交通大学科学史系译，上海人民出版社，2001 年，第 289 页。

④ 对于天之形象如何在具体礼中得以体现，可参见常金仓：《周代礼俗研究》，黑龙江人民出版社，2005 年，第 219~231 页。

⑤ 〔德〕马克斯·韦伯：《儒教与道教》，洪天富译，江苏人民出版社，2010 年，第 35 页。

礼的秩序是将自然秩序（"天秩"）置于人间权力场景中的推演，其合理性在于天道本身。《尚书·皋陶谟》说："天秩有礼，自我五礼有庸哉。"其意为人间秩序与天道相连，礼法制度不仅是人间常法，也是天道使然。也就是说，"天秩"代表一种常理，代表的是一种合乎天道与人事的永恒规律，它是一种在天人之道基础上，总结出来的理性精神，因而在遇到处理人事与解释自然现象时，可以成为一种不可战胜的内在逻辑与规则，去对人事施加影响，形成权力与权威，进而形成权力与权威的合法性力量。从这种意义上讲，礼，其本质都是天的观念在世俗社会政治、法律乃至道德伦理领域里自然或逻辑的延伸，礼正因为有了天这个大背景，所以其自身亦具有极大的权威性，成为人间统治合法性的评判尺度。试想，有什么比高高在上而下施其德的天和默默在下而上承天意的地更能论证礼的权威性呢？① 另一方面，天不仅是礼的形上之源，同时，天也内蕴于礼的价值体系之中：天道的观念之一体现为道德意义上的法则与秩序，天道可以顺是去非，成善弃恶。礼正是善恶是非的标准，所以守礼的意思之一是守是弃非，成善去恶。因此，天礼相通，相互涵摄，合礼则天助之，人成之；不合礼则天灭之，人亡之。天为统治提供了终极的合法性。

因此，天作为古代中国全体成员共同遵循的信仰体系，可为权力所有者提供受他们操纵的深层结构、信仰和与合法性，礼在形而上的具有终极合理性的天的支持下也获得了无上的权威，因此，通过对礼仪资源的操控，周王掌握了贯通天、地、神、人的权力，以祭祀沟通天人，按季节处理征伐、朝会等政事，从而把握了社会活动的中枢。实际上帝王正是在顺天、承天的同时，其地位也在民众心目中被赋予极大的合法性，通过这些礼仪的表演，君主显示其"奉天承运"，人间的君主变成了具有半神性质的天子，成为贯通天地人三界的中轴，从而成为合法化权力的象征。当这种表演与政治行为、自然节律结合在一起，就形成一种巨大的习惯性力量，赋予政治行为及其握有的权力以很大的威权和道义性。② 通过"率天道而敬行之"，至于"示威于天下"（《大戴礼记·虞戴德第七十》），周王权力在礼的媒介之下得以与天沟通，其合法性地位终能予以确立。因此，"法天行政"，君主生活方式的礼仪化，是古代自然支配力成为社会权力的要则，更是权力合法化的重要来源。礼仪的这种合法性功能在西周治

① 李宪堂：《先秦儒家的专制主义精神》，中国人民大学出版社，2003年，第129页。
② 白华：《儒家礼学价值观研究》，郑州大学2004年博士学位论文，第186页。

理秩序的构建方面也发挥着重要作用。

二、西周仪式的媒介实践与西周的秩序构建

（一）西周的仪式符号与仪式传播

西周政治的最终合法性来源于天命，这也是西周国家媒介实践的逻辑起点。但天命本身具有难以捉摸，不可言明的模糊性，其如何显现并被人民服膺？这是西周政权建立后统治者首先要面对的问题。因为礼始于天道，乃上古圣人法天地之动而作，因此，借助于各类仪式符号向人民展示周王天命在兹、承天而治的形象是周代国家传播的基本目标。

通过对西周传播实践的考察可以发现，作为西周国之大事的礼仪是一种通过象征符号来构建共识的传播行为，它倚重的不只是指空间上讯息的拓展，而是指在时间上对社会的维系，统治者通过"共同信仰的创造、表征与庆典"①，将特定的政治理念转化为在社会结构中的操作能力，并成为社会向某一个方向行进中的积极的动力。此时，礼仪已超出仪式的表征，而成为特定群体进行政治传播活动的媒介本身。② 不仅如此，礼仪还成为西周社会的维持机制，作为西周国家意识形态功能的礼乐文化通过礼仪的载体传播至天下四方，"使不能直接被感觉到的信仰、观念、价值、情感和精神气质变得可见、可听、可触摸"③，由是西周王朝"普天王土"的政治蓝图开始由观念形态转化为物质形态，从而在思想秩序的整合与共同信念的维持方面发挥重要作用。

因此，与一般的文本传播不同，西周仪式传播的要旨在于"唤醒某些观念和情感，把现在归为过去，把个体归为群体"④。这从册命铭文中参与者各方对于各自祖先的追述可见一斑。如师克盨中册命文："不（丕）显文武，雁（膺）受大令（命），匍有四方。则佳乃先且考有勋于周邦，干害王身，作爪牙。王曰：克，余佳巠乃先且考，克令臣先王。"合㝬簋铭曰："用嗣乃祖考事，作司土。"（《集成 4197》） 瘭钟谓："丕显高祖

---

① 〔美〕保罗·康纳顿：《社会如何记忆》，纳日碧力戈译，上海人民出版社，2000 年，第 54 页。

② "传播的文化学把人类行为——或更准确地说人类行动——看作是一种文本，我们的任务是建构这一文本的解读。"参见〔美〕詹姆斯·凯瑞：《作为文化的传播——媒介与社会论文集》，丁未译，华夏出版社，2005 年，第 42 页。

③ 〔英〕维克多·特纳：《象征之林》，赵玉燕、欧阳敏译，商务印书馆，2006 年，第 48 页。

④ 〔法〕涂尔干：《宗教生活的基本形式》，渠东、汲喆译，上海人民出版社，1999 年，第 498 页。

亚祖文考克明厥心，疋尹，叙厥威仪，用辟先王，瘼不敢弗帅祖考秉明德，恪夙夕佐尹氏、皇王……"（《集成 0247》）这些铭文内容都是通过在仪式中追溯过往受命者祖先辅弼先王的共同历史记忆，使共同体意识在仪式参与者之间被唤醒与强化，并以仪式的程序化和固定性的传播特质来沟通现实与过去，实现统治阶层之间价值传递的延续性，从而构建起与权力秩序一致的观念秩序。

西周的仪式在某种程度上发挥着类似宗教仪式的功能，它表达的是统治阶层作为礼仪共同体的"集体理想"。① 以册命礼为例，其充分体现了作为权力媒介的社会整合功能。册命仪式中时间与地点都是精心选择的结果。这种仪式时间与日常时间相区隔。如在册命时间的选择上，册命所择取之吉日，一般由筮者通过占卜的方式确定，以示其天命所在，非个人刻意为之，这也是册命仪式具有社会秩序构建功能的合法性来源。不仅如此，周人册命命书中有时还加入月相，一般而言，册命时间，包含月份、月相、干支三要素。如清华简《摄命》云："唯九月既望壬申，王在镐京，格于大室，即位，咸。士亶佑伯摄，立在中廷，北向。"这里的"既望"，为月圆后的第二天，也就是农历十六日。金文中关于"既生霸""既死霸"之类月相的记载更是比比皆是。如"唯十月既生霸甲辰，在成周"（韩伯丰鼎）、"佳卅又二年五月既生霸乙卯，王在周康穆宫"（四十二年逨鼎）、"唯五月既死霸，辰才（在）壬戌，王裸于大（太）室"（吕方鼎）。此类记载也将人事任命与天象相关联，使得册命礼仪充满了神秘的宿命色彩。

西周册命仪式的地点选择同样也是有深刻的政治含义。册命地点一般在宗周或成周，在具体地点的选择上，据统计，西周册命事件的地点大致可分为三类：一是周王的宫庙，二是诸侯或卿大夫宗庙，三是行宫。这三类册命地点实质上都指的是宗庙类的建筑。据《礼记·祭义》记载："禄爵庆赏，成诸宗庙，所以示顺也。"所谓"成诸宗庙"，郑玄认为就是"于宗庙命之"。之所以要命之于宗庙主要是为了强调"顺"，所谓"顺"，《说文解字》释为"理也"，段玉裁注曰："凡物得其治之方皆谓之理。理之而后天理见焉。"即认为册命在宗庙举行的原因在于其体现背后的天理，将人间的册命授爵与天理相关联。因此，宗庙这一空间不仅仅是一座建筑

---

① 〔法〕涂尔干：《宗教生活的基本形式》，渠东，汲喆译，上海人民出版社，1999 年，第457 页。

物，而成为与日常空间相区别的、具有神圣意味的仪式空间。① 它以一种物理性的象征形式将王朝政治理念在宗庙这一特定场域呈现，使"天子有善，让德于天；诸侯有善，归诸天子；卿大夫有善，荐于诸侯；士庶人有善，本诸父母，存诸长老"（《礼记·祭义》）的政治秩序转化为人们可见、可触、可感的仪式符号，仪式参与者的意识被仪式主导者的政治理念重新锻造，一个想象的共同体意识得以生成。不仅如此，册命仪式在宗庙进行，这使得祖先神灵见证册命仪式过程，并确保册命中各方权利义务实现的意涵。因此，与盟誓仪式中作为第三方隐形在场的天地神灵类似，在册命仪式中的祖先神灵同样以这种隐性的身份登场。作为外化的蕴含西周国家意识形态观念的身体操演，西周册命等仪式不仅规范了西周社会的权力等级秩序，而且更旨在建立这种权力秩序的合法性信念。正是这种外在的身体规范与内心认同的交相为用，无疑最终促成了整个社会对现行政治秩序的服从与肯认。

不仅如此，西周各类仪式本身也具有深刻的权力内涵。在仪式参与者的拣选、程序的设计上，都不可避免地带有主流意识形态的选择性和指向性。西周仪式的直接参与者，都同为国家统治阶层的成员，他们通过各类兼具宗教性与政治性的仪式，得以"定期地重新肯定自身，认为自己是被一个有一致利益和传统的团体所联合一起的人们，会聚在一起并转而意识到他们在道德上的一致性"②。在由仪式形成的这个暂时的、血脉相通的拟制空间中，礼仪组织者与参与者的根基性联结以生动的形式得以再现，共同的家族记忆被逐渐唤醒，它将血缘家族的脉脉温情注入森严的政治等级设计之中，使得西周的治理秩序构建充溢着道德伦理色彩，并形成了一种利益相关的统治者共同体想象。同时，这一拟制空间中的节制与规范（如周王的册命与赏赐、受命者叩首"对扬王休"的仪式）又同时强化了同一阶层内部的权利义务分野。从这个意义上来说，作为西周权力媒介的

---

① 涂尔干认为，对于宗教信仰者来说，世界被分为两大领域，一个是人们的日常生活领域，包括所有凡俗的（profane）事物，这个是日常空间；一个是族群集中举行宗教仪式的集体生活领域，包括所有神圣的（sacred）事物，这个是仪式空间。仪式空间与日常空间区隔，它以一种实体性的象征形式将各种政治想象在特定的场域呈现，使个体情感与价值在可见的空间可触、可感、可知。依据仪式时间类别分属，仪式空间亦包括作为仪式主题的空间、作为仪式过程的空间、作为仪式策略的时间，它们共同形塑仪式力量的空间坐标。参见〔法〕涂尔干：《宗教生活的基本形式》，渠东、汲喆译，上海人民出版社，1999 年，第 495 页。

② 〔法〕涂尔干：《宗教生活的基本形式》，渠东、汲喆译，上海人民出版社，1999 年，第 119 页。

仪式，承载了西周国家权力话语与政治秩序构建的诉求。因此，西周的仪式因其可被操演性和符号象征性而在一定程度上影响统治成员对于周王权力的态度、信仰与感受。

（二）西周仪式媒介实践的政治功能

作为一种建立在象征性基础上的传播形态，仪式所内含的价值观念传递是仪式媒介实践的功能所在。就西周而言，仪式观念所要传递的就是周王乃天下共主、诸侯权力源于周王的价值观念。诸如册命、朝聘、盟誓等仪式的操演是以身体动作的操演表达对这一价值观念的认同与遵从。在册命、朝聘仪式的行动模式与符号表达中，如册命仪式受命者北向、周王南向，朝聘仪式中诸侯赐物之仪与诸侯的拜仪，盟誓仪式中周王执牛耳、"周之宗盟，异姓为后"等动作设置，每一道仪式设计都与仪式参与者身份相一致，都在彰显君臣之间的权力差异，通过身体仪态与政治身份的差异化表达，实现了对仪式参与各方的权力位阶的肯认与政治结构的服从。西周政权的这一系列仪式安排在强烈的情境体验中从身体的忠诚表达指向政治等级与思想秩序的确认。

因此，册命、朝聘、盟誓等仪式的操演实际是西周国家政治理念的仪式化传播，它在西周治理秩序构建方面的作用体现在两个方面：一方面是通过不同仪式参与者的身体动作与政治身份的差异化表达来塑造与强化政治身份中的差序格局，另一方面是将周王天下共主的意识形态作为仪式传播的观念形态对仪式参与者进行价值整合。这两种作用或隐或显，在仪式媒介的实践过程中同步进行而又相互依存。于是，借由仪式媒介的象征性的传播方式，权力秩序以一种可观察的外显形态，在仪式符号与空间的综合作用下形成强大的政治情境，权力结构中的主与从、支配与被支配关系，得到淋漓尽致的表达与呈现。由是也可以看出，西周的册命、朝聘等仪式是一套系统的关于权力生产与再生产的政治模式，仪式的物理展示环节通过对仪式参与者的身体动作的操控与规训，将政治领域的权力统御关系悄然化作仪式空间中的充满隐喻的仪式规范，从而促进以周王为中心的政治秩序的形成。

具体来说，西周通过仪式的媒介实践营造权力情境、传播周王天下共主的理念由如下三个分工明确的部分共同达成：①

其一是通过仪式空间的不同布置体现仪式参与各方的权力差异。如在

---

① 曾楠：《试论政治仪式强化国家认同的逻辑演进》，《高校马克思主义理论研究》2018 年第 1 期。

具体的册命仪式中君臣站立方位显示了君臣之间的主从关系。如前文所述，册命仪式中"君降立阼阶之南，南乡，所命北面，史由君右"（《礼记·祭统》）君臣这种空间方位体现了君臣之间的宾主关系。按阴阳五行原理，则南方属火，火为阳；北方属水，水为阴。天子坐北朝南，就可"镇阴压邪""向明而治"，达到"政治通明"。① 因此，君主坐北朝南昭示其是天下之主位，受命者"立中廷，北向"体现了对君主的人身依附关系。这种将权力关系转化为仪式参与方的身体位置等象征性符号的呈现，将不同的政治身份位阶在显性的空间布局中予以完整表达。

其二是将权力支配关系转化为仪式操演中的行为次序。如册命仪式中受命者即位，由右者引导入门，"立中廷"等程序细节，朝聘礼中的赐物之仪、拜仪、宾主对答等仪节，盟誓仪式中的用牲、周王执牛耳、昭神等仪式，其中的主与客、赐与受的仪式安排无不显示周王的主导地位与至上权力。② 通过仪式参与方行为次序这一象征性权力符号的运用，政治结构中的权力秩序以动态持续的方式得到鲜活呈现。

其三是仪式过程中组织者对仪式符号的使用蕴含特定的政治功能。如册命、朝聘礼仪中所赐各种名物及礼器、服饰等，都包含仪式组织者的深刻政治动机。如前述册命仪式中天子赐给受命者的物品大致有下列几种类型：（1）命服。（2）旌旗。（3）车马。（4）土地。（5）臣民。这些物品中如命服等与册命官职相对应③，所赐矢、斧、钺等青铜器物属于战争中士兵使用的兵器，则往往与周王的征伐事宜相关，体现诸侯臣僚之军事行动获天子授权，具有程序上的合法性。④ 所以，册命仪式也成为西周诸侯臣僚权力合法性的根源，成为周王控制封国、构建政治秩序的重要手段。

---

① 王晓颖：《南北分君臣，东西别尊卑》，《兰台世界》2009 年第 5 期。

② 陈汉平：《西周册命制度研究》，学林出版社，1986 年，第 277 页。

③ 周代册命礼仪、赏赐舆服与受命者官职爵秩之间有严格而鲜明之尊卑等级关系。《尚书·大诰》："嗣无疆大历服。"《尚书·康诰》："明乃服命。"《尔雅·释诂》："服，事也。"《说文解字》："事，职也。"可见命服与册命官职直接相关。陈汉平认为："西周册命舆服制度与受命百官、诸侯之爵位有关，册命赏赐舆服，因爵位不同而有不同。"参见陈汉平：《西周册命制度研究》，学林出版社，1986 年，第 275 页。

④ 这在先秦出土资料与传世文献都有反映。如虢季子白盘铭云："王曰：'白父孔有光。'王赐乘马，是用佐王，赐用弓，彤矢其央；赐用钺，用征蛮子方。"《诗经·小雅·彤弓》郑笺云："凡诸侯，赐弓矢然后专征伐。"《礼记·王制》云："诸侯赐弓矢，然后征。赐□钺，然后杀。"《左传·僖公四年》载管仲曰："昔召康公命我先君大公曰：'五侯九伯，女实征之，以夹辅周室！'赐我先君履，东至于海，西至于河，南至于穆陵，北至于无棣。"

上述三个部分通过庄重的、繁复的仪式操演予以同步完整表达，使政治的意识形态通过仪式的媒介"提供具有共同体验的瞬间，去激发、增强或重塑个体成员的集体意识和认同，促成他们在情感、信仰和意愿上的高度一致"①，从而形成权力规训的具体情境，以达至权力秩序的生成与维系。在册命、朝聘等仪式形成的仪式空间中，作为一个或基于血缘，或基于授命而形成的共同体的形象开始凝聚并清晰构建。在仪式空间中，君臣主从的关系已经显现无遗。周王朝完整掌控礼仪的符号资源，比如仪式的时间、地点、程序，直至仪式内容的确定。而参与仪式的贵族、诸侯成为仪式资源的被动接受方。在仪式过程中，仪式组织者、参与者带来两种预期情感的设定。一方面是通过仪式是象征性的活动，参与者各方都感受他们来自同一个利益相关、血脉相通的共同体，在通过政治仪式创造的共时性瞬间，将个体整合进共同体的整体之中，在这样一种"集体感"之中，一系列认知与态度层面的行为都赋予了身份认同以文化向度的意义，而这些又反过来维持并强化既有的社会秩序；另一方面，周王朝的权威贯穿于整个仪式的过程中，如仪式中体现周王权威的空间位置、凸显尊卑等级的封赏任命、反映周王直接意志的册命辞等。这种意识一旦形成便不会只是瞬间的情感体验，就会转变成一种稳定的认同观念并成为治理秩序构建的思想基础。不仅如此，西周的册命、朝聘等仪式对秩序的影响具有时间上的持续性。参与者将仪式的过程铭刻于青铜的书写行为，使得仪式场景与权力情境可以"子孙永保"，并长久渗透于仪式组织者与参与者的家族记忆中，从而变成统治阶层的共同记忆。因此，西周的仪式媒介构建了仪式组织者与仪式参与者之间的认同空间，从而整合个人身份至群体身份中，强化了统治集团中各权力位阶的价值认同以及群体凝聚力。

通过上述分析可知，在西周的仪式中，时间与空间的选择体现了仪式主导者与参与者政治行为的神圣性，而仪式的操演过程则体现了周王与诸侯的主从关系与权力位阶，这一套仪式通过限定仪式参与方的空间位置、规范仪式行为次序等方式设立具体的权力情境，从而实现对显现权力秩序的确认与服从。另一方面，西周的政治仪式还被用于共同体意识的表达与维系，通过仪式对身体行为的规训，将个体的思想意识整合进西周国家的意识形态整体架构中，使权力的外在支配转化为内心认同，无疑进一步强化了周王的权威及其在社会秩序构建中的作用。

---

① 〔法〕涂尔干：《宗教生活的基本形式》，渠东、汲喆译，上海人民出版社，1999年，第495页。

对于这一点，还可以结合布迪厄（Pierre Bourdieu）惯习/场域的理论模型对西周的仪式媒介实践加以阐释。在布迪厄看来，社会结构与心态结构是人类社会的基本构成部分，社会中的个体的思想模式与行为习性由其所存在的具体社会关系网络决定，个体所表现出的思想模式与行为习性即为惯习，而形成个体惯习的那种具体的社会关系网络就是场域。① 布迪厄将惯习界定为"持续的、可转换的性情倾向系统"，它是一个包含知觉、评价和行动的内在化秉性，是社会权力关系作用于个体的经验积淀并内化形成的一套主观结构。作为一种后天习得的"性情倾向"，惯习是由特定场域潜移默化塑造的结果，它通过非自主的、自然而然的自发行为反映特定场域的权力支配关系。如传统社会中具有隶属关系的上下级之间的日常交往，彼此之间的思维定式、行为方式仍然在不经意间打下了社会权力关系的烙印。因此，形成并塑造惯习的那个具体空间即为场域，场域决定并规训惯习，当个体置身于某个具体场域，必须自觉或不自觉做出符合该场域规则的行为，遵循该场域的通行规则，也正是在场域中，不同个体之间的社会身份与权力秩序得到了划定与确认。布迪厄惯习/场域的理论模型对我们分析西周政治仪式对于个体规范的影响、社会秩序构建非常有启发价值。

通过对布迪厄惯习/场域理论的分析可知，场域是惯习的实践空间，是物理上的空间与权力、文化及符号网络共同塑造的结果，那么，西周的册命、朝聘、盟誓等政治仪式可以说是一种权力规训的场域。其在西周政治领域中反复被运用的目的在于培育被权力操控和渗透而造就的心理意识与身体行为。

整体而言，仪式传播对于治理秩序构建的价值可从两个方面予以阐述：

一是仪式传播的横向价值。在册命礼中，除去承担程序事务性事务的右者、史官外，传播事务需要通过仪式来建构意义的群体有三，即周王、

---

① 布迪厄原文是"惯习是持续的、可转换的性情倾向系统"，而场域"可以被定义为在各种位置之间存在的客观关系的一个网络（network）或一个构型（configuration）"。因此，惯习属于"心智结构"范围，是"主观性的社会结构"，而场域则由依附于某种权力和资本形式的各种位置之间的一系列客观历史关系所构成，并非纯粹的主观性，而是与客观场域相联系的主观性。离开了场域没有惯习的存在，惯习只存在于特定场域的行动者心智结构中。参见〔法〕皮埃尔·布迪厄、〔美〕华康德：《实践与反思：反思社会学导引》，李猛、李康译，中央编译出版社，2004年，第17、133页；刘喆：《布迪厄的社会学思想研究》，武汉大学2005年硕士学位论文，第18页。

受册命者及观礼者。首先，整个册命仪式是周王意志的直接体现，某人是否被册命、册命何职、赐给何物，这些册命礼中的核心要素都是由周王决定，周王是整个册命仪式的主导者；其次，受册命者是册命仪式的权利与义务承担者，是仪式传播的直接参与者；最后，未在金文中出场，却现场观礼的官僚、贵族是仪式的传播受众，这些群体并非普通受众，而是经过周王拣选的特定群体。周王一方面通过册命仪式的展示与传播，向这些特定群体宣示西周天下不动产与人民的所有权人身份；另一方面，册命仪式含有褒扬受命诸侯的意味，这种公开操演的册命仪式可以理解为西周国家将受命者效忠王室、屏藩周室的模范作用通过仪式的公开操演逐次传播开去，以期引起诸侯效仿。因此，在这样一个由时、空、人、物所精心构建的场域中，关于周王天下共主的政治权威与权力合法性的信息可以畅通无阻地传递至仪式参与各方，从而实现周王权威的正向塑造与统治合法性的有效建构，参与者和观众被带入权力及其合法性建构的历史性体验之中。

二是仪式传播的纵向价值。对于受册命的具体贵族、臣僚而言，册命仪式的影响早已超越个体的范畴，而与该受命者的家族世代相联结。从前文对册命仪式的程序分析可知，受册命者领取命书后还会将之铸于鼎彝，作为家族祭器而"子孙永保"。可以想象受命者家族举行的重大纪念仪式中，记录该册命仪式的场景会无数次重现，成为该家族的荣光与历史记忆的一部分，唤起并强化该家族对周室的忠诚意识与合法性想象，使受命者后代"帅型祖考"，构建现实政治与社会秩序。

需要说明的是，西周并非所有仪式都同时具备横向价值与纵向价值。相对而言，横向价值更加普遍。它不仅体现在册命礼中，盟誓仪式与朝聘仪式都有类似的价值功能。如盟誓仪式的参与方，除了盟誓各方之外，一个隐藏的在场方，就是天地鬼神，因为天地鬼神是盟誓行为的保证要素，其作用贯穿于盟誓仪式的全过程。朝聘仪式中的合法性展示意味也是非常浓厚的，通过诸侯与天子之间的朝聘仪式表演，向在场或未在场的诸侯国昭示以邦国为中心的政治秩序的合法性。

综上，西周的仪式作为一种权力表达的媒介，是基于中国政治传统而对包括仪式的时空因素、身体行为等具有权力象征意义的符号体系的程序化表述。西周国家通过对册命、朝聘、盟誓等仪式化媒介实践建立对仪式参与方的政治行为、价值观念的影响与支配地位，从而构建与西周国家政治权力秩序一致的思想秩序，将"溥天之下，莫非王土；率土之滨，莫非王臣"的理念变成社会现实。从这个意义上说，西周的仪式媒介实践，打下了深刻的社会结构与权力关系的烙印。

小　结

西周的礼是一个涵摄性极强的综合系统，它既是一套权力架构形式（如周礼），本身又承担着国家意识形态的功能（如"亲亲""尊尊"的等级观念与合法性的构建），同时还是一套完备的仪式体系（册命、朝聘等仪式）。而这三者又彼此关联、相互依存，共同服务于西周王权支配社会的整体目标。作为物理意义上的、具有一定空间表现形态的仪式之礼，它集中体现了西周国家的社会整合与文化传播特质，正是凭借礼仪的媒介化过程，西周国家将官方的意识形态实体化，并使抽象的思想成为一种显性的物质力量。因此，礼仪制度是西周权力的媒介，它承担权力的合法性与社会秩序整合的功能。本部分通过对册命、朝聘与盟誓三类仪式媒介实践来阐述其与西周国家治理秩序之间的关联。

首先，就册命仪式而言，它不仅是一种空间的仪式表演，而且是西周国家政治秩序与权力关系的构建模式，体现着周人的国家治理理念。从诸侯臣僚的角度而言，册命仪式不仅显示了诸侯、贵族及臣僚的祭祀、征伐、职事的权力为周王所授予，具有毋庸置疑的合法性，而且，通过周王的册命仪式，这些治理四方的诸侯或贵族展示了其与周王之间"犹衣服之有冠冕，木水之有本原"式的依存关系，使得整个西周政治体制都笼罩在一种温情脉脉的伦理面纱之中。册命仪式对于君主权威的塑造更是不遗余力。在册命仪式的仪式操演与身体实践中，作为册命者的周王与受命者的诸侯、贵族等群体的权力与义务得以明确，权力的委托—代理关系在仪式空间中也得以证成。正是通过册命仪式的媒介，周王天下共主的身份得到反复地传播与确认，使得周王—诸侯—卿大夫的权力架构转化为具有共同价值认同的政治共同体，使得权力的等级与从属原则从制度形态进入到观念层面，从而形成西周国家社会秩序的基础。

其次，就朝聘仪式来说，它是西周国家沟通诸侯关系、理顺邦国秩序的重要政治性仪式，其在西周国家政治秩序构建方面发挥重要作用。一方面，在朝聘礼仪中，周王以天下共主的身份接受诸侯的朝觐，周王与诸侯、贵族之间的主客关系得到确认与强化；另一方面，天子以君道临于内朝的仪式实践，充分体现朝聘仪式"制诸侯、帅长幼、训上下"的邦国秩序构建功能。在为西周的邦国秩序披上了温情的伦理面纱的同时，突出了君主在君臣关系中的主导地位。从传播的角度而言，礼仪具有表演性，西周时期的朝聘场合还存在着观礼或观乐现象。朝聘通过仪式化的场景呈现推动了周文化向四方诸侯国的传播，加强了西周时期各区域之间的文化交流，促成了华夏文化认同观念的生成。

最后，就盟誓的仪式来看，其本质是通过神明血盟的形式缔结仪式各方的权利义务关系，以此弥补西周时建立在宗法基础上的封建制度之不足，从而促进西周不同血缘的部族之间的沟通与合作，扩大西周宗法统治秩序的基础。作为西周重要的政治仪式，盟誓不仅凸显了王权的独尊地位与权力等级次序，而且在周王与诸侯贵族间形成了一种建立在权力委托—代理基础之上的政治契约关系，建立以信为基础的邦国交往准则，促进西周不同血缘的部族之间的沟通与合作，从而在传统的宗法政治秩序中注入了政治契约的要素，强化周王与诸侯的政治联结，从而扩大西周宗法统治秩序的基础。

综上，作为一种建立在象征性基础上的传播形态，仪式所内含的价值观念传递是仪式媒介实践的功能所在。就西周而言，时间与空间的选择体现了仪式主导者与参与者政治行为的神圣性，而仪式的操演过程则体现了周王与诸侯的主从关系与权力位阶，这一套仪式通过限定仪式参与方的空间位置（如册命仪式受命者北向、周王南向）、规范仪式行为次序（盟誓仪式中周王执牛耳、"周之宗盟，异姓为后"）等方式设立具体的权力情境，从而实现对显现权力秩序的确认与服从。另一方面，西周的政治仪式还被用于共同体意识的表达与维系，通过仪式对身体行为的规训，将个体的思想意识整合进西周国家的意识形态整体架构中，使权力的外在支配转化为内心认同，无疑进一步强化了周王天下共主、诸侯权力源于周王的价值观念。可见，西周政权的这一系列仪式安排在强烈的情境体验中从身体的忠诚表达指向政治等级与思想秩序的确认。通过对西周传播实践的考察可以看到，作为西周国之大事的礼仪是一种通过象征符号来构建共识的传播行为，此时传播不只是指空间上讯息的拓展，而是指在时间上对社会的维系，统治者通过"共同信仰的创造、表征与庆典"，将特定的政治理念转化为在社会结构中的操作能力，并成为社会向某一个方向行进中的积极的动力。从这个意义上说，礼仪已超出仪式的表征，而成为特定群体进行政治传播活动的媒介本身。不仅如此，礼仪还成为西周社会的维持机制，作为西周国家意识形态的礼乐文化，通过礼仪的载体传播至天下四方，"使不能直接被感觉到的信仰、观念、价值、情感和精神气质变得可见、可听、可触摸"，由是西周王朝"普天王土"的政治蓝图开始由观念形态转化为物质形态，从而在思想秩序的整合与共同信念的维持方面发挥重要作用。

第六章　周秦政治传播的媒介转向与国家治理形态演进：从"铸刑书"说起

作为中国法制史上具有里程碑意义的重大事件，春秋时郑国"铸刑书"，被认为是中国历史上首次公布成文法（written law），轰轰烈烈的成文法运动由是掀开帷幕。所谓"铸刑书"事件，指的是公元前536年，郑国子产将新制定的法律铸刻在象征王权的铜鼎之上，向所有民众公布，随后其他诸侯国也纷纷效法，子产也因此成为中国"打破法律神秘主义第一人"。① 郑国"铸刑书"及随后的成文法运动不仅在中国法制史上具有划时代意义，而且也是中国媒介发展史上的重大事件：它意味着中国法律从秘密的、口头传播的形式逐步过渡到公开的、文字传播阶段，青铜礼器自此以后也逐渐退出古代传播媒介的行列，而渐渐进入艺术与审美领域；② 中国古代的政治传播也从时间偏向逐步向空间偏向过渡。甚至可以说，以该事件为分野，中国传播史从此进入了一个新时代。

中国王朝权力叙事脉络下的政治传播行为，不仅仅是特定政治、军事或法律信息自上而下的单向传递，而且往往曲折反映传者所处时代政治权力的运行方式及国家治理形态。③ "铸刑书"事件发生于周秦之际历史大变局的背景之下，国家政治、经济与文化秩序正经历着瓦解与重构。伊尼

---

① 杨鸿烈：《中国法律发达史》，商务印书馆，1930年，第50页。

② 潘祥辉：《传播史上的青铜时代：殷周青铜器的文化与政治传播功能考》，《新闻与传播研究》2015年第2期。

③ 中国语境下的治理具有多层含义：一是统治和管理，二是具有国际通行治理（governance）概念中的治理主体多元化的内涵（参见胡伟：《国家治理体系现代化：政治发展的向度》，《行政论坛》2014年第4期）。本文的治理主要是指第一层含义。相应地，本文所谓的国家治理是指国家利用政治、文化等权力资源来实现一定的观念秩序与现实秩序的社会控制方式，而国家治理形态是政治制度、政治文化和政策运行的一种综合表现，描述了国家政治权力的构成和运作，以及政府如何协调和调节各种社会力量之间的关系。具体就周秦这一阶段而言，主要指的是宗法基础上的分封制与建立在郡县制基础上的中央集权体制。

斯曾在《传播的偏向》中指出："一种新媒介的长处，将导致一种新文明的产生。"① 当然，从结果来看，春秋战国时期的媒介变革并未导致新文明的产生，但它却迎来了一个中国国家治理形态的重大转型：西周以来建立在封建基础上的权力运行方式开始向中央集权式的权力运行方式演进，一种新型的王朝统治模式开始逐渐成为各诸侯国的主流，从而为后世的皇权专制的国家形态奠定基础。

因此，作为中国政治传播史上的具有划时代意义的标志性事件，春秋时期的"铸刑书"事件，及其与之相关的西周政治传播的形态与偏向问题对中国传播史的意义重大，但迄今为止尚未引起中国传播学界的关注，这不能不说是一件非常遗憾的事情。基于上述考虑，本书拟综合出土资料与传世文献的相关记载，先对春秋郑国"铸刑书"以前中国成文法公布的史实进行辨正，阐明早在周代时中国已有以文字形态传播政令信息的做法，进而探讨西周政治传播的偏向转变及对周秦之际国家治理形态的影响。

第一节　敷命于外："铸刑书"前政令信息的文字传播

法律是古代最重要的政令信息之一，其制定与传递是王朝国家政治传播的重要内容。根据学界主流观点，公元前536年郑国"铸刑书"是中国历史上首次公布成文法，而此前中国的法律一直是以秘密法（unwritten law）的形式在贵族之间流传，有诉讼发生则"议事以制"（《左传·昭公六年》），国家没有成文的法典。② 那么事实是否真的如此？随着出土文献的不断丰富，在这一问题上可能需要对传统观点进行重新审视。

成文法公布实际涉及两个命题：周秦之际中国法律是以成文法还是以秘密法的形式存在；法律是否公开传播。下文的论述从这两个方面进行讨论。

一、"议事以制"？周秦法律信息的成文化之辨

中国早期对法律的理解与今人不同，今天国家有权部门制定的强制性

---

① 〔加〕哈罗德·伊尼斯：《传播的偏向》，何道宽译，中国人民大学出版社，2003年，第28页。
② 《中国法制史》编写组：《中国法制史》，高等教育出版社，2017年，第57页。

规范的"法"，在先秦被称为"刑""律"或"则"。① 根据新近出土的金文文献，上古时期这些概念很可能并不如主流所认为的是以秘密法的形式在特定阶层流传。以下分别从先秦时期法——刑、律和则的金文形态展开讨论。

先看刑。刑可能是已知的最早的国家法律规范形式，如传世文献中记载的夏代的禹刑、商代的汤刑、西周的九刑等。刑在殷周时期多写作"井"（牧簋、班簋、四十三年逨鼎），西周早期意为"效法"，到了西周中期始有"法度"的义项，东周或战国时期方才有"刑罚"的含义。② 值得注意的是，在 2002 年出土的曾伯陭钺铭中，刑被写作"𣂔"，其字形上刑下鼎，可能与铸刑于鼎的成文法颁布传统有关。③ 曾伯陭钺断代为西周晚期或春秋早期，早于学界认为的公元前 536 年郑国首次公布成文法（"铸刑书"）。

再看则。则也是西周常见的一种法律规范④，其在西周晚期的金文中常写作"鼎"，在旬簋、五年琱生簋、师克盨铭中都可见到，如以刀在鼎上镌刻之形，意为镌刻在鼎器上的法令，与曾伯陭钺中的"𣂔"含义相契。则有时也写作"鼎"（黄子鼎），刀部从右换到左，含义与"鼎"并无二致。⑤ 此外，则还在金文中写作"鼎"（段簋，《集成》4208），其左上较之寻常又多出"贝"部，实为鼎部的略写，从字形看似将成文的法律刻写在两件鼎器上，推测或因法律内容较多，一鼎不足以承载全文之故。由此可见，从西周中期（段簋）一直到春秋早期（黄子鼎），虽然则字字形略有变化，但其基本含义都是指用刀将法令刻之于鼎上，这一点是一脉相承的。

---

① 《尔雅·释诂》："刑……律、则，法也。"

② 王沛：《"刑"字古义辨正》，《上海师范大学学报（哲学社会科学版）》2013 年第 4 期；王沛：《刑名学与中国古代法典的形成》，《历史研究》2013 年第 4 期。

③ 黄锡全：《枣阳郭家庙曾国墓地出土铜器铭文考释》，襄樊市考古队等编著：《枣阳郭家庙曾国墓地》，科学出版社，2005 年，第 372 页。

④ 则除有规范之意外，后来还衍生作副词使用。如五年琱生簋铭中出现三个则，金文皆写作"鼎"，都可释为副词的"就"。这样的用法在金文中并非特例，如六年琱生簋铭中"伯氏则报璧"（《集成》4293）与师克盨铭中"则繇唯乃先祖考"（《集成》4367）中则都写作"鼎"，含义与五年琱生簋铭中的则相同。可见，则字在演变过程中，虽然其义项发生了变化，但字形中仍保留了"铸刑于鼎"的基本形态，这"证明了铸法律于鼎彝历史之久远，至少在西周时代已很常见"。相关论述参见王沛：《刑鼎源于何时》，《法学》2012 年第 10 期。

⑤ 徐燕斌：《周秦两汉法律"布之于民"考》，《法学研究》2017 年第 6 期。

最后我们再来看律。律也是先秦时期常见的法律形式。《尔雅·释言》解律为"述也",郝懿行疏为"聿即律矣",杨树达也认为"律从聿声,实兼受聿字之义",是故律、聿声义相通。聿在甲骨文中写作"聿",形如锋刃状契刻硬笔。① 金文承袭了聿在甲骨文中的字形。如在商代晚期的金文中其写作"聿"(聿爵)或"聿"(执尊),西周则一般写作"聿"(再簋),一直到春秋晚期仍写作"聿"(楚王领钟),其基本字形无太大变化,形如以手指攥笔书写状,是故《说文解字》释聿为"所以书也"。可见,律字本意为以硬物将法令刻写于某一载体之上。意为律法一般是以成文的形式呈现,这恰与前文的则、刑之义相契。

上古造字源于对具体生活经验的认知,结合刑、则、律这几个与法同义的金文字形来说,早期中国人观念中的法其实就已蕴含了成文与公布传播之意,也就是说,对于生活在商周时期的国人来说,法律在制定之后进行公布传播是理所当然之事,这一认知已经融入金文的字形字义之中,成为华夏民族文化的符码。

再回到所谓的成文法问题。成文法,系由国家机关制定的、文字形态的法律规范体系。相对习惯法而言,成文法最重要的特征在于其条文必须以书面文字形态表达。通过上述对与法同义的刑、则、律等金文的分析来看,这些字形中都有将规范铭刻于鼎等硬质载体的含义,也就是说,刑、则、律等法律规范都是需要以文字形态记录下来。这说明,早在春秋郑国"铸刑书"之前的西周时代,中国法律信息的传递就突破了那种以口头形式传播的、少数群体之间私相授受的"议事以制"模式,成文化已是法律等政令信息沟通的常见的形态。

二、"使万民观刑象":西周法律的公布与传播

通过金文文献的考察可知,中国在春秋郑国"铸刑书"之前早已存在成文的法律。那么这些成文的法律是否有些需要向大众公布传播呢?下面还是以金文中的资料予以说明。

法亦通宪。《尔雅》谓:"宪,法也",《尚书·益稷》:"慎乃宪。"《左传·襄公二十八年》:"此君之宪令。"此二处"宪"皆当释为"法"。宪字从目,其在西周早期的字形写作"宪"(伯宪盉),西周中期写作"宪"(墙盘),西周晚期字形仍然没有太大变化,写作"宪"(善夫山鼎)。今所

---

① 陈寒非:《律义探源》,《现代法学》2013 年第 3 期。

见从心的宪，金文中写作"𢘓"，始见于春秋初期的秦公钟。① 从宪的字形演进来看，其上部形如张开之书卷简册，意为国家法令须以书面形式记录；宪字下部从目，意指法令须为众人所见；到了春秋早期，宪在目下又有"𐌡"部，如人群聚集之状，这很可能表明官府聚众布法在那时已非特例。

由于资料所限，目前所看到的出土文献中法律公布传播的记载并不多，西周中期的墙盘铭是目前已知的关于中国公布传播法律最早的记载。铭文在追述成王的功业时有"宪圣成王"之谓。这里的"宪"写作"𢘓"，徐中舒释之为"公布政令教令也"。因成王曾广布法令，厚施功德，故而被尊为"宪圣"。② 结合墙盘铭的记载判断，目前主流观点认为中国古代法律公布的历史始于郑国"铸刑书"事件，恐怕是很难成立的。此外还需注意的是，金文中的"𨥫"（刑）、"𦙄"（则），在其字形构造中都有鼎部，这些早期中国人观念中作为规范准则的法度刻之于鼎，由此推测春秋时子产将法律以鼎为媒介公布并非孤立的事件，而是上古时期的常见做法。细究刑书铸之于鼎的原因，或许一方面在于可以长久保存，显示先王法令的稳定性与普遍适用性；另一方面，鼎为上古祭祀礼器，本身具有尊崇的地位，将法令铸之于上，有助于塑造法律的正当性与权威性，但这种做法却有违青铜礼器的祭祀用途，难免引起以叔向为代表的士大夫群体的非议，但他们主要目的是抨击子产所制定的法律"弃礼"，而非反对子产公布成文法本身。③ 综上，中国自王朝时代的早期便已进入以文字为载体的传播阶段，将法律等重要政令信息成文化并进行广泛的公布传播，是中国西周前期便已出现的做法。因此，公布成文法并非春秋郑国子产的创制，而是上古时期政令公布传统的延续。

三、"阰门有败"：西周法律的文字媒介形式述考

目前看到的商周时期的传播载体主要还是甲骨、陶器与青铜器。但从文献来看，这一阶段的载体还应包括竹简与布帛，虽然目前出土的写有文字的简帛最早断代为春秋时期，但据甲骨文的相关记载，这类载体在商代

---

① 王沛：《〈尔雅·释诂〉与上古法律形式》，杨一凡主编：《中国古代法律形式研究》，社会科学文献出版社，2011年，第44页。

② 徐中舒：《西周墙盘铭文笺释》，《考古学报》1978年第2期。

③ 对于叔向与子产之间的争论的辨析参见俞荣根：《中国成文法公布问题考析》，杨一凡主编：《中国法制史考证》乙编第一卷，中国社会科学出版社，2003年，第95~132页。

已经开始使用了。① 鉴于西周竹简、帛书、陶器等传播资料的缺乏，因此本书对西周文字传播形式的探讨以金文为主，并辅以传世文献的相关记载。

从现有已经掌握的材料来看，西周的文字传播的形式主要包括悬法与宪刑两种形式。以下分别进行分析。

（一）悬法

1. 传世文献中的悬法

悬法也叫悬书，始见于《周礼》，这是古代法律最广为人知的一种传播方式。《周礼·秋官·大司寇》谓："正月之吉始和布刑于邦国、都鄙，乃县刑象之法于象魏，使万民观刑象，挟日而敛之。"这里的"县刑象之法于象魏"就是悬法，其具体做法是将律法书写于竹简、绢帛之上再悬挂于城门，使众知悉。

《周礼》中对于悬法有较多的记载。根据《周礼》的规定，所悬之法的内容不同，掌管悬法的官职也有所区分。小司寇所悬之法为刑象之法，大宰所悬之法为治象之法，大司徒所悬之法为教象之法，大仆所悬的乃是首服之法。从其悬法内容来看，大体包括今人概念中的刑法、行政法、教育管理与礼仪道德等层面。

西周悬法的内容还有耕植之法。《周礼·地官·司稼》谓："司稼掌巡邦野之稼，而辨穜稑之种，周知其名，与其所宜地，以为法，而县于邑间，巡野观稼，以年之上下出敛法。"这里所悬挂的是农业耕作方法，以文字或绘图的形式挂在邑间之间，指导民众农稼作业。需要说明的是，中国古代以农立国，农耕在中国古代政治生活中有着特别突出的地位，司稼所悬挂的耕植法具有相当的强制性。明代丘濬对此曾说："悬其法式，又于三岁大比以兴其治田之甿，亦如大比之兴贤能焉，或诛或赏，或兴或废，无非以为农事而已。"② 意为考核民众对于所悬农稼之法的掌握程度，成为悬法官员赏罚的依据。

至于悬法的性质，丘濬认为其"即后世于国门张挂榜文之制也"③，如丘论不谬，那么悬法与后世的榜文性质近似，都是当时重要的政治传播形式，《左传》中所记载的郑国子产"铸刑书"（《左传·昭公六年》）、晋国赵鞅"铸刑鼎"（《左传·昭公二十九年》），都可归入此类。

---

① 李学勤：《近年出土文献与中国文明的早期发展》，《光明日报》2009 年 11 月 5 日。
② 丘濬：《大学衍义补》，京华出版社，1999 年，第 140 页。
③ 丘濬：《大学衍义补》，京华出版社，1999 年，第 919 页。

由上文分析可知，西周时期官方对法律传播有专门的规范，法令在制定以后，根据其内容（"刑象之法""治象之法""教象之法"与"首服之法"）的区别，由不同的官员负责在其治所内进行布告，并有相应完备的程序予以保障，形成了一套相对完整的法律传播体系。

2. 金文文献中的悬法

不仅传世文献，在金文中也有关于悬法的记载。如西周中期的曶鼎铭就有相关记载，铭文全文如下：

> 佳（唯）王四月既眚（生）霸，辰才（在）丁酉，丼（邢）吊（叔）才（在）异，为□□，事（使）乑（厥）小子戴（以）限讼于丼（邢）吊（叔）：我既赎女（汝）五□，□父用匹马、束丝，限誥（牾）曰：眡则卑（俾）我赏（偿）马，效□□卑（俾）复乑（厥）丝束。貯、效父乃誥（牾）。戴曰于王参门，□□木楞，用衛徙（延）赎丝（兹）五夫、用百寽（锊），非出五夫，□□訽。乃諮又（有）訽罘噓（希）金，丼（邢）吊（叔）曰：才（裁）：王人乃赎用□，不逆付，智母（毋）卑（俾）成于眡。智则拜頴首，受丝（兹）五夫：曰陪、曰恒、曰䓏、曰絫、曰眚（省）。事（使）寽（锊）以告眡，乃卑（俾）□曰（以）智酉（酒）伋（及）羊，丝（兹）三寽，用致（致）丝（兹）人。智乃每（诲）于眡□：女（汝）其舍戴矢五秉。曰：弋尚（当）卑（俾）处乑（厥）邑，田乑（厥）田。眡则卑（俾）复令曰：若。（《集成》2838）

该铭文字较多，主要记录了曶与限之间的财产争讼。基本案情为限派家臣（"小子"）戴以"匹马、束丝"向曶购买五名男丁。限则回答说马和丝均已退还，承办人眡和效父可做证。这段铭文中的关键是限的家臣戴的反驳："于王参门，□□木楞，用衛徙（延）赎丝（兹）五夫、用百寽（锊），非出五夫"。此句较为难解，根据前贤的研究，"参门"为三门，"木楞"之"楞"为"枋"，此处"枋"又可释为"方"，"木楞"也就是"木方"。① 此处如何理解"方"为关键。据《广雅》"方"为"始也。"清人王念孙《广雅疏证》曰："凡事之始，即为事之法，故始谓之方，亦谓之律。法谓之律，亦谓之方矣。"又秦简《语书》曰："修法律

① 孙常叙：《曶鼎铭文通释》，孙常叙：《孙常叙古文字学论集》，东北师范大学出版社，1998 年，第 178 页。

令、田令及为间私方而下之，令吏明布，令吏民皆明知之，毋距于罪。"这里的"为间私方"是秦代惩办奸私的法律。《仪礼·聘礼》云："百名以上书于策，不及百名书于方。"《礼记·中庸》云："文武之政，布在方策。"章太炎认为"字少者书于方，字多者编简而书之"。"方"，就是版牍，其与简的区别在于"方不贯以绳，而简则贯以绳"①。因此，综合传世文献与出土文献的解释，"木楞"为著录法令的木板。② 这与前文《周礼》中的悬法正好相合。"参门，□□木楞"，为王朝颁布的法令。因此，此处铭文意为双方在悬示法律的木板之下交易。③ 整句大意为双方根据周王在三门悬挂的法律，以百锊之铜购买了五名臣仆，如果不如实交付，则要处以罚金之刑。④ 可见，西周时期不仅有了用来规范市场交易的成文经济法律规范，而且将之公布于王都显明之处，便于国人查阅遵守。西周这种做法也为东周时诸国所继承。如湖北荆门出土的包山战国楚简中有一术语"阶门有败"。"有败"之"败"为"则"，即法则之意。"阶门"即曶鼎铭之"参门"，因此，包山楚简中的"阶门有败"同样也是战国楚国在三门颁布的关于商品交易方面的经济法律规范。⑤ 出土文献中的相关记载，也进一步证明了《周礼》中悬法的可信度。

（二）宪刑

《说文解字》释宪云："敏也，从心、从目。"《康熙字典》中的解释更加生动具体："从害省，从心从目。观于法象，使人晓然知不善之害。接于目，怵于心，凛乎不可犯也。"春秋以前宪字从目，写作"害"，其字形演变过程如下："𡧤"（墙盘铭）→"𡪡"（善夫山鼎铭）→"𡪡"（秦公钟铭）。也即是说，直到春秋初期的秦公钟铭文中，宪字才从心。从宪字字形的演变来看，从目是其原初之意，整体字形上部形似悬挂的政令文

① 章太炎：《国学三家谈》，中国致公出版社，2008 年，第 56 页。
② 王沛：《〈尔雅·释诂〉与上古法律形式》，杨一凡主编：《中国古代法律形式研究》，社会科学文献出版社，2011 年，第 43 页。
③ 郭沫若释曶与限关于"五夫"的交易在王宫三门处进行。但天子王宫有五门，三门位于五门之中，地位机要，一般为举行重要典礼的处所。如小盂鼎铭文叙献俘之礼时，云"入三门，立于中庭，北向，盂告……"，即得胜归来的盂和其他诸侯在三门处禀告其成功之事于周王，三门之地位可见一斑。买卖双方去王宫深处的三门交易普通的商品，不合逻辑，参见〔日〕白川静：《金文通释》，《白鹤美术馆志》第 23 辑，白鹤美术馆，1968 年，第 125 页。关于二者辨析，可参见王沛：《西周邦国的法秩序构建：以新出金文为中心》，《法学研究》2016 年第 6 期。
④ 王沛：《西周邦国的法秩序构建：以新出金文为中心》，《法学研究》2016 年第 6 期。
⑤ 张伯元：《出土法律文献丛考》，上海人民出版社，2013 年，第 185 页。

书，下部颇似举目仰望之态，宪的字形中就包含有政令传播之意。因此郑玄在《周礼·天官·小宰》注曰："宪，表也，谓县之也。"即"示人使知者也，若今新有法令也"。

从现有资料来看，宪刑也是一种古老的法律信息的传播形式。如前引西周中期墙盘铭有"宪圣成王"之语，故称之为"宪圣"。宪作为法令传播的方式，在先秦文献中出现频率较高。如《荀子·劝学》中说"不道礼宪"，杨倞注曰："宪标表也，凡禁令欲众公知，则书而表悬之。"说明宪刑是一种常用的法律传播方式。

西周时周邦规定不同类型的政令须由不同职司颁示，据《周礼》记载，布宪负责公布周邦的"刑禁"，司虣则"掌宪市之禁令"，胥师"掌其次之政令，而平其货贿，宪刑禁焉"。不仅宪刑的官吏各有职属，而且周代对政令公布的时间与地点也有细致的规定，如周邦的刑禁须于每年正月"布于象魏，县于门闾、都鄙、邦国"，士师每正岁须"帅其属而宪禁令于国及郊野"，内宰每正岁须"宪禁令于王之北宫而纠其守"。

对于宪刑的程序，周代也有相应程序要求，以刑禁的颁降为例，宋人刘彝对其有过专门考证：

> 必书其刑禁之宪于民者，以达于州伯，州伯以达于卒正，卒正以达于连帅，连帅以达于属长，属长以达于诸侯，诸侯则以达于都鄙，而要服以达于四海。布宪则执旌节以巡行四方，诘其违于禁令者，庶乎其无所不及也。

根据刘彝的看法，周代法律类信息的传播步骤一般是先由属吏将相关律令誊抄，然后经由州伯→卒正→连帅→属长→诸侯→都鄙→要服→四海的路径逐次递进，以致达于天下。为防止各级官吏废弛怠慢，朝廷每年正月之吉令布宪遍巡天下，"自内而至于外，由近而至于远，内而方国，外而海隅"，对"违于禁令者"施以严刑，从而对国家法律等政令传播的效果进行监管访察，使得法律政令在传播空间上"无所不及"，达到西周国家"凡邦之大事合众庶，则以刑禁号令"的治理成效。

可见，宪刑是周代传播政令的重要方式，西周时期统治者极为重视政令的传播，根据政令适用的对象与内容的不同，分由不同职官职掌；在政令传播过程中，从人员配置、时间规划到传播空间的选择都规定得具体详尽，而且政令公布后朝廷还会专门派员检查政令公布之实效，西周对政令传播的重视程度由此可见一斑。

这里还有一个问题需作辨析，前文讲到宪刑这种政令传播形式，在形态上与悬书非常类似，都是将法令悬于城门之上，那么二者是否为一物二名呢？后世多倾向于认为宪刑与悬法乃为一物。如《集韵》曰："《周礼》悬法示人曰宪法，后人因谓宪为法。"《康熙字典》亦曰："悬法示人曰宪。"但也有持不同观点者。清人孙诒让认为"凡云宪者，皆以木铎徇之于朝，书而县于门闾"。若如孙氏所论，那么殷周时期宪刑与悬法的区别在于前者一般包含"木铎徇之于朝"的程序，即宪刑须用木铎聚集民众进行口头宣示，使民众知悉法令内容的过程，而悬法仅仅是将法令张贴于城门（象魏）之处。然而，汉儒郑玄注"大宰悬治象之法于象魏"条谓"振木铎以徇之，使万民观焉"，显然在郑玄看来悬法也有"木铎徇之于朝"的程序，对宪刑与悬法未作区分。由于悬法与宪刑史料极为有限，二者之间关系尚存不少疑点。

通过以上分析可以得出两个认识：一是将法律等各项政令信息以成文的形式进行公布传播在西周已经出现；二是"木方"曾作为西周法律等政令信息传播的媒介使用。毕竟相较于成本高昂、制作工艺复杂且加工周期漫长的青铜器而言，在与普通民众日常生活相关的领域使用"木方"等媒介具有更加经济、便捷的优势，只是由于年代久远，又或者未能大规模使用，这些作为西周政治传播媒介的"木方"未有实物流传下来，目前对其使用的时间起始与地理空间尚未形成确定意见。

第二节 口传天宪：西周政令信息的口头传播形式述考

长期以来，口语是人类历史上最悠久的一种政治传播话语形态。[①] 虽然中国王朝历史很早就进入以文字为载体的传播阶段，但这不意味着它在国家政令信息传播体系中居于主导地位。事实上，口语由于其交互性、时效性等方面的优势，在早期国家的政治沟通中发挥着关键作用。为建立天命在兹、惟王懿德的王朝气象，中国在王朝时代的早期就在政治传播中表现出对口语表达方式的倚重，这也成为早期中国王朝在政治实践方面的重

---

① 政治话语是一种以意识形态为导向的高度语言化的社会性活动，不仅是对人的思想意义的表达，更是人的权力意志的体现。本书按照表现形式的不同将西周的政治传播话语分为口语与书面两种基本形态。关于政治话语的界定参见彭剑：《政治传播话语：概念界定及创新表达》，《编辑之友》2021 年第 1 期。

要特征。

一、"命诰庶邦"：金文所见西周政治传播中的口语表达

（一）"井朕臣兴诲"：金文所见西周政治传播口语表达举隅

从西周各类青铜铭文所反映的政治传播形态来看，口语在西周国家的传播体系中占据关键地位，其内容涉及政令、军令等诸多方面。

1. 政令

第一种是周王口头发布政令。从现有的资料来看，它一般是周王以口头形式针对特定群体发布。如西周早期著名的何尊。其铭文如下：

> 佳王初迁宅于成周，复稟武王丰福自天。在四月丙戌，王诰宗小子于京室，曰："昔在尔考公氏，克逑玟王，肆文王受兹大命。佳武王既克大邑商，则延告于天，曰：'余其宅兹中国，自兹乂民。'乌嘑！有佳小子亡戠视于公氏，有爵于天彻命。敬享哉，惟王恭德谷天，顺我不敏。王咸诰。"何易贝卅朋，用乍□公宝尊彝，佳王五祀。
> （《集成》6014）

铭文反映了成王迁都成周，在京室发布诰令的史实。诰令内容为告诫同宗贵族须效法父辈辅佐周王，恭顺天命、敬慎祭享。诰令发布完毕后，成王赏赐给作器者何三十朋的贝，何为此制作了纪念庚公的礼器。[①] 铭文中"乌嘑"的用辞保留了浓厚的口语特征。[②] 类似的还有康王时期的矢令方彝，其铭如下：

> 佳（唯）八月，辰才（在）甲申，王令周公子明儥（保）尹三事四方，受卿旂（士）寮（僚）。丁亥，令矢告于周公宫，公令𢀑同卿旂（士）寮（僚）。佳（唯）十月月吉癸未，明公朝至于成周，𢀑令：舍三事令，眔卿旂（士）寮（僚）、眔者（诸）尹、眔里君、眔百工、眔者（诸）侯，侯、田（甸）、男，舍四方令。既咸令。甲申，明公用牲于京宫。乙酉，用牲于康宫，咸既。用牲于王。明公归自王，明公易（赐）亢师鬯、金、小牛，曰：用禣。易（赐）令鬯、

---

① 王占奎：《何尊铭文的释读与营建成周的纪年问题》，《考古学研究（八）》，科学出版社，2011 年，第 267~278 页。

② 武振玉：《两周金文叹词初论》，《西华大学学报（哲学社会科学版）》2009 年第 6 期。

金、小牛，曰：用祼。乃令曰：今我唯令女（汝）二人，亢眔矢，爽左右于乃寮（僚）目（以）乃友事。乍（作）册令敢扬明公尹氒（厥）臣，用乍（作）父丁宝障（尊）彝，敢追明公赏于父丁，用光父丁。〔爵册〕（《集成》9901）

该铭文信息丰富，主要记述周公受命尹"三事四方"，后在成周举行祭祀等史实。涉及四次诰命：一为周王在某年八月甲申日发布诰命册命周公，令其担任太子保尹；二为丁亥日于周公宫向众卿大臣宣告王命；三为当年十月癸未日，周公于成周发布执政命令，并四方广为传播；四为周公返回宗周后又册命师与矢令，令二人管理同僚，礼敬处事。除第一次外，后三次都是以口语形式发布的。① 需要注意的是，本铭可与明公簋对读，明公簋有"王令（命）周公子明保，尹三事、四方，受卿事寮"及"乃令（命）曰：'今我唯令女二人亢眔矢爽左右于乃寮以乃友事'"（《集成》4029）之语，这两处的"令（命）"，从其行文来看当为口语的形式宣布诰命。

第二种是诸侯以口头形式发布政令。如西周早期来自鲁国的鲁叔四器（叔尊、叔卣）。其铭文共有两组，第一组为：

侯曰：叔，不（丕）显朕文考鲁公夂文遗工，不暓（僭）氒（厥）敏（誨）。余令女（汝）自写骢来敏（誨）鲁人，为余轨，有姝具成，亦唯小羞。余既省，余既处，亡（无）不好，不𤲊（处）于朕敏（誨）。侯曰：叔，若，若自今生（往）罚其又（有）达女（汝）于乃（巧）。𡨄（赏）女（汝）贝、马用。自今生（往）至于（亿）万年，女（汝）日其𡨄（赏）勿替，乃工日引。唯三月，叔易（赐）贝于原。叔对𩁹（扬）辟君休，用乍（作）朕剌（烈）考宝障（尊）彝。（器号 NB1351）

这段金文记载了鲁侯对叔的口头诏命。其内容包括三个方面：一是追述父祖鲁公的文治功绩；二是命叔指导鲁人为鲁侯建造宫殿；三是肯定叔的工作成效，予以奖励。② 第二组记载了鲁侯的另一政令，其铭如下：

---

① 刘义峰：《令方彝断代论》，《南方文物》2015 年第 4 期。

② 侯乃峰：《新见鲁叔四器与鲁国早期手工业》，《考古与文物》2016 年第 1 期。

> 侯曰：𫑡，女（汝）好眘（友）朕敏才（在）丝（兹），鲜女（汝）之。自今弜又辛，女（汝）井。易女（汝）贝用。唯六月𫑡易（赐）贝于帝（寝）。𫑡对𫑡（扬）辟君休，用乍（作）朕文考宝障（尊）彝。（器号 NB1353）

此处铭文也包含三个层面的含义：一是褒扬𫑡的孝友德行；二是诰命𫑡的族人须遵守𫑡的政令；三是在六月对𫑡进行赐贝奖赏。两组铭文最后𫑡制作了铜器予以纪念，并传之子孙后代。

类似铭文还有与鲁叔四器同时代的𫑡器，其在《首阳吉金》中首次公布，其铭文为：

> 唯九月，诸子具服。公乃令才（在）辟，曰：井朕臣兴诲。感对公休，用作父癸宝尊彝。

该铭为九月某日滕公发布的政令，要求宗族子弟要服从𫑡的命令。𫑡感念滕公，因此制作簋以记述其事。[1] 通过上述铭文的分析可知，无论是周王还是诸侯发布的政令，其主要适用于宗族内部等特定群体之间，故而政令内容多以告诫、劝导为主，并在为相关人员设定义务之先往往追述其祖考功德，在颁令之后又多伴有赏赐礼物，甚至封授官爵等褒奖。在这样的情境下，较之单一的文字形态，口语的传播特点更能增强传者与受传者的情感联结，建立并维系共同的价值纽带。

2. 军令

军令由于时效性强，所以在西周也常以口语形态进行传播。如西周中期的史密簋就记录了西周孝王发布的一则征讨南夷的军令。其文如下：

> 佳（唯）十又一月，王令（命）师俗、史密曰：东征敆南尸（夷）、卢虎，会杞（杞）尸（夷）、舟尸（夷），雚不坠，广伐东或（国），齐𠂤（师）族土（徒）□人，乃执嘼（鄙）宽亚。师俗率齐𠂤（师）□人□□伐长必，史密父率族人厘白（伯）、僰眉（殿），周伐

---

① 王沛：《西周邦国的法秩序构建：以新出金文为中心》，《法学研究》2016 年第 6 期。该铭文有不同释读，"井朕臣兴诲"黄国辉作"凡朕臣兴畮"，释意为"凡滕公之臣皆有所赐"，参见黄国辉：《首阳吉金簋新探》：《北京师范大学学报》2013 年第 3 期。

长必，获百人。对瓢（扬）天子休，用乍（作）朕文考乙白（伯）障（尊）殷（簋），子子孙孙其永宝用。（《集成》02489）

这段铭文记录了周孝王派师俗、史密东征南夷的史实。西周中偏晚期的柞伯鼎也有此类记录。其铭文如下：

佳（唯）四月既死霸，虢中（仲）令柞白（伯）曰：才（在）乃圣且（祖）周公辥又（有）共（功）于周邦。用昏无殳，广伐南或（国）。今女（汝）期（其）率蔡侯左至于昏邑。既围戠（城），令蔡侯告迣（征）虢中（仲），遣（遣）氏曰：既围昏。虢中（仲）至。辛酉尃（搏）戎。柞白（伯）执讯二夫，只（获）馘十人。誎（其）弗敢忒（昧）朕皇且（祖），用乍（作）朕剌（烈）且（祖）幽吊（叔）宝障（尊）鼎，誎（其）用追享孝，用旗（祈）覺（眉）寿迈（万）人（年），子子孙孙其永宝用。（器号 NB1059）

此段铭文内容较多，铭文内容主要包括两个方面：一是虢仲向柞伯口头发布军令，令文中追述了柞伯先祖辅佐周邦的业绩，同时命令柞伯率领蔡侯进抵昏邑。二是记述了征伐昏邑的过程。柞伯围困昏邑之后，遣蔡侯向虢仲奏报军情，虢仲于是亲抵昏邑。辛酉日攻城俘虏二人，并获十人之馘。柞伯为了纪念皇祖荫助之功，遂制鼎将此事铭告祖先，并命子孙永世宝用。① 通过前文分析可知，无论是周王还是诸侯发布的政令，其传播对象主要局限于君臣上下或诸侯宗族内部等特定的群体之间，这些场景下由于现场条件的制约，口头传播以其交互性、时效性等优势，能更有效地表达传者的观点，因而在西周国家的传播实践中也得到更高频率的使用。

（二）神道设教："王若曰"与西周的口头传播

不少西周文献中都有"王若曰"的起始语，其后引出王所颁布的政令。如周宣王晚期的师衮簋，其铭文云：

王若曰：师衮，哉，淮尸（夷）旧我贯庿臣，今敢博乓（厥）众叚，反乓（厥）工吏，弗速东鄙（国），今余肇令女（汝）達（率）

---

① 朱凤瀚：《柞伯鼎与周公南征》，《文物》2006 年第 5 期。

齐币（师），曼、𤯕、棘、屖、左右虎臣，正（征）淮尸（夷），即
𣂍乓（厥）邦暋（酋），曰冉、曰葬、曰铃、曰达。（《集成》4313）

　　该铭文记录了因淮夷反抗周朝委任的征收贡纳布帛的官员，袭扰周朝
的国土，于是周宣王委派师寰出兵征讨。该事迹在《左传》中也有记录，
《左传·僖公四年》载，管仲云："昔召康公命我先君太公曰：五侯九伯，
女实征之，以夹辅周室。"以齐国为主讨伐淮夷，正合于召公之命。据师
寰簋的信息，战争的结果是周王朝取得了胜利。[1]　这里的"王若曰"，常
见于金文与《尚书》诸诰中。

　　对于"王若曰"的释义，前人已作了较多的探讨，[2]　虽然至今未能形
成统一意见，但各家不否认的一点是，"王若曰"起始的语句多数具有鲜
明的口语特征，多为周王发布的口头命令，这也说明了西周口头政令是常
见的国家传播形式。

　　综观文献和金文材料，结合前辈学者的研究，"王若曰"所引领的文
字，主要有以下几方面的内容。[3]

　　1. 册命

　　此项内容金文较为多见。多数包括有册命官职与训诫等内容。如师颗

---

① 李学勤：《史密簋铭所记西周重要史实考》，《中国社会科学院研究生院学报》1991年第
　　2期。

② 董作宾认为凡是王命由口语转化为书面语，必以"王若曰"发其端。陈梦家据西周金文
　　辞例认为："周诰中的'王若曰'乃是史官或周公代宣王命。"于省吾与陈梦家观点略
　　同，他用王引之说，认为"王若曰"应解作"王如此说"，凡是王直接命令臣属者从来
　　不称"王若曰"，凡史官宣示王命臣某或王呼史官册命臣某而称"王若曰"者，多在一
　　篇之首或一篇的前一段，以下如复述之，则均简称为"王曰"。谭戒甫认为"王若曰"
　　的"若"字含有"位尊居首"的意义。杨筠如认为"若曰"是古代成语，"若"字没有
　　意义，仅起发声作用。王颖也从语境和语义的角度认为"王若曰"与"王曰"没有什么
　　差别，"若"是用作句中语气词，只有语法功能，而无实际含义。此外，王占奎、辛怡
　　华、张怀通、彭裕商等人从不同视角对此作了研究。参见董作宾：《王若曰古义》，《说
　　文月刊》1944年第4卷；陈梦家：《王若曰考》，《尚书通论》，中华书局，2005年，第
　　143~166页；于省吾：《"王若曰"释义》，《中国语文》1966年第2期；王占奎：《"王
　　若曰"不当解作"王如此说"》，《周秦文化研究》编委会编：《周秦文化研究》，陕西
　　人民出版社，1998年，第359页；谭戒甫：《论"若"字的本义及其演变》，《武汉大学
　　人文科学学报》1957年第1期；辛怡华：《试释金文中的"王若曰"》，《华夏文化》
　　2002年第4期；张怀通：《"王若曰"新释》，《历史研究》2008年第2期；彭裕商：
　　《"王若曰"新考》，《四川大学学报》2014年第6期。对于"王若曰"的理解目前学界
　　多从于省吾说，即指"王如此说"。

③ 彭裕商：《"王若曰"新考》《四川大学学报》2014年第6期。

簋铭：

> 王若曰：师𩅲，才先王既令女乍（作）嗣（司）土（徒），官嗣（司）𤴓𡉚，今余佳（唯）肇申乃令，易（赐）女（汝）赤市、朱黄（衡）、銮旗、攸（鋚）勒，用事。𩅲拜𩒰首，敢对扬天子不（丕）显休，用乍（作）朕（朕）文考尹白（伯）陣（尊）𣪘（簋），师𩅲其万年子子孙孙永宝用。（《集成》4312）

又如西周中期的趩簋铭：

> 唯二月王才（在）宗周，戊寅，王各于大朝（庙），密吊（叔）右趩，即立（位），内史即命，王若曰：趩，命女（汝）乍（作）𪉗𠂤（师）冢嗣（司）马，啻（适）官仆、射、士，讯小大又（有）邻，取遗五乎（鋝），易（赐）女（汝）赤市、幽亢（衡）、銮旗，用事。趩拜𩒰首，对扬王休，用乍（作）季姜障（尊）彝，其子子孙孙迈（万）年宝用。（《集成》4266）

这两则铭文都记录了周王任命官职的程序。其中"用事"为周王要求受命者尽忠职守，勤勉政事之意，表达类似训诫的还有"若敬乃正，勿废朕命"（大盂鼎，《集成》2837）、"夙夕勿废朕命"（恒簋盖，器号4200）、"用夙夜事，勿废朕命"（伯晨鼎，《集成》2816），此类器铭在西周铭文中颇为不少。从"王若曰"后引出的内容来看，多为册命官职与赏赐物品等命书内容。

另外，金文中"王若曰"起首的也有直接赏赐物品，而无册命内容的记载。如乖伯簋铭中王若曰："乖白（伯），朕不（丕）显且（祖）玟（文）武，膺受大命，乃且（祖）克述先王，异自它邦，又𢎪于大命，我亦弗𡧛（享）邦，易（赐）女（汝）狐裘。"（《集成》4331）可见"王若曰"所起领文字为追述祖考股肱周室受命的荣光，这在訇簋（《集成》4321）、师訇簋（《集成》4342）也多有体现，其形式当为史官提前预备文本并于现场口头宣读。

2. 训诰

先秦文献《尚书》与《逸周书》中都有记载。其中又以《尚书》居多。从"王若曰"针对对象的不同可分为针对个体与群体两大类。前者如

《尚书·康诰》主要是周公针对康叔的告诫；后者文献中有更多反映，如《尚书·大诰》是成王对诸侯及官员的训诰，《尚书·多士》与《尚书·多方》是三监之乱后周成王对殷商遗民的训诫。

3. 现场训示

这是史官所记录的周王现场训示。如清华简《保训》：

> 隹王平（五十）年，不瘳（豫）。王念日之多鬲（历），恖（恐）述（坠）保（宝）训。戊子自溑（靧水）。己丑昚（昧）〔爽。□□□□□□□□□王〕若曰：发，朕〈朕〉疾壹甚，恖（恐）不女（汝）及训。昔毐（前）人逹（传）保（宝），必受之以詷。今朕〈朕〉疾允瘜（病），恖（恐）弗念（堪）夂（终）。女（汝）以箸（书）受之。

由于该篇为文王临终训示，场景较为特殊，其内容为现场文王口述，史官临场记录，其中"女（汝）以箸（书）受之"更是直接说明了其现场训示的性质，可见这里的"王若曰"为针对特定群体的口头政命。①

4. 征伐誓命

"王若曰"起始后的内容还有关于军事征伐的，如前引师寰簋铭文记述西周的征伐活动，此类铭文还有应侯视工簋，其铭文为：

> 唯正月初吉丁亥，王若曰：雁（应）侯见工，戜（蠢）淮南尸（夷）芦，敢尃（薄）厇（厥）众瞻，敢加兴乍（作）戎，广伐南国。王命雁（应）侯正（征）伐淮南尸（夷）芦，休，克翦伐南尸（夷），我孚（俘）戈。余弗敢且（沮），余用乍（作）朕王姑单姬障（尊）簋，姑氏用易（赐）賷（眉）寿永命，子子孙孙永宝用享。（器号 NB1305）

与师寰簋铭类似，此则铭文"王若曰"后内容为陈列征伐理由及具体政令内容。此类铭文在西周金文中数量不多，从形式来看，其颇似于以

---

① 类似场景的还有《尚书·顾命》，为成王临终遗命，但起首为"王曰"，与本书所述"王若曰"不同，但二者性质相同。

口头形式发布的临时军法。①

5. 周王与臣僚答对

此类以"王若曰"起始的内容也是口头临时对特定对象的告诫，事前并无政令文本可依。相关记录主要见于《尚书·洛诰》与《逸周书·祭公》篇。②

上述"王若曰"涉及的事项中，除第5项外都是西周国家政令，而且都具有口头传播的特点，即使如册命、训诰等政令形式虽然在宣读前多有文本可遵循，但依然要辅以口头的形式表达，以增强政令的传播效果。第5项虽为周王与大臣的答对，但从内容看是周王要求臣僚尽忠职守以辅佐自己，也可看作是王有所命，故也采取"王若曰"的形式。③ 这说明在西周国家的传播体系中，口头传播占据了关键位置，在西周的政治秩序构建中发挥了重要作用。

从以上铭文内容也可以看出，"王若曰"文后所引之事多为王朝重大事项。"王若曰"中需要特别注意的是若字。若在甲骨文写作"𤯍"，形似膝跪于地作祈求之状，金文中若增加口部写作"𦫿"，口在甲骨文、金文中写为"Ħ"，日本学者白川静认为"Ħ"为盛放书册的器具，代表祷词或祈祷文，这是为了探听神意进行祈祷的文字。④ 这也表明若的初始含义与祭祀祈祷相关，具有较强的宗教意味。在周人观念中，天子乃天命所在，王命即为天意，因此若常用来反映不可置疑的统治权威，如《诗经·大雅·烝民》谓："天子是若，明命使赋。"《诗经·鲁颂·閟宫》中"莫敢不诺，鲁侯是若"及"孔曼且硕，万民是若"，大盂鼎铭"王若曰""丕显文王，受天有大命"都是这一理念的反映，其余诸如趞鼎、师虎簋、牧簋、乖伯簋、蔡簋、匐簋中的"王若曰"都有此含义。因此"王若曰"便是天意借由周王转承的具体意志。⑤ 从这个意义上看，西周金文与传世文献中所见的"王若曰"实际上就是这种神道设教的标志性提示语，并借

① 商艳涛：《"王若曰"所领起的铭文性质补说——兼说先秦时期的誓师活动》，《古文字研究（第三十辑）》，中华书局，2014年，第146页。

② 《洛诰》："王若曰：'公，明保予冲子，公称丕显德，以予小子扬文武烈，奉答天命，和恒四方民，居师。惇宗将礼，称秩元祀，咸秩无文。惟公德明光于上下，勤施于四方，旁作穆穆，迓衡不迷。文武勤教，予冲子夙夜毖祀。'"《逸周书·祭公》："王若曰：祖祭公，次予小子虔虔在位，昊天疾威，予多时溥愆。我闻祖不豫有加，予惟敬省。不吊天降疾病，予畏之威，公其告予懿德。"

③ 彭裕商：《"王若曰"新考》，《四川大学学报》2014年第6期。

④ 〔日〕白川静：《中国古代民俗》，何乃英译，陕西人民美术出版社，1988年。

⑤ 辛怡华：《试释金文中的"王若曰"》，《华夏文化》2002年第4期。

由此增强周王政令的权威。①

二、"勿废朕命"：传世文献中所见西周政令信息的口头传播

除金文资料外，传世文献中也记录了不少西周时期以口头形式发布政令的例子，以下分别从《尚书》与《周礼》的记载予以说明。

（一）"尚书六体"

在"尚书六体"（典、谟、训、诰、誓、命）② 中，除典外，其余大体可纳入以口头传播的政令范畴，③ 只是其分别适用于不同的场景，如命体多用于册命及君臣对话，誓体多用于军事领域。由于训在文献中记述较少，下文重点介绍其中的命、诰、谟与誓等西周常见的政令信息的口头传播形式。

1. 命

命常见于西周传世文献，如《尚书》中的《顾命》《文侯之命》等篇章。《说文解字》释命为"天下之号也"。因周人常将天命合称，所以命在西周多指的是周王下达的政令，金文中多用于册命仪式。在清华简中有《封许之命》篇，其中保留了完整的西周之命的内容。兹录写如下：

> ……越在天下，故天劝之亡斁，尚振厥德，膺受大命，骏尹四方。则惟汝吕丁，肇牵文王，焱光厥烈。武王司明刑，厘厥猷，祗事上帝，桓桓丕敬，严将天命。亦惟汝吕丁，扞辅武王，攻敦殷受，咸成商邑。……命汝侯于许。汝惟臧耆尔猷，虔恤王家，简乂四方不坜，以勤余一人。锡汝苍珪、秬鬯一卣。路车、璁衡、玉轸、鸾铃、

---

① 因此，有学者认为"王若曰"最初可能源于对所谓上天意志的转达，以证明统治者的行为的合法性，后来逐渐成为一种固定格式，用来叙述王朝重大事件，相当于后世的奉天承运之类套语。参见辛怡华：《试释金文中的"王若曰"》，《华夏文化》2002 年第 4 期。

② 孔安国《尚书序》称为"尚书六体"，虽然古文尚书被清儒考证认为是伪作，但这种称呼由来已久，从文体分类上看也有其合理性，故本书仍采用这种提法。

③ 如《尚书·说命上》释"命"云："命之曰：'朝夕纳诲，以辅台德，若金用汝作砺，若济巨川用汝作舟楫，若岁大旱用汝作霖雨。'"这里的"命之曰"明显指的是口头方式。又"诰体"之篇《酒诰》云："厥诰毖庶邦庶士越少正御事，朝夕曰：'祀兹酒。惟天降命，肇我民，惟元祀。天降威，我民用大乱丧德，亦罔非酒惟行；越小大邦用丧，亦罔非酒惟辜。'""厥诰……曰"之"诰"也是口语之辞。因此朱自清认为《尚书》包括虞、夏、商、周四代皇室文献，大部分是号令，就是向大众宣布的话，小部分是君臣相告的话。这些辞原来似乎只是说的话并非写出的文告。参见朱自清：《经典常谈》，生活·读书·新知三联书店，2008 年，第 24 页。

素旗，朱轩軨。马四匹，攸勒、氈毡、罗缨、钩膺、豹弁、匿。赠尔荐彝、盉□、燧珧，龙甐、莲、罐、钲、希、勺、盘、鉴、蓥、埤、舟、禁、鼎、簋、觥、鎝。恪！王曰：“于呼，丁，戒哉！余既监于殷之不若，稚童兹忧，靡念非常，汝亦惟就章尔虑，祗敬尔猷，以永厚周邦，勿废朕命，经嗣世享。”

此命书内容分为三个部分：首先是述功，追述吕丁“肇牵文王，毖光厥烈”的功绩；其次是赐封，命其“侯于许”，并赏赐“苍珪、秬鬯”等各类器物；最后是诫勉，希望吕丁今后能“永厚周邦，勿废朕命”。从形式来看，该命书与《尚书·文侯之命》类似，属于西周典型的册命文书，记载了周成王现场册命吕丁的史实。从文中“于呼，丁，戒哉”等表述来看，其保留了较为显著的口语表达痕迹。

2. 诰

诰常见于传世文献与金文资料中。《说文解字》释诰为“告也。按以言告用告字，以此诰为上告下之字。”段玉裁注：“以言告人……为上告下之字。”可见，诰是官方用以发布政令信息的文告。《尚书正义·序》言及诰：“夏、商、周之书，虽设教不伦，雅诰奥义，其归一揆。”孔颖达疏云：“三王之书，惟无典谟，以外训、诰、誓、命、歌、贡、征、范，类犹有八，独言‘诰’者，以别而言之。其类有八，文从要约，一‘诰’兼焉。何者？以此八事皆有言以诰示，故总谓之‘诰’。”按孔疏之意，三代时期君主公布法令的形式有训、诰、誓、命等八种，统一用诰来代指是为了文义简约。可见此处诰为三代时期通过官方渠道发布的政令，与《说文解字》释义一致。

诰最初也与祭祀相关。① 后来诰在《尚书》中内容开始扩大，不仅用于祭祀，还用于册封、朝觐、会盟等方面。西周以诰的形式进行政治信息的传播活动多见于《尚书》。如《酒诰》篇云：“文王诰教小子有正有事，无彝酒。”此处的“小子”按孔颖达《尚书正义》的说法，指的是“民之子孙也”，“有正有事”指的是“群吏”，即“正官之下有职事之人”，可见文王此《酒诰》颁布的对象是西周治下全体臣民。又据《尚书·多士》

① 陈梦家《尚书通论》谓：“《曾子问》曰：‘诸侯适天子必告于祖，奠于庙；诸侯相见必告于祢；反必亲告于祖祢。’《尚书·金縢》曰：‘植璧秉圭，乃告大王、王季、文王，史乃册，祝曰……’此告即祈告，卜辞之告皆告于祖先。”参见陈梦家：《尚书通论》，中华书局，1985年，第143~166页。

载"周公以王命诰，作《多士》。惟三月，周公初于新邑洛，用告商王士。"这里说的是周公初往新都洛邑时，将周成王的命令以诰的形式向殷商旧臣发布，要求他们敬畏天命，居德从善。《多方》篇内容与之相似，乃是周成王从奄地回来，到了宗周，"诰庶邦，作《多方》"。同样是以诰的形式传播周成王政令。上引文献中列举的诰，有些本身就是政令，如《酒诰》篇等；有些则是以诰的形式传播政令，如"诰教小子""诰庶邦"等，意为以诰告之。这些都是西周以口头形式进行政治传播的记载。

出土资料中也有类似的记录。如何尊铭载："四月丙戌，王享（诰）宗小子于京室，曰……亩王䩄（恭）德谷（裕）天，顺我不每（敏）。王咸享（诰）。㧄易（赐）贝卅朋，用乍（作）囗公宝隫（尊）彝。隹（唯）王五祀。尊彝。唯王五祀。"（《集成》5445）此处铭文记载的是周王以诰的形式向周宗室贵族发布命令的情形。由以上诸例可知，西周时期以诰的形式颁布政令已是比较常见的事情。

西周以后，以诰的方式发布政令仍不鲜见，但其形态发生了较大变化，后世诰主要以书面形式传递信息，如明代著名的法令《明大诰》即是朱元璋以诰之名来发布的，当时几乎"户均一册"，对明代的刑事立法与政治传播产生了深远的影响。

3. 谟

对于谟这类文体或政令形式，无论在金文资料还是传世文献中都所见不多。《说文解字》释谟为"议谋也"，《周礼》中的"夏宗以陈天下谟"（《周礼·秋官·大行人》）指的是夏季诸侯朝聘天子共同商讨国事，其主要是以君臣对话的形式进行。①

除了谋略之义外，谟还有教诲之意。如《逸周书·度邑》记载了周武王与周公商议营建洛邑及王位继承事项，其内容可与何簋、何尊铭文相互印证。②因此，谟大概是西周史官记录的君臣对话，一般不涉及政治传播事项。

4. 誓

誓作为一种口头传播形式，与宗教祭祀相关。在上古祭祀中参与者以

---

① 叶修成：《论"谟"体之生成及〈尚书·皋陶谟〉的文化意义》，《华中科技大学学报》2009 年第 5 期。

② 杨栋：《何簋与〈逸周书·度邑〉篇》，《中国典籍与文化》2012 年第 3 期。另外，有学者认为从君臣问对的文体形态来看，也应当属于谟体。《逸周书》中《大开武》《小开武》也是叙述武王和周公之间的对话，应当视为谟体。参见叶修成：《论"谟"体之生成及〈尚书·皋陶谟〉的文化意义》，《华中科技大学学报》2009 年第 5 期。

口头形式向鬼神表达愿望，并做出相应承诺，这大概为周人誓的起源。后来誓又延展至于会盟、朝聘、册命等领域，成为西周确立权属关系、构建权力秩序的重要方式。所以孔颖达疏《礼记·曲礼下》"约信曰誓"为"用言辞共相约束以为信也"。誓的基本形态以口头形式为主，有时亦须辅以书面方式。如朝聘盟誓须制作书面的盟书，约剂之誓须制作书面的契约文书。

需要说明的是，"尚书六体"中除誓外，其他政令形式也不能简单归为单一的口头传播形态，它有时还须以书面文本辅助。如命、诰的颁行，其程序一般为先有书面命书，再由史官在册命仪式现场宣读，[①] 最后将书面命书交付受命者。这在传世文献中多有体现，如《逸周书·尝麦》："王命□□秘，作策许诺，乃北向繇书于两楹之间。"意为史官面北宣读周王命书，可知此命书内容已提前书面写就。又如《左传·定公四年》，周公封康叔，"命以《康诰》而封于殷虚"，即是周公将册命命书交付康书使其在殷商旧地建国。这说明此类训诰的传播模式兼具文字传播与口头传播的特点。

（二）"木铎徇于市朝"

对于法律等须以文字形式传播的政令，为增强其在现实生活中的实施效果，西周往往在将之"书而县于门闾"后伴以"木铎以徇"的口头宣读程序。汉儒郑玄谓："古者将有新令，必奋木铎以警众。"即由特定的官员通过摇动木铎来聚集民众，宣讲、传播国家的重要政令，形式颇类于今天的普法宣传。据《周礼·地官·乡师》载："乡师之职，各掌其所治乡之教，而听其治。……凡四时之征令有常者，以木铎徇于市朝。"这里"乡师之职"之一就是"凡四时之征令有常者，以木铎徇于市朝"，即凡四时当定期公布的法令，就在众人聚集的地方一边行走一边摇动木铎以口头形式讲解晓示。

除了乡师外，小宰、大宰、小司徒、小司寇、士师、司烜氏与宫正都有木铎布法的职责。其传播法律的内容各异：小宰布治象之法，大宰布王

---

① 有学者认为"王若曰"乃王之现场讲话而非册命，这是不符合历史事实的。《逸周书·尝麦》"王若曰"以下明显是作册所繇书之内容；《尚书·文侯之命》未录册命仪式，所录即为王之命书，开首也是"王若曰"；《左传·定公四年》述成王命蔡仲，云："其命书云：'王曰：胡！无若尔考之违王命也。'"又节录晋文公践土之盟的载书："其载书云：'王若曰：晋重、鲁申、卫武、蔡甲午、郑捷、齐潘、宋王臣、莒期。'藏在周府，可覆视也。"藏于周府的自然是册书。凡此均可见"王若曰""王曰"及其后面的文字都是书于简册的王命。

治之事，小司徒布建邦之教法，小司寇布刑象之法，士师布五禁之法，司烜氏布火禁于国中，宫正布火禁于王宫。不同的职官各自掌管不同的法律规范，并需摇振木铎聚集民众予以讲授解惑。

整体上看，虽然考古文献揭示中国在西周早期就存在以成文的形式传播法律等重要政令信息的做法，但口头传播仍是这一阶段国家传播中占据主导地位的传播形态。其原因在于，上古时期知识主要掌握在贵族精英等少数群体手中，文字的书写与阅读技能仅为少数群体的特权，这种状况决定了西周时期国家重要政令信息的传播仍然主要依赖口头传播方式，即便是在册命或诰令等需要文字传播的场景中，西周也往往要求辅以相应的口语形式来保证特定政治活动的效果。

第三节　道术将裂："铸刑书"与周秦政治传播的媒介转向

一、"见于耳目之间"：西周传播的平衡与周秦变局的来临

根据前文的分析，显然法学界认为中国成文法公布传播的历史始于春秋郑国"铸刑书"的看法是缺乏依据的。在春秋郑国"铸刑书"之前，中国就存在以成文的形式传播法律等重要政令信息的做法，但也不能据此否定这一阶段口头传播在西周政治传播中的主导地位，毕竟在上古时期，文字作为神化王权、增强合法性的重要工具，为统治阶层所垄断。[1] 所谓"三代政暇，文翰颇疏"（《文心雕龙·书记》），这种状况决定了西周时期国家重要政令信息的传播仍然主要依赖口头传播形态。即使是对于必须公开的国家政令，为保证其传播效果，一般也要辅以一定的口头方式，如前文论及的西周悬法一般包含"木铎徇于市朝"的程序，即传播法律须摇震木铎聚集民众进行口头宣讲，"使万民观焉"，以使寻常百姓知悉法令的内容。这是由当时特定的政治、文化条件决定的。因此，西周在政令信息传播方面存在书面与口头两种基本形态，二者之间互为补充，相辅相成。以口头传播为例，其又有两种形式：一是事前没有现成文本，王以口头讲

---

[1] 从历史的起源来说，文字的最初使用可能与权力控制有关。张光直指出，文字具有内在的力量，这种力量来源于"它同知识的联系；而知识却来自祖先，生者须借助于文字与祖先沟通"。因为知识通过文字的媒介显示于后人。这就是文字拥有权力的逻辑前提。中国的王朝政治实践中，通过控制重要的资源来拱卫权力，是王朝政治的常用策略。参见张光直：《美术、神话与祭祀》，辽宁教育出版社，2002年，第71页。

话的形式发布政令；二是周王在以口头发布政令之时已有政令文本，由周王或史官在现场进行宣读。如《尚书·多方》是周公代王向殷商遗民诰命的记录，其行文口语色彩突出，且文义也欠连贯，如"今我曷敢多诰""我不惟多诰，我惟祗告尔命"等语，有很强的口语传播的特征，应属于周王没有提前准备文本直接发布的口头命令；而《逸周书·尝麦》中"王若曰"起始的内容则是史官或周王按照先前写就的册书进行宣读，应属于第二种情形。

在西周早期，政令传播以无文本的口头形式为主，但也存在第二种口头政令的发布方式，如前文中《逸周书·尝麦》中"北向繇书"与《左传·定公四年》"命以《康诰》而封于殷虚"的记载，类似的还有《逸周书·克殷》中武王克商后"即位于社"并历数纣王暴德时言"尹逸策曰"，其中"策"就是已经提前写就的文书，在《世俘》篇中记载武王伐纣后返回周邦"乃俾史佚繇书于天号"，晋人孔晁注为"使史佚用书荐俘于天也"，即武王令史佚书写祭辞，也就是武王"告于周庙"所宣读的诸如"古朕闻文考修商人典"等文字。因此可知西周建立之初便已有祭祀、公文方面的书面文本出现，当然这有可能是在相关官僚组织系统内部的沟通，不一定就是传播行为。就目前所见的文献而言，早期王命的产生更多的是以口头传达为主；到西周中期以后，预先准备文本的情况才开始变得普遍。如四十三年逨鼎中"史淢受王令（命）书，王乎（呼）尹氏册令（命）逨。王若曰：逨，不（丕）显文武，膺受大令（命），匍有四方"，在宣读命书后"逨拜稽首，受册佩以出，反入堇圭"。（器号 NA0747）类似的记载还有颂鼎，从"尹氏受王令（命）书，王乎（呼）史虢生册令（命）颂"（《集成》9731）的记述看出，史官宣读前已有成文命书存在。与四十三年逨鼎铭类似，宣读命书后受命者颂"拜頷首，受令，册佩㠯（以）出，反（返）入（纳）堇（瑾）章（璋）"。此两铭的记录也得到了清华简《摄命》篇的印证。① 从程序上来看，册命仪式前将所要宣读的命书按照周王意志拟定并书写于册，再在举行仪式时由史官宣读，最后将册书授之于受命者，以使受命者"舍奠于其庙"（《礼记·祭统》），并作

---

① 清华简《摄命》"王乎（呼）作册任册命伯摄"，周王命令作册任宣读册命之书。可见，《摄命》第1至31支简的简文可能是周天子册命伯摄的命书，而且是册命仪式之前预先写好的。《摄命》中虽然多处出现"王曰"，但在册命典礼上，命书实际上是由史官代替周王宣读的。册命仪式结束后，一份留史官备存，一份作为册命礼的重要信物，赏赐给受册命之人。参见李冠兰：《西周册命文体的文本生成》，《中山大学学报（社会科学版）》2019年第6期。

器铸铭在家族后代传播，"子子孙孙永宝"。① 究其原因，或许是因为两周时期强调政治活动的礼仪性呈现，如果在册命或诰令过程中只有口头形式，难以保证这些政治仪式的准确性与庄重性；相反地，如单纯以书面形式，那么册命或诰令的内容又仅为直接当事方所知悉，则又达不到政治传播的效果。因此，西周中期以后文字传播与口头传播两种形式交相为用，既保证了册命仪式过程的可控与典礼的庄严肃穆，又通过宣读命书并授予受命者的程序安排强化了权力来源于周王的理念。

从西周册命仪式的分析可以看出，虽然西周中期以后文字传播在西周的政治传播中扮演着越来越重要的角色，但二者并非彼此独立，各不相干。这不仅在颂鼎、四十三年逨鼎等金文铭文中有所反映，在诸如《尚书》等传世文献中也有体现。如《尚书》诸诰虽多为周王直接口头发布政令的产物，但其经过史官的整理加工后主要是以书面文字的形式传播。另一方面，金文中所见的已经成文的册命命书也保留了口头传播的遗存，甚至有时册命铭文中还出现"乌虖""叔""緐"等叹词②，这是史官现场记录时的写照。如周中期录伯 𢦏 簋盖铭文"王若曰：录白（伯）𢦏，緐自乃且（祖）考又（有）爵于周邦"（《集成》4302）中的"緐"即为叹词，类似的还有大盂鼎铭文"叔，酉（酒）无敢酖（酖），有髭（紫）茻（蒸）祀，无敢 醻（酬）"（《集成》2837），都保留了册命过程中口头传播的强烈现场感。可见，西周中期以后的口头传播与文字传播相互之间往往彼此关联，相互融合，共存于某个具体的政治场景之中。

类似的情况还有"尚书六体"中的诰与誓。诰最初是祭祀仪式中的祈告这一言说行为生成的，后来成为周代重要的书面文体形式，著名的如《尚书》中的"周初八诰"，也是先以成文形式著录于简册，然后再在仪式中由史官宣读，说明诰在西周身兼口头与文字两种传播形态的特征。而对于誓，虽然口头形式为其原初形态，但为了保证誓言的被遵守及事后的可查验性，往往在一些重要场合的誓言会被记录下来并以盟书的形式保存于盟府。③

① 相关研究参见夏含夷：《兴与象：中国古代文化史论集》，上海古籍出版社，2012 年，第 197 页；王浩：《论西周文章文献的书面传播》，《西北师范大学学报（社会科学版）》 2020 年第 2 期。

② 武振玉：《两周金文叹词初论》，《西华大学学报（哲学社会科学版）》2009 年第 6 期。

③ 如《左传·僖公五年》载宫之奇谏晋复假道于虞云："虢仲、虢叔，王季之穆也，为文王卿士，勋在王室，藏于盟府。"又《左传·僖公二十六年》齐孝公伐鲁，鲁展喜对于齐侯问鲁君子"何恃而不恐"曰："恃先王之命。昔周公、大公股肱周室，夹辅成王。成王劳之，而赐之盟，曰'世世子孙无相害也！'载在盟府，大师职之。"

因此，西周国家在政令信息的传播方面往往书面与口头形态交相为用，相得益彰。如《周礼·地官》谓："小司徒之职，掌建邦之教法……正岁，则帅其属而观教法之象，徇以木铎曰：'不用法者，国有常刑。'令群吏宪禁令，修法纠职，以待邦治。"是说相关官员在受领法令后通过木铎布政的形式，将王朝政令推广至民间，生动反映了西周悬法的文字传播与"徇以木铎"的口头传播方式的结合。又如前述宪刑等传播方式，在法律制定公布之后，往往有摇振木铎宣示于朝野（"木铎徇之"）的程序，如此政令信息经过文字（"书而县于门闾"）与口头（"木铎徇于市朝"）的交互传播后，民众"外有所见闻，见于耳目之间"，然后才会知某事可为某事不可为，"警省于心思之内"①，从而实现预防犯罪、"置刑措而不用"的目的。这种口耳交互的传播方式也成为早期中国社会秩序构建的重要手段。

然而，继之而来的春秋是一个"靠武装力量征服和防御"的时代。②随着血缘宗法为基础的权力秩序逐步瓦解，代表地缘行政管理关系的郡县制逐渐成为列国政治的主流，它需要建立一个等级清晰、职责明确的科层组织以及为数众多的接受专门行政训练的官员群体，从而进行直接有效的政治沟通与社会控制。为此，官僚机构必须制定普遍适用的成文化法律等政令来执行官僚机构的意志与约束民众的行为，并可以将这些规定推广到列国各自控制的区域。面对周秦这样一个千年未有之历史大变局，口头传播流动发散、稳定性差，天然具有"去中心化"的特质，③显然难以满足列国的政治需求，于是不可避免地陷入深重的危机中。因此，这一阶段各国治理与政治传播面临的主要任务是改变旧的传播形态去契合已经变化的政治形势。

在这种时代背景下，书面的传播形态显示了无可比拟的优势，正如葛洪所言："若舟车之代步涉，文墨之改结绳，诸后作而善于前事。"（《抱朴子·钧世》）书面较之口头的传播形式虽是"后作"，但其可以更准确地表达传者的意志，且信息便于记忆与查阅，因此作为一种政治传播的媒介形态，更"善于前事"。而且，在西周时期文字传播已经在国家政治传播领域中发挥过相当的作用，虽然受制于当时的政治、文教条件而仅作为

---

① 丘濬：《大学衍义补》，京华出版社，1999 年，第 146 页。
② 〔加〕哈罗德·伊尼斯：《传播的偏向》，何道宽译，中国人民大学出版社，2003 年，第 30 页。
③ 吴予敏：《帝制中国的媒介权力》，《读书》2001 年第 3 期。

口头传播的辅助方式，但毕竟已在长期的传播实践中积累了很多有益的经验，相较于全新的传播形态可能带来的政治上的不确定性，重建文字传播在政治传播领域的主导地位是春秋列国的最优选择，它更有利于提升官僚组织的行政管理效率与政治单位的规模。从这个意义上来说，春秋时期列国间政府公共事务与官僚组织的发展无疑增强了文字传播在国家政治传播中的地位，而这也势必会导致西周时期形成的两种传播形态之间的平衡被彻底打破。

当然，文字传播在春秋时代的流行还归功于文化知识的下沉。由于春秋时代王权衰微，各诸侯国尚力而不尚礼，传统的礼制秩序开始崩坏，"道术将为天下裂"，王官之学散于百家，知识开始向民间社会逐渐开放，这也使得文字的书写与阅读能力逐渐超出阶层的局限，在一定程度上打破了商周时期统治者垄断文化知识、普通民众目不识丁的局面，它在培养了大批行政官吏的同时，也相应增加了以文字为载体的政令信息的阅读群体。

"铸刑书"正发生于周秦之际中国古代社会权力治理形态转型之际。此后其他诸国陆续颁布成文法，并发展成声势浩大的成文法运动。"铸刑书"后各国为了加强自身统治和掌控民众，开始广泛通过文字的形式向民众传播政治主张、政令律法等信息。从这个意义上说，郑国的"铸刑书"虽不是中国历史上首次公布成文法，却是古代中国政治传播领域口头传播向文字传播形态过渡的一个标志性事件。春秋末期的"铸刑书"事件以后，书面形态已经在政治传播领域占据毋庸置疑的主导地位。此后各国在国家治理中涉及赋役征收、户籍管理、治安整饬、学政民事等事项，都需要将相关信息向相关群体进行传播。相应地，文字传播在春秋战国时期国家治理中发挥着越来越重要的作用，成为列国实现权力控制与社会管理的重要工具，并深刻影响了中国后世王朝的社会治理实践。

另一方面，春秋后期各国统治者在政治传播领域自发推动的这种媒介转向，促进了政治信息在官僚机构内部的横向与外部的纵向传递跨越空间的传递效率，使得统治者的权力不断加强，并成为此后"战国时期权力转变的基础"[①]。因此，"铸刑书"事件实际成为中国政治传播领域口头传播与文字传播之间的分水岭，它体现了周秦时期列国中央集权的需要，从此，文字传播成为春秋后中国王朝历史中政治传播的主要形态。

---

① 张露露：《"文化记忆"视域中的古代仪式与文本》，《浙江学刊》2022 年第 6 期。

二、从时间到空间：媒介传播的偏向与周秦权力统治形态演进

伊尼斯在他的经典著作《传播的偏向》中以"时间—空间"坐标轴来区分媒介传播的差异。他认为不同的媒介存在不同的传播偏向，或偏重时间，或偏重空间。时间偏向的媒介具有个人的、宗教的色彩，其笨重耐久，难以在空间快捷流动，而更适合在时间中做纵向传播，是一种足以抵御时间的重要传播资源。在人类传播方式极为匮乏的上古，时间偏向型媒介的社会价值主要体现在对族群关系和群体文化价值加以创造与维系。① 而空间偏向型媒介具有大众化、世俗化的特点，其质地轻巧，便于运输，可以在广阔的空间快捷传递，有利于权力的跨区域支配与社会控制。

两种不同类型的媒介对政治秩序起着不同的作用，时间偏向型媒介强调通过塑造共同价值来维系族权关系，凝聚团体，而不仅是追求信息的广泛传递。按照伊尼斯的观点，"时间如果被破坏了，通向传统的权力就丧失了"②，故而传播实践中时间偏向型媒介往往通过缔结现实权力与传统权威的联系来实现思想秩序的构建。但是另一方面，一个成功的王朝仅仅依靠时间偏向型媒介是不够的，现实的政治统治总是要求其传播系统将国家政令尽可能扩展到治下的所有疆域，完成政治信息的跨区域传递。因此，时空两种不同偏向的媒介在政治秩序的构建方面缺一不可，但是在人类政治文明的不同阶段，统治者对于媒介的时间与空间的侧重可能会有所不同。一般而言，在早期王朝的政治统治中，统治者更倾向于"通过符号的处理和创造，参与传播的人们构筑和维持有序的、有意义的、成为人的活动的制约和空间的文化世界"③，以形成国家统治与社会控制必需的价值基础。此时政治传播的重点在于促成某种共同价值观念的生成与维系，并使这种共同观念在社会各阶层得到接受与认同。在这种条件下，时间偏向型媒介易于发挥其最大效能。而随着人类政治实践的发展，尤其是集权制国家出现后，政治传播的第一要义是超越空间的局限，向疆域内的成员传递统一的政令信息，从而促进政治权力的跨区域共存。④ 此时，空间偏

① 〔加〕哈罗德·伊尼斯：《传播的偏向》，何道宽译，中国人民大学出版社，2003 年，第27 页。
② 〔美〕詹姆斯·W. 凯瑞：《作为文化的传播》，丁未译，华夏出版社，2005 年，第132 页。
③ 〔加〕哈罗德·伊尼斯：《传播的偏向》，何道宽译，中国人民大学出版社，2003 年，第7 页。
④ 何露露：《法律传播的空间之维》，《云南行政学院学报》2010 年第 12 期。

向的媒介具有更大的优势，它对权力的集中与强化起到更直接的作用，这一阶段空间偏向型媒介容易受到重视。

从周秦时期中国的媒介实践来看，口头传播属于时间偏向媒介，而文字传播媒介则相对复杂，其偏向取决于文本的载体：铭刻政令信息的青铜器与石头属于时间偏向型媒介，而简牍、丝帛则又属于空间偏向型媒介。它们在不同阶段对中国王朝国家的治理作用也是不同的。

就西周而言，由于其权力以宗族制为基础，周天子为天下共主，同时又是姬姓大宗，因此通过仪式将分封于天下四方的诸侯联结起来是其政治秩序构建的首要问题，其权力秩序的构建重点是强化统治阶层的价值观念认同，在时间的纵向维度建立现实权力与先王政治合法性资源之间的关联。口头传播依赖现实生活交往中的口耳相传，这种传播形态所关切的对象，隐含着一个预设的前提，这就是对时间和传统的倚重。口头传播"偏爱关系亲近的群体、形而上学的思考和传统的权威"①，尤其适用于存在密切关联的亲缘社会，从而在这一特定的群体中创造共同的价值纽带并长久维系。口头传播的这种特质恰与西周建立在宗法封建基础上的权力统治模式相互契合。

但是，春秋以后列国之间的竞争成为时代主流，口头传播等时间偏向型媒介很难适应专断权力对于效率的追求，因此春秋时期的列国在政治传播方面客观上需要一种能突破空间距离的限制，向分散在不同地域的臣民传递统一的国家政令信息的传播形态。在这种情况下，借助于简帛之类可以快速移动的载体的空间偏向型媒介，能在较快的时间内将国家中枢的政治决策、律法等信息更精确地传达到基层组织，使得统治者的意志能被分割在不同地域的个体统一接受，广为知晓，从而达致国家政令在统治空间内的高效复制与传递。更重要的是，政令信息的传达与政治权力的支配是同步进行的，在信息从权力中枢到州县地方再到广大基层社会组织的传播过程中，列国的最高权力不断地显现于寻常百姓的生活场景中，于是，"社会关系被从地方性场景中抽离出来，与远距离的社会事件和关系交织在一起"②，物理上处于疏离状态的人民，被整合进国家官僚组织架构中，从而促进中央集权的权力格局的形成。因此，以书面形式呈现的传播形态

---

① 〔加〕哈罗德·伊尼斯：《传播的偏向》，何道宽译，中国人民大学出版社，2003 年，第 86 页。

② 〔英〕吉登斯：《现代性与自我认同》，赵旭东等译，生活·读书·新知三联书店，1998 年，第 23 页。

与春秋时期转型的国家治理形态相适应，它通过信息在空间的快速传播来推进法律信息的统一适用，将独立分散的地理空间连接成为彼此关联的信息传播场域，从而促成权力的专断与集中，并使庞大的专制国家的出现成为可能。

随着西周晚期周邦权力的衰退及诸侯国权力的崛起，列国权力在空间的扩张需求急剧增强，政治权力的转向也自然反映在当时的媒介形态的演进中，它要求当时各政治集团在政治传播中"突出空间观念"，并追求"更加有效的空间控制，要求更高的效率"。① 空间控制问题"使权力向国王的集中必不可少。对广袤的领土进行控制，必然要求权威的委任，必然要强调法律"②。郑国"铸刑书"事件正发生在这一背景之下。"铸刑书"是周秦之际中国媒介史上的里程碑式的事件，虽然将刑鼎用作政治传播的媒介在西周的历史中并不鲜见，但过去主要由西周王室通过国之重器发布的各类法律政令转由各诸侯国竞相公布，它不仅深刻反映了这一阶段周秦时期政治权力的重新分配与聚合过程，而且也引发了媒介领域的急剧变革，它标志着中国自三代以来以青铜器为中心的时间偏向型媒介逐渐让位于简牍等空间偏向型媒介，媒介形式也从青铜器等向简牍等过渡。这种媒介形态与媒介形式的变化也意味着三代时期时间偏向的媒介开始向空间偏向型媒介转型，青铜器逐渐从媒介进入到艺术与审美的领域，"铸刑书"成为青铜类时间偏向型媒介的回光返照。它似乎也预示着，一个新的时代——专制的、集权的帝国时代，即将来临。

由此，也可以看到媒介与政治之间的相互映射的关系：媒介作为一个时期政治文化的产物，它整体上与当时的政治权力统治模式相一致，当政治权力统治方式发生变化，也往往体现在当时的媒介形态之中；另一方面，一个时期的媒介实践能反作用于该时期的政治权力运行方式，这时的媒介能成为权力秩序构建的工具，并推动新的政治治理形态的形成。

中国政治领域传播形态的转向可能还带来了一个意想不到的结果，就是韦伯所谓的理性政治。随着文字在政治传播领域的增加，可能会培养各阶层官员良好的文字表达与理解能力，"这种能力有利于人们超越时空局限，理解和分享来自不同地区、不同时期的曾附着于不同个体身

---

① 〔加〕哈罗德·伊尼斯：《传播的偏向》，何道宽译，中国人民大学出版社，2003年，第87页。

② 〔加〕哈罗德·伊尼斯：《传播的偏向》，何道宽译，中国人民大学出版社，2003年，第30页。

体力行的经验，令前人和他人的直接经验成为众多阅读者的间接经验"①。甚至可以说，书面的传播形态是一种"特殊的文化人造物"，它"创造了统一的交流与传播的领域"，在这个领域中，"原本可能难以或根本无法彼此交流的个体，通过文字的中介"变得能够相互理解了。在这个过程中，"他们逐渐感觉到那些在他们的特殊语言领域里数以十万计，甚至百万计的人的存在，而与此同时，他们也逐渐感觉到只有那些数以十万计或百万计的人们属于这个特殊的语言领域"。这些被文字所联结的个体之间，"在其世俗的、特殊的和可见之不可见当中"，② 初步塑造了职业认同感和使命感，形成了具有同类群体的共同体想象，从而深刻影响了中国古代的王朝政治，并推动了中国王朝历史的所谓"超稳定结构"的形成。

小　结

春秋郑国"铸刑书"虽然不是中国历史上第一次以成文的形式将国家政令律法进行公示传播，但仍在中国传播史上具有重要意义。一方面，它标志着中国政治领域的口头传播传统逐渐让位于文字传播传统；另一方面，在郑国成文法事件的示范下，其他诸侯国也纷纷通过刑鼎将体现新兴生产关系的国家律法予以公示，从此空间扩张成为列国竞争的主题，中国自三代以来以青铜器为中心的时间偏向型媒介逐渐让位于简牍等空间偏向型媒介，媒介形式也从青铜器等向简牍、丝帛等形式过渡。因此，郑国"铸刑书"事件是三代以来流行的青铜礼器的媒介功能在春秋时期最后的回光返照，从此作为时间偏向型媒介的青铜器逐渐退出古代传播媒介的行列，而进入到纯粹的艺术与审美领域。

还要注意的是，传播媒介与政治权力之间往往紧密关联，一定时期内的媒介变革可以曲折反映传者所处时代政治权力的运行模式及政治治理形态的更替演进。以发生在春秋时期郑国的"铸刑书"事件为分野，空间偏向型媒介渐成主流的事实反映了权力在空间的扩张需求成为列国

---

① 朱苏力：《文化制度与国家构成——以"书同文"和"官话"为视角》，《中国社会科学》2013 年第 12 期。

② 〔美〕本尼迪克特·安德森：《想象的共同体》，吴叡人译，上海人民出版社，2016 年，第 43～44 页。

的首要使命，虽然这一媒介变革并未如伊尼斯所谓导致新文明的产生，但它却迎来了一个中国政治模式的重大转型：西周时期的封邦建国体制逐渐被中央集权制所取代，从此以后以皇权专断为特征的东方专制帝国，开始逐步走进历史舞台的中央，并成为此后中国两千多年王朝历史的唯一主角。

本书结论

本书旨在通过西周国家的媒介实践来揭示传播在西周秩序构建中的作用。关注的是在西周物质技术相对落后的条件下，西周中央政权如何将国家的意识形态落实为控制社会的物质性力量，并最终促成社会治理秩序的形成。在此一背景下，本书将媒介视为中介变量，将媒介置于西周社会结构及权力运作中来进行动态考量，因此对西周媒介的研究并不局限于青铜器，而是将"组织的材料"（青铜器）和"物质性的组织"（媒介组织与国家的传播制度）纳入媒介的范畴，并认为这两者的整合互动构成了西周媒介实践的基本形态。从中国古代王朝的政治实践来看，王权由一种观念形态变成支配社会的现实形态，并非仅依靠某种单一媒介就能实现，而是组织性媒介、仪式性媒介共同作用的结果。职是之故，本书的研究围绕西周时期的媒介实践及其制度配置如何作用于当时社会秩序的确立与维系而展开。就西周历史来看，天命与道德是西周媒介实践的逻辑起点，但其是否真的存在并不依赖于它以真理的形式显示其实际存在，而是通过符号资源和媒介仪式活动在受众心中构建起来一种它存在并独属于周室的共同认知。因此，西周的国家传播与媒介实践都是直接服务于这一目的，并最终将意识形态变成一种物质性的人身支配力量与社会治理秩序构建的基石。

通过对西周媒介实践与治理秩序的研究，本书提出以下几个观点：

第一，西周国家非常重视媒介传播在国家秩序构建中的作用。

中国在西周时期已经形成了以成文形式传播法律的传统，作为国家重要政令形式的法律不仅成文且需要广泛传播。如"木铎宣法"是西周一种较为有特色的政令传播方式。根据《周礼》的记载，成文法令制定颁布之后，由特定的官员通过木铎的形式向民众进行口头传播，颇类似于今天的普法宣传。不仅如此，西周对于不同内容政令的传播由不同的媒介部门负责，小宰布治象之法，大宰布王治之事，小司徒布建邦之教法，小司寇布刑象之法，士师布五禁之法，司烜氏布火禁于国中，宫正布火禁于王宫。不同的官职各自掌管不同的法律规范，并需以木铎聚集民众进行传播。彼此之间明确分工又互相合作。此外，西周对于青铜原料的垄断及对青铜生产、流通的管控实际也是对当时最重要媒介资源的控制，以达到垄断传播信息输出、独占媒介权力的目的，这说明西周国家已充分意识到传播控制对于政治秩序构建的重大作用。

从目前出土的西周青铜铭文来看，尽管西周媒介实践内容涉及政治、经济、宗教与文化等诸多领域，但诸侯国的器铭的整体叙述都是建立在承认西周王朝合法性的基础上，周王及周邦主要是以正面形象在邦国间传播，这也显示了西周媒介管控带来的积极后果。这不仅证明了西周的媒介实践策略起到了对周王室的正面塑造作用，而且也说明在西周的多数阶段，周王的权威与统治合法性得到来自统治阶层内部与民众的广泛认可。由于西周的成功的媒介实践与传播策略，即便到了周王权威式微的春秋时期，各诸侯国依然沿用西周的某些制度，并在观念中以沿用周代礼法为正道。这也表明西周时期的媒介实践成效斐然，尽管进入春秋以后周王已然徒具形式，但西周通过各种媒介实践塑造的周王天下共主的形象早已深入人心。

第二，西周有较为系统的媒介组织机构。

这可从两个方面进行阐述。

从传世文献的记载来看，西周关于周王政令的下达已经形成了较为细致的制度配置，其根据政令的轻重缓急，由不同的职司进行逐级传递，形成了太仆、小臣、御仆、内竖、内小臣等媒介传播机构，共同完成周王政令的传播；而且，西周存在统治阶层部门之间及民间自下而上舆情上达的信息反馈（"复逆"）机制。前者根据奏请对象的不同，西周将信息的反馈分为诸侯、三公孤卿、群吏及庶民三个层级，分别由太仆、小臣、御仆负责处置；后者如太仆、御仆等职责除了下达周王的政令外，还有太仆"建路鼓于大寝之门外"，而御仆则"以序守路鼓"，以将民间之申诉达于朝廷。在诸如法律等重要的政令的传播方面，根据传播法律内容的不同，掌管宪刑的职官也有所分别。西周掌管法律类政令传播的职司包括布宪、小宰、小司寇、胥师等。在法律传播过程中，西周对法律传播从时间安排到人员配置都有详尽的规定，而且法律公布之后中央还会专门派员检查法律传播的实效，可知西周已初步形成了一套较为完备的政令传播体系。

从金文文献的记载来看，西周的内服与外服共同构成了西周国家的政治治理框架，也形成了西周国家传播与媒介实践的物理空间。其中内服是周王直接控制的行政区域，从裘卫盉、师永盂、肃盨等铭文记载来看，西周从中央到近畿封国建立了由三有司、师氏、史官架构的媒介组织，其路径为当政令自周王下达后，经由卿事寮到达王朝三有司后，再经由王朝内史、师氏传达至地方的司、史、师层级，最后地方内史须至王都向王朝三有司复命。通过这套媒介传播系统，西周王朝实现政令在内服区域的传播与秩序控制。西周在外服区域推行的是以侯服、宾服、要服等诸侯国进行地方统治的间接治理模式，从西周中期的史密簋、引簋，到西周晚期的晋侯苏钟的铭文记载来看，西周至少在厉王时期仍能对外服诸侯国实现其政令的有效传播。由此可以认为，西周王朝中央实行的司、师、史系统具有很高的传播效能，通过这一套在中央与地方建立的政令传播体系，西周国家得以形成对内服及部分外服区域的有效控制。

虽说传世文献与出土资料中关于西周媒介制度的记载颇有不同，但是其都反映出西周王朝存在着一个较为完备的媒介组织负责西周国家政令的传播，这构成了西周国家媒介实践的制度基础。

第三，西周的媒介实践对西周国家的现实秩序产生了深远的影响。

首先，西周的媒介实践促成权力支配秩序的形成。如册命、朝聘、盟誓等仪式的操演实际是西周国家政治理念的仪式化传播，其本身蕴含着深刻的权力意涵。如在西周的仪式的举行、仪式程序的设计、仪式参与者的拣选上，不可避免地带有主流意识形态的选择性和指向性。西周仪式的直接参与方同为王朝统治阶层的成员，而各类兼具宗教性与政治性的仪式，作为西周国家权力的象征与载体，可以使这些参与者暂时进入价值一致、血脉相通的拟制空间中，礼仪组织者与参与者的根基性联结以生动的形式得以再现，共同的家族记忆被唤醒，它将血缘家族的脉脉温情注入森严的政治等级设计之中，使得西周的治理秩序构建充溢着道德伦理色彩，并形成了一种利益相关的统治者共同体想象。同时，这一拟制空间中的节制与规范（如周王的义务设立、受命者叩首"对扬王休"的仪式）又同时强化了同一阶层内部的权利义务分野。也即是说，作为西周权力媒介的仪式，承载了西周国家权力话语与政治秩序构建的诉求。因此，西周的仪式因其可被操演性和符号象征性而在一定程度上影响统治成员对于周王权力的态度、信仰或感受。它通过身体仪态与政治身份的差异化表达，实现了对仪式参与各方的权力位阶的肯认与政治结构的服从。

其次，西周国家以青铜器为基础的媒介实践对当时思想秩序的构建产生了直接影响。这又包括两个方面的内容：一方面，西周王朝通过对媒介资源的控制实现对媒介权力的垄断，使信息传播的内容符合国家的礼法与意识形态秩序的要求，从而构建与西周政治秩序契合的思想秩序。这种管控造成的后果就是西周四方之内出土的青铜器都表现出显著的周文化特征。通过对西周早期中央王朝与各封国出土青铜器的对比研究，可以发现不仅洛邑与燕、晋、齐、鲁等诸侯国青铜器在纹饰、形制等方面存在较高程度的趋同性，甚至在远离王畿的江汉流域与少数民族部族聚居的陇东地区出土的青铜器也体现出了类似的特征。而且，西周王畿地区与周边主要诸侯国青铜器风格的演进历程也保持了明显的同步性，这显然并不简单是各诸侯国青铜器文化的自然发展，而是西周王朝在掌控青铜器的生产、制造各环节之后主动推动的结果。这种文化扩张局面一直持续到西周中后期。因此，可以说西周青铜器不仅是一种礼器，更是一种重要的文化和政治传播媒介，它不仅传播了周王朝的意识形态与文化理念，而且促成了西周治理格局的形成。另一方面，西周晚期以前，周王朝卓越的文治武功使得整个西周天下都成为周王朝媒介实践的空间场域，它通过青铜器媒介向不同方位的邦国传播礼文化的价值观。西周这种全方位的媒介传播实践，以一种"润物细无声"的方式全方位参与王朝社会秩序与思想观念的构建进程，西周以其军事、文化的优势为基础，依靠一种"部分有意识，部分无意识的学习过程"，通过文化的"濡化"作用，将青铜器以册封、赏赐等方式流通到各诸侯国，从而使得浸润周文化的青铜器成为诸邦国模范、珍藏、传播的对象，引导诸邦国接受附着在这些青铜器之上的西周政治理念与文化价值，从而整合原本杂乱无章、野蛮生长的各类思想形态，构建与西周礼制秩序一致的精神秩序。

最后，西周的媒介实践对于构建当时的邦国关系也产生了深远的影响。这也可以从两个方面进行叙述：一方面，青铜器是西周国家最重要的政治、经济与宗教资源，因此从青铜矿料的开采到青铜器的冶炼、制作、流通在内的各环节都处于西周王朝的严格管控之下。因此，青铜资源可以用作笼络、控制诸侯国的激励手段。西周王朝可以利用其在青铜资源配置领域的优势地位强化其对各诸侯国的控制，特别在那些缺乏青铜资源或冶炼技术的邦国，甚至可以合理想象青铜铭文中没有记述的历史，如果某些诸侯国执礼不恭，很有可能会受到中央政权封锁青铜资源的制裁。因此，这种青铜"邦交"方式必然会对当时的邦国秩序构建产生深远影响。另一方面，作为一种建立在象征性基础上的传播形态，仪式所内含的价值观念传递是仪式媒介实践的功能所在。以西周时期的盟誓仪式为例，它通过神明血盟的形式缔结仪式各方的权利义务关系，以此弥补西周时建立在宗法基础上的封建制度之不足，从而促进西周不同血缘的部族之间的沟通与合作，扩大西周宗法统治秩序的基础。这无异于在周王与诸侯贵族间形成了一种建立在权力委托—代理基础之上的政治契约关系，从而在传统的宗法政治秩序中注入了政治契约的要素，强化周王与诸侯的政治联结。而且，西周将盟誓仪式作为调整周邦与诸侯国之间关系的政治仪式，其意图就是将原本具有浓厚宗教祈祷意味的盟誓适用于人间的政治秩序与社会秩序的构建领域，在神灵的监临下确保盟誓义务的完整履行，从而建立一种以信为基础的邦国交往准则。

第四，从西周的媒介实践来看，西周在国家治理领域秉持原则性与灵活性相统一的原则。

从现有的金文资料来看，西周对内服的控制是较为有效的。而在广大外服区域，西周根据诸国的实际情况施行不同的治理策略。如同为"东土"的鲁、滕两国，虽都为姬姓封国，其治理方式却与王畿颇有差异。鲁国距离王畿较远，境内部落较多，与宗周王畿风俗迥异，周人坚持以西周礼法为基础"变其俗，革其礼"（《史记·鲁周公世家》）的同时，对与西周礼法冲突不大的领域并不一概革除。据西周早期的鲁侯四器，鲁侯命敻管理其宫室，听从教令，并要求敻"好斿（友）朕敏才（在）丝（兹），鲜女（汝）之。自今弔又辛，女（汝）井"。意为鲁侯令敻的族人遵守原有法度，体现出了周人治理鲁地时既考虑到西周礼法的统一性，又考虑到鲁国宗族的特殊性。而滕国出土的鼒簋则记载了某年九月，滕公令其宗族服从殷商遗民鼒的教令。表明在鲁滕诸国初立时，周人在不违背西周礼法的前提下仍尊重当地风俗，因地制宜。而在离王畿区域更远的南方诸国，周人对当地旧俗仍然表现出较大程度的尊重，这在西周晚期的驹父盨盖与兮甲盘中得到较为完整的体现。驹父盨铭文记载驹父奉命去南淮夷征纳贡赋的事迹。铭文中驹父到达淮夷区域后，淮夷恭见并呈送贡纳。铭文中"董（谨）尸（夷）俗"与"逆（迎）王命"是需要特别需要注意之处。这里的"尸（夷）俗"是当时当地的社会习俗，而"王命"则是西周国家的政令规范，"尸（夷）俗"与"王命"的平衡充分体现了西周国家的治理理念，其蕴含之意为在与西周国家礼法不冲突的前提下，淮夷部族的地方习惯规范在周人的控制之下仍然可以得到有效适用。而宣王时期的兮甲盘则是周人在淮夷地区治理理念的进一步细化。该铭文记录了周王对于南方淮夷等部族发布的命令。兮甲作为周王委任的征收贡纳的官员，其职责范围在南淮夷生活的南方区域，南淮夷不仅要向周王缴纳贡赋，甚至还要提供劳役，否则周王就要进行惩罚。兮甲盘铭中规定南淮夷须向周室缴纳贡赋，这是南淮夷必须服从的"王命"，而"我者（诸）侯、百生（姓）"不得进入南淮夷区域贸易（"入蛮宄贾"）则是周人

"堇（谨）尸（夷）俗"的体现。① 可见，周人在对四方诸国的统治过程中秉持原则性与灵活性相统一的原则。尤其在风俗习惯迥异的少数民族部族聚居区域，在坚持西周国家主要政令通达的前提下，尊重当地的社会规范，从而确保周王天下共主的理念成为西周的政治现实。

综合韩伯丰鼎、裘卫盉与师永盂中的记载，可以看到在西周的多数时期，王朝通过中央与地方建立的政令传播体系，得以对内服及部分外服区域进行有效控制，这种控制当然不能与秦以后的中央集权体制相提并论，但这在西周的经济、技术条件下，周王诸如征伐类的重要政令在晋、齐这样的大国能够得到贯彻施行，甚至可以直接指挥诸侯国的军队，这种程度的控制已超出此前对于西周分封政治控制能力的认知水平。

第五，西周的媒介实践促成了周文化共同体的形成，推动了华夏民族共同体意识的萌生。

西周王朝建立以后除以军事手段开拓疆土、广封诸侯外，还试图以礼制为基础来对四方诸国实现文化层面的重构与整合，青铜器就是西周国家推行观念渗透与文化整合的主要媒介。西周青铜文化传播是由周王室、诸侯国、采邑和士族等若干层级组成。其中周王室主要包括两大王畿（宗周与成周），也就是西周内服地区的青铜文化传播系统，是西周国家媒介实践的中枢部分，包括畿内诸侯、贵族采邑与一般士族；这一体系的外围部分是由外服诸侯、贵族采邑与士族构成，这是西周文化传播在外服区域的基本架构，他们在接受西周王朝的青铜铸造技术之后形成区域青铜中心，负责将西周的青铜文化逐次向四方扩展，共同构建西周天下的青铜文化系统。在西周的不同青铜文化传播层级中，其主要驱动力来自西周王朝青铜文化自内而外的推动，内外服区域之间、邦国内部与邦国之间也存在较为密切的青铜文化的交流。由是西周天下形成一个以西周内服区域为中心、自内而外不断向四方扩展的青铜文化传播网络。

通过比较可以发现，在近邻王畿的应、虢、弴诸国青铜器无论是在形制、纹饰、器类组合方面，还是在青铜器的演化趋势上，都与西周王畿地区保持了很高的一致性；在与西周王朝关系比较紧密的东方（齐鲁等国）、北方诸国（燕、晋等国）中，可以看到西周王朝青铜文化以缓慢而持续的方式对区域文化进行渗透与重塑，最终使得诸国地方文化因素基本被纳入周王朝文化体系内；而陇东地区与江汉、淮河流域的国族处于周文化辐射的边缘地区，其青铜文化与宗周地区的典型周文化面貌具有一定差异，某

---

① 王沛：《西周邦国的法秩序构建：以新出金文为中心》，《法学研究》2016 年第 6 期。

些地方还保留有一定地方文化的因素，但到西周中后期之后，西周文化的主体地位已经确立无疑，这也表明这一阶段西周文化共同体已经逐步形成。

西周的媒介实践推动周文化共同体形成的同时，也促成了华夏民族共同体意识的萌生。在西周青铜文化向陇东、江汉及淮河流域传播过程中，周文化在不断与各区域本地文化交流碰撞过程中体现出显著的优越性，并成为这些区域国族学习、模仿的对象，从而使得周文化因素的青铜器在西周后期即使在势力尚未深入的诸如淮夷、南淮夷地区也占据优势地位，并促成青铜文化完成了对于诸国文化的整合与重构。众所周知，青铜文化是西周礼仪制度的载体，体现"亲亲""尊尊"原则的礼仪制度是西周青铜文化核心价值所在，在西周青铜文化对诸国文化整合的过程中，周人这套体现"亲亲""尊尊"观念的礼文化便渗透于青铜文化的传播之中，四方诸国对西周青铜文化特征的接受与效法，在某种程度上也意味着对西周"亲亲""尊尊"礼仪秩序的认同。于是，西周青铜文化的传播在加强了西周时期各区域之间文化交流的同时，一个以周文化为中心的华夏文化认同观念开始生成，华夏民族共同体意识便在此逐渐萌生。

第六，媒介偏向的转变是推动周秦社会转型的重要因素。

通过对西周口头传播与文字传播传统的考察可以看到，西周政令的传播文字与口头形式并重，二者交相为用，互为补充。以西周仪式媒介的传播为例，册命仪式中史官宣读命书固然为口头传播，但西周中期以后，预先准备文本的情况才是普遍形态；《尚书》诸诰虽多为周王直接口头发布政令的产物，但其经过史官的整理加工后主要是以书面的形式传播。金文中所见的已经成文的册命命书也保留了口头传播的遗存，甚至有时册命铭文中还出现"乌虖""叡""繇"等叹词，都保留了册命过程中口头传播的强烈现场感。另一方面，诸如诰为言说行为而生成，后来成为周代重要的书面文体形式，著名的如《尚书》中的"周初八诰"，也是先以成文形式著录于简册，然后再在仪式中由史官宣读，说明诰在西周身兼口头与书面两种传播形式的特征。又如宪刑作为西周法律的传播方式，其须将成文的法律与"徇以木铎"的口头传播方式相结合。可见，西周中期以后的口头传播与文字传播相互之间往往彼此关联，彼此融合，共存于某个具体传播场景之中。

根据伊尼斯的媒介偏向理论，不同的媒介存在传播的偏向，或偏重时间，或偏重空间。前者强调垄断与权威，其特征是笨重耐久，更适合在时间中做纵向传播；后者具有便捷化、世俗化的特点，可以在广阔的空间快捷传递，有利于权力的跨区域支配与社会控制。二者都是社会秩序构建的基本手段，对于社会秩序的维系至关重要。就西周王朝而言，其治理秩序的构建既需要国家权力跨越区域的限制，向天下四方彰显国家权力的强势存在，也需要强化统治阶层的价值观念认同，在时间的纵向维度建立现实权力与先王政治合法性资源之间的关联。西周的这种政治诉求使得其在一段时期内国家传播行为体现出既重视空间偏向型媒介，又不轻视时间偏向型媒介的特征。但随着西周晚期周邦权力的衰退及诸侯国权力的崛起，权力在空间的扩张需求急剧增强，到平王东迁礼崩乐坏，媒介实践的天平又开始向空间偏向型媒介倾斜。

周秦之际社会形态变化与权力更迭也反映在当时的媒介变迁中。中国自三代以来以青铜器为中心的时间偏向型媒介逐渐让位于简牍等空间偏向型媒介，青铜器逐渐从媒介进入到艺术与审美的领域，中国媒介传播的主流自时间偏向往空间偏向转型。伊尼斯曾在《传播的偏向》中说："一种媒介在长期使用后，可能决定它传播知识的特征……一种新媒介的长处，将导致一种新文明的产生。"① 春秋战国时期的媒介变革并未导致新文明的产生，但它却迎来了中国政治模式的重大转型，西周时期的封邦建国体制逐渐被中央集权制所取代，从此以后一种以中央集权为特征的统治形态成为中国王朝政治的主流。由此，也可以看到媒介与政治之间的相互映射的关系：媒介作为一个时期政治文化的产物，它整体上与当时的政治权力与意识形态特征相一致，当政治权力与意识形态发生变化，也必然体现在当时的媒介实践领域之中；另一方面，一个时期的媒介实践能反作用于该时期的政治权力与意识形态秩序，这时的媒介能成为治理秩序构建的工具，有助于推动与该种权力与意识形态相一致的思想秩序的形成。

---

① 〔加〕哈罗德·伊尼斯：《传播的偏向》，何道宽译，中国人民大学出版社，2003 年，第28 页。

参考文献

一、著作

（一）中文著作

1. 吴东权：《先秦的口语传播》，台北"行政院"文化建设委员会，1991年。

2. 钱存训：《书于竹帛》，上海书店出版社，2006年。

3. 朱传誉：《先秦唐宋明清传播事业论集》，台湾商务印书馆股份有限公司，1988年。

4. 程之行：《新闻传播史》，台湾"中央图书馆"，1995年。

5. 周月亮：《中国古代文化传播史》，北京广播学院出版社，2000年。

6. 杨师群：《中国新闻传播史》，北京大学出版社，2007年。

7. 吴廷俊：《中国新闻史新修》，复旦大学出版社，2008年。

8. 方汉奇主编：《中国新闻传播史》，中国人民大学出版社，2009年。

9. 白文刚：《中国古代政治传播研究》，中国社会科学出版社，2014年。

10. 赵云泽、孙萍主编：《中国新闻传播史》，中国人民大学出版社，2012年。

11. 张玉法：《先秦的传播活动及其影响》，台湾商务印书馆股份有限公司，1993年。

12. 巫称喜：《殷商文化传播史稿》，暨南大学出版社，2015年。

13. 关绍箕：《中国传播思想史》，台北正中书局，2000年。

14. 仝冠军：《先秦诸子传播思想研究》，中国书籍出版社，2014年。

15. 陈谦：《中国古代政治传播思想研究》，中国社会科学出版社，2009年。

16. 陈谦：《中国古代王朝政治传播制度研究》，中国社会科学出版社，2016 年。

17. 冯友兰：　《中国哲学史》　（上册），华东师范大学出版社，2000 年。

18. 蔡叔衡：《中国刑法史》，中国法制出版社，2005 年。

19. 郭沫若：　《郭沫若全集（历史编）》第一卷，人民出版社，1982 年。

20. 陈梦家：《殷虚卜辞综述》，中华书局，1988 年。

21. 王中江主编：《中国观念史》，中州古籍出版社，2006 年。

22. 冯时：　《中国古代的天文与人文》，中国社会科学出版社，2006 年。

23. 刘翔：　《中国传统价值观诠释学》，华东师范大学出版社，2010 年。

24. 刘梦溪主编：《中国现代学术经典：郭沫若卷》，河北教育出版社，1996 年。

25. 李宗侗：《中国古代社会新研》，中华书局，2010 年。

26. 董作宾：《殷历谱》，《董作宾先生全集》乙编第二册，台北艺文艺术馆，1977 年。

27. 吕文郁：《周代的采邑制度》，社会科学文献出版社，2006 年。

28. 谢维扬：《中国早期国家》，浙江人民出版社，1995 年。

29. 杨树达：《积微居金文说》，上海古籍出版社，2007 年。

30. 陈絜：《商周姓氏制度研究》，商务印书馆，2007 年。

31. 孙作云：《诗经与周代社会研究》，中华书局，1966 年。

32. 岳洪彬：《殷墟青铜礼器研究》，中国社会科学出版社，2006 年。

33. 王辉：《商周金文》，文物出版社，2006 年。

34. 朱凤瀚：《中国青铜器综论》，上海古籍出版社，2009 年。

35. 金正耀：　《中国铅同位素考古》，中国科学技术大学出版社，2008 年。

36. 王宇信：　《建国以来甲骨文研究》，中国社会科学出版社，1981 年。

37. 雷兴山：《先周文化探索》，科学出版社，2009 年。

38. 马承源：《中国青铜器》，上海古籍出版社，1988 年。

39. 葛兆光：《中国思想史》第一卷《七世纪前中国的知识、思想与信仰世界》，复旦大学出版社，2001 年。

40. 毕经纬：《问道于器：海岱地区商周青铜器研究》，上海古籍出版社，2019 年。

41. 李树浪：《中国古代青铜器整理与研究（应国青铜器卷）》，科学出版社，2019 年。

42. 张渭莲、段宏振：《中原与北方之间的文化走廊——太行山东麓地区先秦文化的演变格局》，文物出版社，2015 年。

43. 谭其骧主编：《中国历史地图集》，中国地图出版社，1996 年。

44. 郭沫若：《青铜时代》，中国人民大学出版社，2009 年。

45. 陈梦家：《西周铜器断代》，中华书局，2004 年。

46. 黄然伟：《殷周青铜器赏赐铭文研究》，香港龙门书店，1979 年。

47. 陈汉平：《西周册命制度研究》，学林出版社，1986 年；

48. 何树环：《西周册命铭文新研》，台北文津出版社，2007 年。

49. 黄盛璋：《西周铜器中册命制度及其关键问题新考》，地理研究所，1988 年。

50. 贾海生：《周代礼乐文明实证》，中华书局，2010 年。

51. 张亚初、刘雨：《西周金文官制研究》，中华书局，2004 年。

52. 钱玄、钱兴奇编著：《三礼辞典》，江苏古籍出版社，1998 年。

53. 金鹗：《求古录礼说》，山东友谊书社，1992 年。

54. 马承源主编：《商周青铜器铭文选》，文物出版社，1990 年。

55. 唐兰：《西周青铜器铭文分代史征》，中华书局，1986 年。

56. 李无未：《周代朝聘制度研究》，吉林人民出版社，2005 年。

57. 吕静：《春秋时期盟誓研究——神灵崇拜下的社会秩序再构建》，上海古籍出版社，2007 年。

58. 陈汉平：《西周册命制度研究》，学林出版社，1986 年。

59. 常金仓：《周代礼俗研究》，黑龙江人民出版社，2005 年。

60. 李宪堂：《先秦儒家的专制主义精神》，中国人民大学出版社，2003 年。

61. 杨鸿烈：《中国法律发达史》，商务印书馆，1930 年。

62. 杨一凡主编：《中国古代法律形式研究》，社会科学文献出版社，2011 年。

63. 杨一凡主编：《中国法制史考证》乙编第一卷，中国社会科学出版社，2003 年。

64. 孙常叙：《孙常叙古文字学论集》，东北师范大学出版社，1998 年。

65. 章太炎：《国学三家谈》，中国致公出版社，2008 年。

66. 张伯元：《出土法律文献丛考》，上海人民出版社，2013 年。

67. 陈英杰：《西周金文作器用途铭辞研究》，线装书局，2008 年。

68. 朱自清：《经典常谈》，生活·读书·新知三联书店，2008 年。

69. 史念海：《河山集·四集》，陕西师范大学出版社，1991 年。

70. 杨伯峻：《春秋左传注》，中华书局，1981 年。

71. 丘濬：《大学衍义补》，京华出版社，1999 年。

72. 吴镇锋：《商周青铜器铭文暨图像集成》，上海古籍出版社，2013 年。

73. 吴镇锋：《商周青铜器铭文暨图像集成续编》，上海古籍出版社，2016 年。

74. 吴镇锋：《商周青铜器铭文暨图像集成索引》，上海古籍出版社，2019 年。

75. 吴镇锋：《商周青铜器铭文暨图像集成三编》，上海古籍出版社，2020 年。

76. 尹盛平：《西周史征》，陕西师范大学出版社，2004 年。

77. 曹斌：《周代的东土：山东地区西周时期的考古学文化谱系》，文物出版社，2022 年。

78. 朱凤瀚：《商周家族形态研究》（增订本），天津古籍出版社，2004 年。

79. 齐思和：《中国史探研》，中华书局，1981 年。

80. 裘锡圭：《裘锡圭学术文集》（五），复旦大学出版社，2012 年。

81. 曹玮：《周原遗址与西周铜器研究》，科学出版社，2004 年。

（二）外文著作及译著

1. 〔法〕涂尔干：《宗教生活的基本形式》，渠东、汲喆译，上海人民出版社，1999 年。

2. 〔法〕雷吉斯·德布雷：《普通媒介学教程》，陈卫星、王杨译，清华大学出版社，2014 年。

3. 〔德〕马克斯·韦伯：《支配社会学》，康乐、简惠美译，广西师范大学出版社，2010 年。

4. 〔加〕哈罗德·伊尼斯：《帝国与传播》，何道宽译，中国传媒大学出版社，2013 年。

5. 〔加〕哈罗德·伊尼斯：《传播的偏向》，何道宽译，中国人民大学出版社，2003 年。

6. 〔美〕詹姆斯·W. 凯瑞：《作为文化的传播》，丁未译，华夏出版社，2005 年。

7. 〔美〕保罗·康纳顿：《社会如何记忆》，纳日碧力戈译，上海人民出版社，2000 年。

8. 〔美〕詹姆斯·凯瑞：《作为文化的传播——媒介与社会论文集》，丁未译，华夏出版社，2005 年。

9. 〔英〕维克多·特纳：《象征之林》，赵玉燕、欧阳敏译，商务印书馆，2006 年。

10. 〔法〕皮埃尔·布迪厄、〔美〕华康德：《实践与反思：反思社会学导引》，李猛、李康译，中央编译出版社，2004 年。

11. 〔英〕杰西卡·罗森：《祖先与永恒——杰西卡·罗森中国考古艺术文集》，邓菲、黄洋、吴晓筠译，生活·读书·新知三联书店，2002 年。

12. 〔美〕杨晓能：《另一种古史：青铜器纹饰、图形文字与图像铭文的解读》，唐际根、孙亚冰译，生活·读书·新知三联书店，2008 年。

13. 〔英〕罗森：《中国古代的艺术与文化》，孙心菲等译，北京大学出版社，2002 年。

14. 〔英〕李约瑟：《中华科学文明史（第 1 卷）》，上海交通大学科学史系译，上海人民出版社，2001 年。

15. 〔德〕马克斯·韦伯：《儒教与道教》，洪天富译，江苏人民出版社，2010 年。

16. 〔美〕戴维·斯沃茨：《文化与权力：布尔迪厄的社会学》，陶东风译，上海译文出版社，2006 年。

17. 〔美〕彼德·贝格尔：《神圣的帷幕：宗教社会学理论之要素》，高师宁译，上海人民出版社，1991 年。

18. 〔美〕张光直：《古代中国考古学》，印群译，生活·读书·新知三联书店，2013 年。

19. 〔日〕白川静：《金文的世界——殷周社会史》，温天河、蔡哲茂译，台北联经出版公司，1989 年。

20. 〔日〕白川静：《中国古代民俗》，何乃英译，陕西人民美术出版社，1988 年。

21. 〔美〕李峰：《西周的灭亡——中国早期国家的地理和政治危机》，徐峰译，上海古籍出版社，2007 年。

22. 〔美〕李峰：《西周的政体：中国早期的官僚制度和国家》，吴敏娜等译，生活·读书·新知三联书店，2010 年。

23. 〔美〕罗泰：《宗子维城——从考古材料的角度看公元前 1000 至前 250 年的中国社会》，吴长青等译，上海古籍出版社，2017 年。

24. Michael Loewe & Edward L. Shaughnessy, *The Cambridge History of Ancient China: From the Origins of Civilization to* 221 *B. C.*, Cambridge University Press, 1999.

25. Christoph Harbsmeier, *Science and Civilisation in China, vol. 7, PartI: Language and Logic*, Cambridge University Press, 1998.

二、论文

（一）期刊论文

1. 李淼：《理解空间：媒介理论视野下的传播与空间》，《新闻知识》2018 年第 1 期。

2. 陈卫星：《传播与媒介域：另一种历史阐释》，《全球传媒学刊》2015 年第 3 期。

3. 张鹤泉：《周代郊天之祭初探》，《史学集刊》1990 年第 1 期。

4. 黄益飞：《霸伯盂铭文与西周朝聘礼》，《考古学报》2018 年第 1 期。

5. 黎虎：《周代交聘礼中的"礼尚往来"原则》，《文史哲》2009 年第 3 期。

6. 赵云泽、董翊宸：《中国上古时期的媒介革命："巫史理性化"与文字功能的转变及其影响》，《新闻与传播研究》2019 年第 7 期。

7. 赵云泽等：《辅佑政事与延揽民意：先秦时期社会传播活动的功能考察》，《国际新闻界》2016 年第 6 期。

8. 潘祥辉：《传播史上的青铜时代：殷周青铜器的文化与政治传播功能考》，《新闻与传播研究》2015 年第 2 期。

9. 潘祥辉：《传播之王：中国圣人的一项传播考古学研究》，《国际新闻界》2016 年第 9 期。

10. 黄盛璋：《西周铜器中服饰赏赐与职官及册命制度关系》，《传统文化与现代化》1997 年第 1 期。

11. 宁登国、赵立伟：《先秦口头传播与"事语"类史料的形成》，《甘肃社会科学》2008 年第 4 期。

12. 潘祥辉：《瞽矇传诵：先秦"盲媒"的传播考古学研究》，《西北师大学报（社会科学版）》2019 年第 56 卷第 2 期。

13. 叶庆兵：《先秦史官与上古神话的口头传播》，《史志学刊》2020年第 1 期。

14. 闻娱、张翅：《先秦时期传播活动略论》，《南京农业大学学报（社会科学版）》2002 年第 1 期。

15. 张翅、闻娱：《春秋战国传播活动初探》，《安徽教育学院学报》2002 年第 2 期。

16. 陈朝云：《先秦中原文化传播态势及动因探究》，《江海学刊》2009 年第 3 期。

17. 陈朝云：《先秦中原文化传播模式探究》，《求是学刊》2009 年第 36 卷第 5 期。

18. 谢清果、张丹：《观象制器：夏商周时期青铜器图像的文化符号表征》，《符号与传媒》2018 年秋季号。

19. 谢清果、王婕：《〈庄子〉对"交流失败"的求解——从与彼得斯〈对空言说〉比较的视角》，《新闻爱好者》2020 年第 6 期。

20. 廖声武：《论先秦时期儒家的传播思想》，《新闻与传播研究》2000 年第 3 期。

21. 樊葵：《先秦儒学传播控制思想刍论》，《南昌大学学报（人文社会科学版）》2004 年第 3 期。

22. 萧延中：《汉语语境中政治"正当性"的三重要素》，《政治思想史》2019 年第 4 期。

23. 谢清果：《一、老子传播思想研究》，《中华文化与传播研究》2018 年第 2 期。

24. 夏晓鸣：《儒道传播思想之比较》，《社会科学动态》2000 年第 11 期。

25. 何庆良：《先秦诸子对传播功能的认识与应用》，《新闻与传播研究》1995 年第 1 期。

26. 魏建国：《中国古代"文字文化形态"政法秩序建构的历程与意义——媒介变迁视角》，《法学评论》2019 年第 5 期。

27. 鲁云鹏、李维安：《基于社会控制理论视角下的我国社会组织治理转型的路径与特征分析》，《管理评论》2019 年第 31 卷第 4 期。

28. 王浦劬：《国家治理、政府治理和社会治理的含义及其相互关系》，《国家行政学院学报》2014 年第 3 期。

29. 陈顾远：《天道观念与中国固有法系之关系——关于中国法系回顾之三》，《中国法学杂志》1937 年第 9 期。

30. 金景芳：《汤誓新解》，《史学集刊》1996 年第 1 期。

31. 陈赟：《自发的秩序与无为的政治——中国古代思想世界中的天命意识与政治的正当性》，《人文杂志》2002 年第 6 期。

32. 晁福林：《先秦时期"德"观念的起源及其发展》，《中国社会科学》2005 年第 4 期。

33. 晁福林：《从史墙盘铭文看周人的治国理念》，《中国社会科学》2021 年第 1 期。

34. 罗新慧：《"帅型祖考"和"内得于己"：周代德观念的演化》，《历史研究》2016 年第 3 期。

35. 朱振明：《媒介学中的系谱学迹线——试析德布雷的方法论》，《新闻与传播评论》2019 年第 3 期。

36. 武刚：《内服还是外服——西周甸服问题研究：兼论西周王畿的形成过程》，《史学月刊》2018 年第 3 期。

37. 吕文郁：《周代王畿考述》，《人文杂志》1992 年第 2 期。

38. 齐思和：《西周地理考》，《燕京学报》1946 年第 30 期。

39. 朱凤瀚：《论西周时期的"南国"》，《历史研究》2013 年第 4 期。

40. 赵雨：《〈诗经·大雅·韩奕〉"北国"地理考》，《东疆学刊》2002 年第 5 期。

41. 刘源：《从韩伯丰鼎铭文看西周贵族政体运作机制》，《史学集刊》2018 年第 3 期。

42. 马洪根：《西周道路交通设施及礼仪规范探析》，《江苏警官学院学报》2015 年第 4 期。

43. 史念海：《春秋以前的交通道路》，《中国历史地理论丛》1990 年第 3 期。

44. 李修松：《西周时期淮河流域工商业及交通简论》，《安徽史学》1999 年第 3 期。

45. 庞小霞：《先秦时期齐鲁交通的考古学观察》，《管子学刊》2018 年第 3 期。

46. 李学勤：《论多友鼎的时代及意义》，《人文杂志》1981 年第 6 期。

47. 卢连成、尹盛平：《古夨国遗址墓地调查记》，《文物》1982 年第 2 期。

48. 李伯谦：《叔夨方鼎铭文考释》，《文物》2001 年第 8 期。

49．周博：《西周陇东与关中交通考略》，《科学·经济·社会》2016年第2期。

50．裘锡圭：《史墙盘铭解释》，《文物》1978年第3期。

51．易德生：《周代南方的"金道锡行"试析——兼论青铜原料集散中心"繁汤"的形成》，《社会科学》2018年第1期。

52．易德生：《周代南方的金道锡行试析》，《社会科学》2008年第1期。

53．杨国宜：《中国古代青铜铜源之谜的破解》，《安徽师范大学学报（人文社会科学版）》2005年第2期。

54．洛阳博物馆：《洛阳北窑村西周遗址1974年度发掘简报》，《文物》1981年第7期。

55．向桃初、吴小燕：《商周青铜方罍序列及皿方罍的年代问题》，《文物》2016年第2期。

56．袁晓红：《西周中原王朝的金属控制策略——以雒邑地区出土西周铜器金属资源研究为中心》，《考古学集刊》第22集。

57．李学勤：《斗子鼎与成王岐阳之盟》，《中国国家博物馆馆刊》2012年第1期。

58．于薇：《湖北随州叶家山M2新出￥子鼎与西周宗盟》，《江汉考古》2012年第2期；

59．黄锦前：《荆子鼎与成王岐阳之盟》，《中国国家博物馆馆刊》2013年第9期。

60．朱凤瀚：《卫簋与伯狱诸器》，《南开学报（哲学社会科学版）》2008年第6期。

61．种建荣、张敏、雷兴山：《岐山孔头沟遗址商周时期聚落性质初探》，《文博》2007年第5期。

62．陈小三：《三组西周青铜器的产地分析及相关问题》，《考古》2018年第12期。

63．郁永彬等：《试析西周早期社会青铜工业生产机制——以湖北随州叶家山墓地出土铜器为中心》，《文物》2019年第5期。

64．韩炳华、崔剑锋：《山西长治分水岭东周墓地出土青铜器的科学分析》，《考古》2009年第7期。

65．孙琦：《媒介如何影响大众：媒介权力构建的重识——〈媒介仪式〉译评》，《新闻记者》2016年第6期。

66．吴予敏：《帝制中国的媒介权力》，《读书》2001年第3期。

67. 王晖：《周初改制考》，《中国史研究》2000 年第 2 期。

68. 林坛：《周代用鼎制度商榷》，《史学集刊》1990 年第 3 期。

69. 俞伟超、高明：《周代用鼎制度研究》，《北京大学学报（哲学社会科学版）》1978 年第 1、2 期，1979 年第 1 期。

70. 杨博：《西周初期墓葬铜礼器器用区位研究》，《江汉考古》2020 年第 2 期。

71. 曹斌：《恭懿之际西周国家的转型》，《中国人民大学学报》2017 年第 3 期。

72. 曹斌：《多学科视野下的西周国家礼制变革和社会转型研究》，《中国史研究动态》2023 年第 1 期。

73. 曹斌：《西周青铜器纹饰的抽象化和序列化》，《文物》2022 年第 6 期。

74. 张长寿：《论宝鸡茹家庄发现的西周铜器》，《考古》1980 年第 6 期。

75. 卢连成、胡智生：《宝鸡茹家庄、竹园沟墓地有关问题的探讨》，《文物》1983 年第 2 期。

76. 田仁孝、刘栋、张天恩：《西周強氏遗存几个问题的探讨》，《文博》1994 年第 5 期。

77. 张文祥：《宝鸡強国墓地渊源的初步探讨——兼论蜀文化与城固铜器群的关系》，《考古与文物》1996 年第 2 期。

78. 朔知：《強国文化遗存分析》，《考古与文物》1998 年第 4 期。

79. 张晓梅、原思训、刘煜、杨宪伟、于平陵、周宝中：《周原遗址及強国墓地出土青铜器保存状况及埋藏环境调研》，《考古学研究》2000 年第 11 辑。

80. 韩炳华：《倗国及其相关问题》，《中国文物报》2006 年 1 月 30 日。

81. 李学勤：《绛县横北村大墓与倗国》，《中国文物报》2005 年 12 月 30 日。

82. 马保春：《山西绛县横水西周倗国大墓的相关历史地理问题》，《考古与文物》2007 年第 6 期。

83. 段宏振：《太行山东麓地区新石器时代早期文化的新认识》，《文物春秋》1992 年第 3 期。

84. 曹定云：《殷代的"卢方"——从殷墟"妇好"墓玉戈铭文论及

灵台白草坡"潶白"墓》，《社会科学战线》1982 年第 2 期。

85. 甘肃省博物馆文物队：《甘肃灵台白草坡西周墓》，《考古学报》1977 年第 2 期。

86. 李学勤：《论周初的鄂国》，《中华文史论丛》2008 年第 4 期。

87. 陈卫星：《媒介域的方法论意义》，《国际新闻界》2018 年第 2 期。

88. 郭剑：《"政治传播"定义发展探究》，《中国科技术语》2014 年第 6 期。

89. 陈梦家：《西周铜器断代（三）》，《考古学报》1956 年第 1 期。

90. 王沛：《西周邦国的法秩序构建：以新出金文为中心》，《法学研究》2016 年第 6 期。

91. 惠翔宇、彭邦本：《册命制度与周王"正统"及"天子"信仰》，《西南民族大学学报》2016 年第 4 期。

92. 雒有仓、梁彦民：《论商周时代盟誓习俗的发展与演变》，《陕西师范大学学报》2007 年第 4 期。

93. 陈梦家：《东周盟誓与出土载书》，《考古》1966 年第 5 期。

94. 吴承学：《先秦盟誓及其文化意蕴》，《文学评论》2001 年第 1 期。

95. 巴新生：《西周"宗盟"初探》，《东北师范大学学报》1997 年第 2 期。

96. 张晋藩：《论礼——中国法文化的核心》，《政法论坛》1995 年第 3 期。

97. 王晓颖：《南北分君臣，东西别尊卑》，《兰台世界》2009 年第 5 期。

98. 曾楠：《试论政治仪式强化国家认同的逻辑演进》，《高校马克思主义理论研究》2018 年第 1 期。

99. 王沛：《"刑"字古义辨正》，《上海师范大学学报（哲学社会科学版）》2013 年第 4 期。

100. 王沛：《刑名学与中国古代法典的形成》，《历史研究》2013 年第 4 期。

101. 徐燕斌：《周秦两汉法律"布之于民"考》，《法学研究》2017 年第 6 期。

102. 祝总斌：《律字新释》，《北京大学学报》1990 年第 2 期。

103. 陈寒非：《律义探源》，《现代法学》2013 年第 3 期。

104. 徐中舒：《西周墙盘铭文笺释》，《考古学报》1978 年第 2 期。

105. 马楠：《据清华简释读金文、尚书两则》，《深圳大学学报（人文社会科学版）》2012 年第 2 期。

106. 侯乃峰：《新见鲁叔四器与鲁国早期手工业》，《考古与文物》2016 年第 1 期。

107. 黄国辉：《首阳吉金簋新探》，《北京师范大学学报》2013 年第 3 期。

108. 王辉：《史密簋释文考地》，《人文杂志》1991 年第 4 期

109. 朱凤瀚：《柞伯鼎与周公南征》，《文物》2006 年第 5 期。

110. 刘义峰：《令方彝断代论》，《南方文物》2015 年第 4 期。

111. 李学勤：《史密簋铭所记西周重要史实考》，《中国社会科学院研究生院学报》1991 年第 2 期。

112. 于省吾：《"王若曰"释义》，《中国语文》1966 年第 2 期。

113. 谭戒甫：《论"若"字的本义及其演变》，《武汉大学人文科学学报》1957 年第 1 期。

114. 辛怡华：《试释金文中的"王若曰"》，《华夏文化》2002 年第 4 期。

115. 张怀通：《"王若曰"新释》，《历史研究》2008 年第 2 期。

116. 陈英杰：《两周金文"器主曰"开篇铭辞研究》，《华夏考古》2009 年第 2 期。

117. 彭裕商：《"王若曰"新考》，《四川大学学报》2014 年第 6 期。

118. 李学勤：《试说郭店简成之闻之两章》，《烟台大学学报（哲学社会科学版）》2000 年第 5 期。

119. 李学勤：《清华简九篇综述》，《文物》2010 年第 5 期。

120. 刘光胜：《清华简耆夜与酒诰中周公酒政的思想意蕴》，《社会科学战线》2011 年 12 期。

121. 黄锦前：《保尊、保卣及周初的形势与对策》，《中原文化研究》2021 年第 2 期。

122. 刘源：《周承殷制的新证据及其启示》，《历史研究》2016 年第 2 期。

123. 晁福林：《说彝伦——殷周之际社会秩序的重构》，《历史研究》2009 年第 4 期。

124. 王浩：《论西周文章文献的书面传播》，《西北师范大学学报（社会科学版）》2020 年第 2 期。

125. 李朝远：《青铜器上所见西周中期的社会变迁》，《学术月刊》1994 年第 11 期。

126.〔美〕夏含夷撰，孙夏夏译：《出土文献与〈诗经〉口头和书写性质问题的争议》，《文史哲》2020 年第 2 期。

127.〔美〕夏含夷：《从西周礼制改革看〈诗经·周颂〉的演变》，《河北师院学报》1996 年第 3 期。

128. Edward L. Shaughnessy, "Unearthed Documents and the Question of the Oral Versus Written Nature of the Classic of Poetry", *Harvard Journal of Asiatic Studies* 75. 2（Dec. , 2015）.

（二）析出文献

1. 吴经熊：《中国法律与政治哲学》，牟宗三、梅贻宝：《中国文化论文集》（四），台北幼狮文化事业公司，1982 年.

2.〔日〕近藤乔一：《商代海贝的研究》，中国社会科学院考古研究所编：《中国商文化国际学术讨论会论文集》，中国大百科全书出版社，1998 年。

3. 张光裕：《金文中册命之典》，《雪斋学术论文集》，台北艺文印书馆，1989 年。

4. 邹衡、徐自强：《郭宝钧〈商周铜器群综合研究〉整理后记》，邹衡：《夏商周考古学论文集（续集）》，科学出版社，1998 年。

5. 张懋镕：《晋侯墓地文化解读二题》，《晋侯墓地出土青铜器国际学术研讨会论文集》，上海书画出版社，2002 年。

6. 段宏振、张翠莲：《试论太行山东麓地区的西周文化》，《环渤海考古国际学术讨论会论文集》，知识出版社，1996 年。

7. 李正柏：《作为媒介的古代器物与礼的传播》，《中国设计理论与社会变迁学术研讨会——第三届中国设计理论暨第三届全国"中国工匠"培育高峰论坛论文集》，2019 年。

8. 王占奎：《"王若曰"不当解作"王如此说"》，《周秦文化研究》编委会编：《周秦文化研究》，陕西人民出版社，1998 年。

9. 唐兰：《周王夨钟考》，《唐兰先生金文论集》，紫禁城出版社，1995 年。

10. 罗泰：《有关西周晚期礼制改革及庄白微氏青铜器年代的新假设：从世系铭文说起》，臧振华主编：《中国考古学与历史学之整合研究》，台北"中研院"历史语言研究所，1997 年。

11. 张海：《"邦""国"之别——兼谈两周铜器铭文所示西周王朝之

国家结构》，北京大学出土文献研究所编：《青铜器与金文》，上海古籍出版社，2017 年。

12. 李学勤：《晋侯铜人考证》，《新出青铜器研究》（增订版），人民美术出版社，2016 年。

13. 陈连庆：《敔簋铭文浅释》，《古文字研究（第九辑）》，中华书局，1984 年。

14. 陈絜：《方鼎铭与周公东征路线初探》，李宗焜主编：《古文字与古代史》第 4 辑，台北"中研院"历史语言研究所，2015 年。

15. 张懋镕：《新见西周金文从考》，朱凤瀚主编：《新出金文与两周历史》，上海古籍出版社，2011 年。

16. 苏荣誉：《国墓地青铜器铸造工艺考察和金属器物检测》，卢连成、胡智生编：《宝鸡强国墓地》，文物出版社，1988 年。

17. 李学勤：《有逢伯陵与齐国》，《古文献论丛》，上海远东出版社，1996 年。

18. 杜正胜：《从眉寿到长生——中国古代生命观念的转变》，《中研院历史语言研究所集刊论文类编·先秦卷》（第三册），中华书局，2009 年。

19. 黄益飞：《西周册命礼的朝仪》，北京大学出土文献研究所：《青铜器与金文（第二辑）》，上海古籍出版社，2018 年。

20. 郝本性：《河南温县东周盟誓遗址发掘与整理情况》，艾兰、邢文编：《新出简帛研究》，文物出版社，2004 年。

21. 黄锡全：《枣阳郭家庙曾国墓地出土铜器铭文考释》，襄樊市考古队等编著：《枣阳郭家庙曾国墓地》，科学出版社，2005 年。

22. 〔英〕杰西卡·罗森：《异域秩序：西周晚期和东周早期的礼俗》，北京联合大学考古学研究中心编：《早期中国研究（第 2 辑）》，文物出版社，2016 年。

23. 〔美〕柯马丁：《方法论反思：早期中国文本异文之分析和写本文献之产生模式》，陈致主编：《当代西方汉学研究集萃：上古史卷》，上海古籍出版社，2012 年。

24. 〔日〕松丸道雄：《西周青铜器制作的背景——周金文研究序章》，《日本考古学研究者·中国考古学研究论文集》，株式会社东方书店，1990 年。

25. 〔日〕白川静：《金文通释》，《白鹤美术馆志》第 23 辑，白鹤美术馆，1968 年。

26. 王占奎:《何尊铭文的释读与营建成周的纪年问题》,《考古学研究(八)》,科学出版社,2011 年。

27. 商艳涛:《"王若曰"所领起的铭文性质补说——兼说先秦时期的誓师活动》,《古文字研究(第三十辑)》,中华书局,2014 年。

28. William G. Boltz, "Manuscripts with Transmitted Counterparts", In *New Sources of Early Chinese History: An Introduction to the Reading of Inscriptions and Manuscripts*, ed. Edward L. Shaughnessy, Berkeley: The Society for the Study of Early China and the Institute of Asian Studies, University of California, Berkeley, 1997.

三、报纸文章

1. 俞可平:《国家治理现代化的若干问题(上)》,《福建日报》2014 年 6 月 8 日。

2. 武刚:《西周时期内外服制度的嬗变》,《中国社会科学报》2020 年 12 月 7 日。

3. 李德方等:《洛阳大面积发掘西周冶铜遗址》,《中国文物报》1989 年 2 月 24 日。

4. 李学勤:《近年出土文献与中国文明的早期发展》,《光明日报》2009 年 11 月 5 日。

5. 田建文等:《横水墓地的发现与晋文化研究》,《中国文物报》2005 年 12 月 16 日。

四、学位论文

1. 贾兵:《先秦诸子政治传播观念研究》,上海大学 2011 年博士学位论文。

2. 杨永军:《先秦文化传播研究》,山东大学 2005 年博士学位论文。

3. 左康华:《儒学传播实现路径研究》,华南理工大学 2011 年硕士学位论文。

4. 刘瑞筝:《〈左传〉礼意研究》,台湾师范大学 1997 年博士学位论文。

5. 武刚:《西周的外服制与王朝边域统治研究》,陕西师范大学 2018 年博士学位论文。

6. 张燕:《〈周礼〉所见王室起居职官专题研究》,吉林大学 2011 年博士学位论文。

7. 魏国锋：《古代青铜器矿料来源与产地研究的新进展》，中国科学技术大学 2007 年博士学位论文。

8. 毕经纬《海岱地区商周青铜器研究》，陕西师范大学 2013 年博士学位论文。

9. 易德生：《商周青铜矿料开发及其与商周文明的关系研究》，武汉大学 2011 年博士学位论文。

10. 马军霞：《虢国综合研究》，陕西师范大学 2017 年博士学位论文。

11. 刘树满：《西周时期黄河中下游诸侯国青铜容器整理与研究》，陕西师范大学 2019 年博士学位论文。

12. 郎剑锋：《吴越地区出土商周青铜器研究》，山东大学 2012 年博士学位论文。

13. 支小勇：《皖南地区出土商周青铜器研究》，南京大学 2008 年博士学位论文。

14. 傅玥：《长江中游地区西周时期考古学文化研究》，武汉大学 2010 年博士学位论文。

15. 黄明磊：《册命礼与西周官制研究》，陕西师范大学 2018 年博士学位论文，第 210 页。

16. 李春艳：《西周金文中的天子礼仪研究》，陕西师范大学 2016 年博士学位论文。

17. 白华：《儒家礼学价值观研究》，郑州大学 2004 年博士学位论文。